传统文化润童心

何艳萍 主编

北京理工大学出版社
BEIJING INSTITUTE OF TECHNOLOGY PRESS

版权专有 侵权必究

图书在版编目（CIP）数据

传统文化润童心 / 何艳萍主编. —北京：北京理工大学出版社，2019.11
ISBN 978-7-5682-7697-9

Ⅰ. ①传… Ⅱ. ①何… Ⅲ. ①中华文化–学前教育–教学参考资料 Ⅳ. ①G613.2

中国版本图书馆 CIP 数据核字（2019）第 227307 号

出版发行 / 北京理工大学出版社有限责任公司
社　　址 / 北京市海淀区中关村南大街 5 号
邮　　编 / 100081
电　　话 / （010）68914775（总编室）
　　　　　（010）82562903（教材售后服务热线）
　　　　　（010）68948351（其他图书服务热线）
网　　址 / http://www.bitpress.com.cn
经　　销 / 全国各地新华书店
印　　刷 / 保定市中画美凯印刷有限公司
开　　本 / 710 毫米×1000 毫米　1/16
印　　张 / 21.5　　　　　　　　　　　　　　　　责任编辑 / 王俊洁
字　　数 / 384 千字　　　　　　　　　　　　　　 文案编辑 / 王俊洁
版　　次 / 2019 年 11 月第 1 版　2019 年 11 月第 1 次印刷　　责任校对 / 周瑞红
定　　价 / 92.00 元　　　　　　　　　　　　　　责任印制 / 李志强

图书出现印装质量问题，请拨打售后服务热线，本社负责调换

总 序

优秀传统文化是我国精神文化的象征，有着悠久的历史，在长期流传的过程中深受广大群众的喜爱。民间艺术作为其中的重要组成部分，它包括的内容十分丰富，有琴棋书画、戏曲、皮影戏、剪纸、泥塑艺术、编织工艺、木偶、风筝、舞龙舞狮等多种不同的艺术种类，其中蕴涵了取之不尽的艺术源泉，被称为我们中华民族的艺术瑰宝。《幼儿园教育指导纲要》中指出："要理解和尊重幼儿的艺术表现，让幼儿在感受美、表现美和创造美的过程中表达自己对周围世界的认识及情绪态度；要充分理解和尊重幼儿的个体差异，在学习与发展的过程中不断完善其社会性，并奠定健全人格的基础。"于是我园（良乡第二幼儿园）充分利用民间艺术这一教育资源，让幼儿在主动探索、充分体验、共同学习中获得良好的习惯和各种能力的协调发展，形成积极的情感态度和良好的个性品质。我园遵循幼儿整体认知的特点，根据幼儿自身的知识结构体系，选择性地把民间艺术借鉴运用到幼儿的一日活动中，让幼儿在活动中汲取民间艺术的精粹，整合各方资源，激发幼儿对民间艺术活动的兴趣及对民间艺术的喜爱之情，让幼儿潜移默化地感受民间艺术的独特魅力，陶冶情操，夯实素养。

2016年6月，良乡第二幼儿园申请的北京市教育科学"十三五"规划2016年度单位资助校本研究专项课题《幼儿园活动传承民间艺术的实践研究》，被北京市教育科学规划领导小组批准立项，课题编号CBEB16093，课题负责人是园长何艳萍。在何园长的带领下，我园以"教科研服务教育实践"的理念为引领，结合传统文化特色，重点以传统节日、传统工艺、传统游戏为主要内容，在幼儿园一日活动中开展民间艺术活动。本着"发现问题—设计方案—解决问题—改善实践"反复研究的过程，重点解决教师实践中的困惑与问题，促进师幼共同提升与发展，助推课题研究深入、扎实、有效开展。通过在一日生活中融入传统文化教育的初步探究，也使教师对传统文化教育有了新的认知，转变了教师的教育理念，积累了一些开展主题活动的经验、区域活动的案例、民间桌面户外活动游戏设计方案。

本书的撰写，仅是我园传统文化教育课程体系建设的初步成果，希望能给大家开展传统文化教育课程研究提供借鉴，其中可能还存在诸多不足之处，希望各位同人批评指正。我相信，在全体教师的不懈努力下，我们将进一步完善与深化课程体系，共同谱写课题研究的新篇章。

编 者

目 录

第一章　传统节日 ……………………………………………… 001
　第一节　主题活动 …………………………………………… 002
　　迎新年（小班）…………………………………………… 002
　　　活动一　祝你新年快乐（语言）……………………… 004
　　　活动二　新年好（音乐）……………………………… 005
　　　活动三　运年货（体育）……………………………… 006
　　　活动四　漂亮的帽子（美术）………………………… 007
　　　活动五　红灯笼（美术）……………………………… 008
　　　活动六　美丽的烟花（美术）………………………… 009
　　　活动七　图形灯笼（美术）…………………………… 010
　　　活动八　新年老人（数学）…………………………… 011
　　　活动九　文明餐桌（社会）…………………………… 011
　　　活动十　我们长大了（社会）………………………… 012
　　　活动十一　别说我小（语言）………………………… 013
　　欢欢喜喜迎新年（中班）………………………………… 014
　　　活动一　生肖大调查（综合）………………………… 018
　　　活动二　生肖告诉我（数学）………………………… 020
　　　活动三　生肖故事（语言）…………………………… 022
　　　活动四　过年啦（语言）……………………………… 023
　　　活动五　年的故事（语言）…………………………… 024
　　　活动六　新年大发现（社会）………………………… 025
　　　活动七　恭喜恭喜（音乐）…………………………… 026
　　　活动八　我们的新年计划（综合）…………………… 027
　　　活动九　制作贺卡（美工）…………………………… 028
　　　活动十　贴春联（家长助教）………………………… 029
　　　活动十一　贴"福"字（美术）……………………… 030
　　　活动十二　包饺子（家长助教）……………………… 031
　　　活动十三　我们去拜年（社会）……………………… 032
　　　活动十四　我的压岁钱（社会）……………………… 033
　　话清明（大班）…………………………………………… 036
　　　活动一　关于清明我知道（社会）…………………… 040
　　　活动二　画中清明（美术）…………………………… 041

活动三　古诗《清明》（语言）……042
　　活动四　英雄王二小的故事（语言）……043
　　活动五　做青团（亲子助教）……044
　　活动六　蹴鞠与足球（综合）……045
　　活动七　我的清明计划（社会）……046
　　活动八　我们去踏青（亲子活动）……047

热热闹闹过端午（中班）……048
　　活动一　早饭后的发现（谈话）……051
　　活动二　我知道的端午节（综合）……052
　　活动三　屈原的故事（语言）……053
　　活动四　端午节会做哪些事（社会）……054
　　活动五　端午粽子（综合）……055
　　活动六　蚊子的克星（科学）……056
　　活动七　好吃的粽子（健康）……056
　　活动八　我们也来包粽子（综合）……058
　　活动九　美丽的五彩绳（美术）……059
　　活动十　五彩粽（美术）……060
　　活动十一　端午香包（美术）……061
　　活动十二　我是龙舟设计师（美术）……062
　　活动十三　赛龙舟（体育）……063
　　活动十四　一起过端午（综合）……064

我来做些事（大班）……066
　　活动一　九月九日重阳节（语言）……069
　　活动二　九月九日忆山东兄弟（语言）……070
　　活动三　我给爷爷奶奶过节（社会）……071
　　活动四　我爱爷爷奶奶（综合）……071
　　活动五　爷爷一定有办法（语言）……072
　　活动六　先左脚，再右脚（语言）……073
　　活动七　纸杯菊花（美工）……075
　　活动八　给爷爷奶奶敲敲背捶捶腿（音乐）……076
　　活动九　感恩的心（音乐）……076
　　活动十　我爱小伙伴（社会）……077
　　活动十一　爱身边人（社会）……079
　　活动十二　爱心树（健康）……081
　　活动十三　我来帮助他（社会）……083

第二节　活动方案 …… 084
元宵节 …… 084
- 活动一　制作元宵节贺卡（艺术）…… 093
- 活动二　元宵节的来历（语言）…… 093

端午节 …… 094
- 活动一　端午节的故事（语言）…… 101
- 活动二　快乐端午（社会）…… 103

中秋节 …… 104
- 活动一　制作月饼（综合）…… 116
- 活动二　月饼真好吃（语言）…… 117

第二章　传统工艺 …… 119
第一节　主题活动 …… 120
好看的年画 …… 120
- 活动一　欣赏年画（美术）…… 123
- 活动二　我讲年画故事（语言）…… 125
- 活动三　年画娃娃（绘画）…… 126
- 活动四　年画大分类（数学）…… 127
- 活动五　大话西游（语言）…… 129
- 活动六　认识年画（社会）…… 130
- 活动七　年画中的发现（美术）…… 131
- 活动八　年画我知道（美术）…… 132
- 活动九　年年有余话吉祥（语言）…… 134
- 活动十　怎样让年画更漂亮（语言）…… 135
- 活动十一　可爱的吉祥物（美术）…… 136
- 活动十二　我们的年画展计划（社会）…… 137
- 活动十三　制作年画展宣传海报（美术）…… 138

放风筝 …… 141
- 活动一　我喜欢的风筝（语言）…… 145
- 活动二　风筝的起源（社会）…… 146
- 活动三　会飞的风筝（科学）…… 147
- 活动四　放飞风筝（科学）…… 147
- 活动五　放风筝（音乐）…… 148
- 活动六　蓝天上飞翔着风筝（语言）…… 149
- 活动七　认识风筝（美术）…… 150
- 活动八　对称的风筝（美术）…… 151

活动九　设计风筝（美术）……………………………………152
　　活动十　制作风筝（美术）……………………………………152
　　活动十一　风筝飞行的秘密（综合）…………………………153
　　活动十二　制作大二班风筝展宣传海报（美术）……………154
剪纸探秘………………………………………………………………156
　　活动一　剪纸真好看（美术）…………………………………159
　　活动二　老鼠嫁女（语言）……………………………………160
　　活动三　可爱的小老鼠（美工）………………………………161
　　活动四　双"喜"字（美工）……………………………………161
　　活动五　老鼠鼓号手（美工）…………………………………162
　　活动六　四瓣花（美工）………………………………………164
　　活动七　老鼠嫁女（综合）……………………………………165
　　活动八　有趣的剪纸（社会）…………………………………165
　　活动九　对称的剪纸（数学）…………………………………166
　　活动十　神奇的立体剪纸（美工）……………………………167
　　活动十一　我们的剪纸展计划（综合）………………………168
　　活动十二　我们的剪纸展（综合）……………………………169
快乐皮影戏……………………………………………………………171
　　活动一　猪八戒吃西瓜（语言）………………………………175
　　活动二　有趣的皮影戏（综合）………………………………176
　　活动三　皮影戏中的发现（综合）……………………………177
　　活动四　我设计的皮影人（美术）……………………………178
　　活动五　我们来做皮影人（美术）……………………………179
　　活动六　快乐皮影人（音乐）…………………………………180
　　活动七　有趣的影子（科学）…………………………………181
　　活动八　我会演影子戏（科学）………………………………182
　　活动九　我最喜欢的故事情节（语言）………………………183
　　活动十　好看的皮影戏《哪吒闹海》（综合）………………184
　　活动十一　皮影戏表演背景（美工）…………………………184
　　活动十二　设计皮影戏表演宣传海报（美工）………………185
　　活动十三　我们的皮影戏表演艺术团（社会）………………186
我们一起做戏服………………………………………………………188
　　活动一　到京剧大舞台里转一转（艺术）……………………191
　　活动二　戏服中的发现（语言）………………………………192
　　活动三　穿戏服喽（社会）……………………………………193

活动四　大家一起来支招儿（综合）……………………………194
　　活动五　裁缝师多利（语言）………………………………195
　　活动六　做戏服前的那些事（综合）………………………196
　　活动七　制定参观裁缝店计划（社会）……………………197
　　活动八　我设计的戏服（美术）……………………………198
　　活动九　测一测量一量（科学）……………………………199
　　活动十　大家一起做戏服（综合）…………………………200
　　活动十一　我型我秀（音乐）………………………………201
　　活动十二　戏服用处多（社会）……………………………201
　　活动十三　宣传我们的服装店（社会）……………………202
　我们一起来舞龙……………………………………………203
　　活动一　舞龙的传说（语言）………………………………206
　　活动二　舞龙我知道（语言）………………………………207
　　活动三　龙的传人（音乐）…………………………………207
　　活动四　小鲤鱼跳龙门（语言）……………………………208
　　活动五　有趣的测量（数学）………………………………209
　　活动六　如何连接龙关节（科学）…………………………210
　　活动七　我们一起来做龙（美工）…………………………210
　　活动八　制定舞龙计划（社会）……………………………211
　　活动九　舞龙表演（综合）…………………………………212
　　活动十　舞龙游戏（体育）…………………………………213
第二节　民间工艺区域…………………………………………214
　区域名称：刺绣……………………………………………215
　　活动一　美丽的刺绣………………………………………215
　　活动二　画一画、绣一绣…………………………………215
　　活动三　我为班里做沙包…………………………………216
　　活动四　好玩儿的绷子绣…………………………………217
　　活动五　我的刺绣DIY……………………………………217
　区域名称：版画……………………………………………218
　　活动一　神奇的版画………………………………………218
　　活动二　水果宝宝…………………………………………219
　　活动三　春天的花…………………………………………219
　　活动四　我的版画展………………………………………220
　区域名称：剪纸……………………………………………220
　　活动一　美丽的剪纸………………………………………221

活动二　剪一剪、试一试 ·· 221
　　活动三　大恐龙 ·· 222
　　活动四　小鱼 ·· 222
　　活动五　小胖小 ·· 223
　区域名称：泥塑 ·· 223
　　活动一　有趣的泥塑 ·· 224
　　活动二　玩一玩、捏一捏 ··· 224
　　活动三　节日的月饼 ·· 225
　　活动四　小鸡和小鸭 ·· 225
　　活动五　龟兔赛跑 ··· 226
　区域名称：水墨画 ··· 226
　　活动一　水墨纹理画 ·· 227
　　活动二　水墨游戏 ··· 228
　　活动三　欣赏名家作品 ·· 228
　　活动四　学习简单的配色方法 ·· 229
　　活动五　制作国画扇面 ·· 229
　区域名称：扎染 ·· 230
　　活动一　扎染欣赏 ··· 231
　　活动二　扎皮筋 ··· 231
　　活动三　想一想、试一试 ··· 231
　　活动四　扎染手帕 ··· 232
　　活动五　奇妙的扎染 ·· 233
　区域名称：编织 ·· 234
　　活动一　有趣的绳编 ·· 234
　　活动二　编一编 ··· 235
　　活动三　编织渔网 ··· 235
　　活动四　手链 ·· 235
　　活动五　我的编织 DIY ·· 236

第三章　传统游戏 ··· 237
第一节　传统民间桌面游戏 ·· 238
　游戏名称：挑棍 ·· 238
　　玩法一　挑棍大王 ··· 238
　　玩法二　救救小兔子 ·· 238
　　玩法三　斗兽挑棍 ··· 240
　　玩法四　挑棍大闯关 ·· 240

游戏名称：趣味翻绳 ·· 241
    玩法一　双人翻绳游戏 ································· 241
    玩法二　花样翻绳 ·· 242
游戏名称：拍洋画 ·· 242
    玩法一　拍洋画 ·· 243
    玩法二　摔洋画 ·· 243
游戏名称：摔方宝 ·· 244
游戏名称：抓包 ·· 244
游戏名称：欻拐 ·· 245
    玩法一　抓拐 ··· 245
    玩法二　翻拐 ··· 246
游戏名称：纸牌游戏 ·· 247
    玩法一　拉大车 ·· 247
    玩法二　抽对 ··· 247
游戏名称：好玩的民间棋 ······································ 247
    玩法一　鸡毛蒜皮 ·· 248
    玩法二　二打一 ·· 248
    玩法三　跳坑儿 ·· 249
游戏名称：折纸游戏 ·· 250
    玩法一　东南西北张大嘴 ····························· 250
    玩法二　小猴爬山 ·· 250
    玩法三　甩纸炮 ·· 250

第二节　传统民间体育游戏 ······································· 251
  一、器材类游戏 ··· 251
  铁环游戏 ·· 251
    玩法一　小兔收萝卜 ···································· 252
    玩法二　小司机去加油 ································ 253
    玩法三　小乌龟回家 ···································· 253
    玩法四　小鸡出壳 ·· 254
    玩法五　趣味滚圈 ·· 254
    玩法六　我是铁环小能手 ···························· 255
  跳皮筋 ·· 255
    玩法一　蹦蹦跳 ·· 256
    玩法二　小兔打鼓 ·· 256
  踢毽子 ·· 257

玩法一　看谁投得准 ···································257
　　玩法二　踢三角 ·······································258
　　玩法三　小膝盖本领大 ·································258
跳绳游戏 ···258
　　玩法一　抬轿子 ·······································259
　　玩法二　蹦球跳绳赛 ···································259
　　玩法三　绕障碍物跳绳 ·································259
　　玩法四　旋转绳 ·······································259
　　玩法五　花样跳绳 ·····································260
舞龙舞狮 ···260
　　玩法一　小狮子晒太阳 ·································260
　　玩法二　趣味舞狮 ·····································260
　　玩法三　趣味舞龙 ·····································261
　　玩法四　双龙戏珠 ·····································261
踩高跷 ···261
　　玩法一　喂小动物 ·····································262
　　玩法二　勇者大闯关 ···································262
　　玩法三　高跷秧歌 ·····································262
　　玩法四　小小送货员 ···································262
板鞋游戏 ···263
　　玩法一　乌龟快跑 ·····································263
　　玩法二　多足一二一 ···································263
　　玩法三　运人 ···263
　　游戏四　闯关游戏 ·····································264
　　玩法五　小小接力赛 ···································264
赶陀螺 ···265
　　玩法一　陀螺复活赛 ···································265
　　玩法二　陀螺竞赛 ·····································265
沙包游戏 ···265
　　玩法一　赶跑灰太狼 ···································266
　　玩法二　龟兔赛跑 ·····································266
　　玩法三　螃蟹走 ·······································266
　　玩法四　炸碉堡 ·······································266
竹竿游戏 ···267
　　玩法一　抬轿子 ·······································267

玩法二　叫号扶竿 ·· 267
　　玩法三　抬竹竿 ·· 268
　　玩法四　竹竿舞 ·· 268
跳房子 ··· 269
　　玩法一　小兔踢沙包 ·· 269
　　玩法二　石头剪刀布 ·· 270
　　玩法三　十房格 ·· 271
　　玩法四　盖房占地 ··· 271
拔河 ··· 272
　　玩法一　谁的力气大 ·· 272
　　玩法二　报纸拔河 ··· 272
　　玩法三　三角拔河比赛 ··· 273
划龙舟 ··· 273
　　玩法一　摇摇晃晃划龙舟 ··· 274
　　玩法二　超级赛龙舟 ·· 274
　　玩法三　龙舟竞技赛 ·· 274
抖空竹 ··· 275
　　玩法一　空竹接力赛 ·· 276
　　玩法二　抖空竹 ·· 276
赶小猪 ··· 276
　　玩法一　小猪转圈圈 ·· 276
　　玩法二　小猪回家 ··· 276
降落伞 ··· 277
　　玩法一　解救小动物 ·· 278
　　玩法二　房子大作战 ·· 278
过云梯 ··· 279
　　玩法一　小兔运萝卜 ·· 279
　　玩法二　小猴运球接力赛 ··· 279
揪尾巴 ··· 280
　　玩法一　猎人与大灰狼 ··· 280
　　玩法二　小壁虎断尾巴 ··· 280
　　玩法三　毛毛虫大作战 ··· 280
套圈 ··· 281
　　玩法一　长颈鹿戴项链 ··· 282
　　玩法二　看谁动得快 ·· 282

玩法三　我是得分王 ··282
轮胎游戏 ···283
　　玩法一　碰碰碰 ··283
　　玩法二　打地鼠 ··283
　　玩法三　轮胎运球 ··284
跳袋 ··284
　　玩法一　小兔运萝卜 ··285
　　玩法二　接龙跳跳跳 ··286
投壶 ··286
　　玩法一　消灭大灰狼 ··287
　　玩法二　投壶大王 ··287
　　玩法三　颜色对对碰 ··287
二、徒手类游戏 ··287
丢手绢 ···287
　　玩法一　多圈丢手绢 ··288
　　玩法二　小老鼠 ··288
123 木头人 ··288
　　玩法一　动、动，我们都是木头人 ························289
　　玩法二　笑一笑 ··289
老鹰捉小鸡 ··289
　　玩法一　抓住妈妈 ··289
　　玩法二 ···290
石头剪刀布 ··290
　　玩法一　跳格子 ··291
　　玩法二　加加、减减 ··291
编花篮 ···291
　　玩法一　花样跳 ··291
　　玩法二　单腿跳 ··291
炒豆豆 ···292
　　玩法一　颜色豆豆 ··292
　　玩法二　炒数豆 ··292
一网不捞鱼 ··292
　　玩法一　大鱼、小鱼 ··293
　　玩法二　捞一条什么鱼 ··293

  玩法三 几条鱼 ……………………………………… 293
抬轿子 ………………………………………………………… 293
  玩法一 小小运输队 …………………………………… 294
  玩法二 公交车 ………………………………………… 294
老狼老狼几点了 ……………………………………………… 294
  玩法一 奔跑的小动物 ………………………………… 294
  玩法二 数字对对碰 …………………………………… 295
切西瓜 ………………………………………………………… 295
  玩法一 我来切一切 …………………………………… 295
  玩法二 看谁先能到 …………………………………… 295
吃毛桃 ………………………………………………………… 296
  玩法一 去你家 ………………………………………… 296
贴人（贴膏药）……………………………………………… 296
  玩法一 捉人 …………………………………………… 297
  玩法二 贴人 …………………………………………… 297
红灯、绿灯、小黄灯 ………………………………………… 297
  玩法一 报灯 …………………………………………… 297
  玩法二 集体报灯 ……………………………………… 298
划龙舟 ………………………………………………………… 298
  玩法一 摇摇晃晃划龙舟 ……………………………… 298
  玩法二 龙舟竞技赛 …………………………………… 299
  玩法三 超级赛龙舟 …………………………………… 299
划小船（跷跷板）…………………………………………… 299
三个字儿 ……………………………………………………… 300
  玩法一 帮助小兔子 …………………………………… 300
  玩法二 说说相反词 …………………………………… 300

第四章 传统文化研究论文 ……………………………… 301
 幼儿园大班开展皮影戏主题活动初探 ……………………… 302
 感受传统之美 童心绚烂开放 …………………………… 305
 丰富传统节日展现 弘扬中国经典文化
  ——试论传统节日文化在幼儿园园本课程中渗透的
    有效途径 ……………………………………… 308
 将民间剪纸引入幼儿园 ……………………………………… 312
 京剧中绽放 自主性成长

——幼儿园京剧名段欣赏活动中环境创设的思考 …………… 316
浅谈幼儿园泥工活动中工匠精神的培养 ……………………… 319
探新传统游戏的传承与创新 ……………………………………… 322
利用民间游戏发展幼儿的合作能力 ……………………………… 326

第一章　传统节日

我国有许多的传统节日，如甜甜蜜蜜重阳节、张灯结彩元宵节、粽叶飘香端午节、团团圆圆中秋节等，这些节日都蕴涵着我国人民尊老、爱幼、勤劳、善良、和善、爱国等优良品德，具有重要的教育价值。每逢这些传统节日，幼儿园都以全园开放、年级组共庆、班级亲子互动等形式开展综合性庆祝活动。不仅让幼儿了解了节日习俗，更让幼儿体验了亲子、同伴、师幼一起过节的快乐，获得了愉快的情绪情感体验，增强了幼儿的民族文化意识，提高了幼儿的动手能力，带给了幼儿真的启迪、善的熏陶、美的享受。如在元宵节，老师和幼儿一起舞龙舞狮，一起剪纸做花灯；在端午节，老师和幼儿一起编织小香囊；在中秋节，老师和幼儿一起打月饼等。

第一节 主题活动

迎新年（小班）

班级：小一班　　　　　　　　　　　教师：李雪、胡婷钰、王思宇

【主题设计由来】

春节是我们中华民族的传统节日，是新的一年的开端，一切丰收的喜悦和美好的愿望都孕育在新年，今年春节比往年都早一些，有些幼儿已经发现有些商铺前张灯结彩，商场里卖年货的越来越多；还有些家长提前带幼儿去串亲戚，外部环境的变化传递给了孩子们要过年的信息。为了引导幼儿对身边常见事物和现象产生浓厚的兴趣和探究的愿望，知道自己又要长大一岁，让孩子们体验过年的快乐，我们围绕着迎新年在幼儿园开展了丰富多彩的活动，精心设计了"迎新年"这一主题，和幼儿共同迎接新年的到来。

【主题设计网络图】

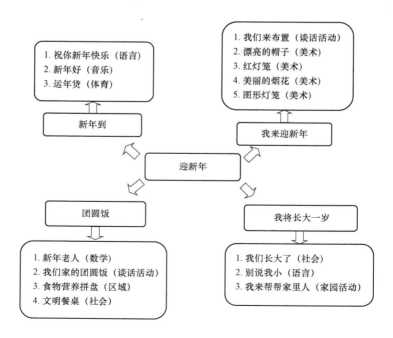

【主题活动总目标】

1. 感受过年热闹、快乐的气氛，体验过年的快乐。
2. 了解一些常见的过年形式，在活动中能够了解我国的民俗，并参与到节日活动中去。
3. 通过撕、贴、折、捏、吹、画、印、点、滚等各种方法参与制作新年礼物的活动。
4. 乐意与同伴、家人进行交流，敢于当众表达自己的新年感受。
5. 关注节日中自己周围环境的变化，感受节日的热闹景象。
6. 知道过了新年自己就长大一岁，愿意在集体面前自信地表达自我。

【主题活动的区域创设】

一、美工区

区域目标：
1. 在参与布置中，感受制作新年物品的喜悦。
2. 尝试用多种材料、多种方法装饰新年物品。
3. 正确使用各种工具材料，养成分类、整理、存放的好习惯。

区域墙饰：
1. 适合幼儿年龄特点的情节背景供幼儿展示作品。
2. 书签以及制作爆竹的步骤图。

区域材料：
卡通贴纸、印章、吸管、亮片、水彩笔、蜡笔、不同材质的纸、黏土、胶棒、即时贴、毛球、毛线、KT板。

重点指导：
1. 支持、鼓励幼儿通过探索与尝试，自主选择绘画、拓印、撕纸、染纸等美术手段，大胆设计和制作不同的新年礼物。
2. 鼓励幼儿尝试运用多种方法，如剪、贴、折、画等，自主选择材料制作灯笼、爆竹、贺卡、彩灯等。
3. 指导幼儿养成良好的美术活动习惯，活动结束后主动分类、整理、存放各种材料。

二、生活区

区域目标：
1. 在操作中，使手部肌肉的灵活性得到发展。

2. 能够在活动中提升自我服务的能力。
3. 在活动中初步体会成功的乐趣。

区域墙饰：
幼儿练习拉拉锁、系扣子的互动墙饰。

区域材料：
串珠子的材料（附题卡）、给宝宝穿新衣的材料（拉拉锁、系扣子）包糖果的糖纸、摸箱、喂豆豆的材料（尖、扁口的夹子）。

重点指导：
1. 引导幼儿练习操作材料时手部肌肉的灵活性。
2. 让幼儿在包糖果的活动中学会"拧"这个动作的要领。
3. 鼓励幼儿大胆尝试选择喜欢的材料去操作。

【主题生活活动】

1. 晨间谈话时与幼儿聊聊关于新年的事情。
2. 饭前安静活动时，为幼儿讲有关新年的来历、过年的习俗，学说关于新年的儿歌等。
3. 过渡环节时和幼儿玩学说吉利话的游戏。

【主题家园共育】

1. 借助周边环境随机向幼儿介绍一些新年习俗。
2. 教会幼儿学习一些过年要说的吉祥话。

【主题主要活动】

活动一　祝你新年快乐（语言）

一、活动目标
1. 认真倾听故事，能大胆地向别人祝贺新年快乐。
2. 感受故事主人公与人分享的快乐。

活动重点： 能大胆地向别人祝贺新年快乐。
活动难点： 感受主人公与人分享的快乐。

二、活动准备
1. 物质准备：图片、贺卡、作画用具、大卡纸。
2. 幼儿准备：幼儿感受故事主人公与人分享的快乐。

三、活动过程

（一）出示贺卡，引出故事

教师：这是什么？它是干什么用的？

（二）欣赏故事，理解内容

1. 教师讲述，提问：这个故事的名称是什么？小老鼠波波寄贺卡给哪些好朋友？
2. 出示图片提问：为什么波波要送贺卡给它的好朋友？波波送给小猫等的贺卡上画了什么？波波后来收到了什么礼物？

（三）制作贺卡，激发愿望

1. 小朋友，我们给谁制作一张贺卡，在新年的时候送给他呢？
2. 她喜欢什么？怎么装饰？
3. 教师根据幼儿的意愿一起做贺卡，做好后一起送贺卡。

四、拓展与延伸

将故事投放在图书区，幼儿可以自主翻看。

活动二　新年好（音乐）

一、活动目标

1. 能用活泼愉快的声音唱歌。
2. 与同伴共享新年带来的喜悦。
3. 大胆创编舞蹈动作，愿意用身体语言来表现音乐的美。

活动重点：学唱歌曲，并理解歌曲意思。

活动难点：大胆创编舞蹈动作，愿意用身体语言来表现音乐的美。

二、活动准备

1. 物质准备：祝新年的歌曲。
2. 幼儿准备：幼儿听过《新年好》的音乐。

三、活动过程

（一）音乐导入

1. 冬天来了，小朋友们感到怎么样？
2. 让我们一起来锻炼身体。
3. 幼儿歌舞表演《冬天不怕冷》。

（二）感受歌曲

1. 现在的小手都很暖和了，只要锻炼身体，我们就不会怕冷了。
2. 新年马上就要到了，我们有什么好听的祝福的话和爸爸妈妈说呢。
3. 小朋友说得真好，我们一起来祝福爸爸妈妈新年快乐。
4. 除了好听的话，我们还学过祝新年的歌，把好听的歌曲送给他们。

（三）幼儿演唱《新年好》

1. 你们唱得真好听，好听的歌曲配上好看的动作就更优美了。
2. 幼儿自编动作，教师随机指导。
3. 个别幼儿示范。提问：这个动作是怎么跳的？像什么？
4. 老师小结：你们编的动作真好看，老师帮你们把好看的动作编到歌曲里，跳给你们看，想看吗？教师表演《新年好》。
5. 具体指导舞蹈动作。提示：把小手举得高高的拜年才好看。我们试着跳跳，看会不会更美。

（四）师生共同表演

四、拓展与延伸

将音乐投放在表演区，幼儿可以演唱、跳舞等。

活动三　运年货（体育）

一、活动目标

1. 练习在高15~20厘米的斜坡上走上走下。
2. 在游戏中能够体会乐于助人的意识。

活动重点：练习在高15~20厘米的斜坡上走上走下。

活动难点：能够体会乐于助人的意识。

二、活动准备

1. 物质准备：小车、货物（水瓶、纸箱）。
2. 幼儿准备：幼儿有拉小车的经验。

三、活动过程

（一）热身运动

幼儿听着《郊游》音乐在老师的带动下做热身运动。

（二）谈话导入

要过新年了，我们准备年货，请小朋友开上小汽车拉年货去喽！

（三）游戏过程

1. 幼儿扮小司机，成一路纵队面向斜坡站立。
2. 游戏开始，教师说："今天我们的汽车要爬山坡运年货，现在先要检查车。"教师从排头开始摸一下每个幼儿的手心（表示检查车），被摸的幼儿发出"嘀嘀——"的声音。都检查完后，教师说："开始爬坡！"幼儿模仿司机开汽车扶方向盘的动作，必须一个跟着一个在斜坡上走上走下，来回运送年货，嘴里发出"嘀嘀——"的声音。
3. 男女生比赛。

（四）放松活动

孩子们，你们运了这么多的年货，老师很高兴，想邀请你们一起跳舞，让我们一起跳起来吧！幼儿在老师的带动下活动活动四肢，做放松运动。

四、拓展与延伸

户外活动时，可以设定坡度不同的斜坡，引导幼儿尝试。

活动四 漂亮的帽子（美术）

一、活动目标

1. 通过欣赏漂亮的帽子，引导幼儿感受生活中的美。

2. 在装饰帽子的活动中，巩固对三原色的认识，并鼓励幼儿大胆地自由涂色，添画花纹。

活动重点：能够参与美工活动，大胆、主动创作。

活动难点：对三原色的认知和运用。

二、活动准备

1. 物质准备：活动前搜集有特点的帽子布置成超市，另外准备美工活动用的棉签、宣传色、油画棒等若干以及《小雪花》音乐。

2. 幼儿准备：幼儿对各种帽子有一定的认识。

三、活动过程

（一）情境导入

1. 听音乐《小雪花》进入活动室，"冬天就要到了，我们该怎样过冬呢？"引导幼儿讲述。"可是我们现在还没有帽子呢，今天老师带你们到帽子店看一下好不好？"

2. 带幼儿参观帽子店，教师有意识地引导幼儿欣赏各种帽子，可提出以下问题：这里的帽子都有些什么样的？你最喜欢哪一项？为什么？

（二）提出课题要求，引起幼儿装饰帽子的兴趣

1. 教师："刚才我们看到了许多好看的帽子，你找到了自己最喜欢的帽子了吗？别着急，我们可以来自己动手做一顶最喜欢的，想不想试一下？"

2. 教师出示已经做好的空白帽子图片。"老师已经做好了好多，好看吗？为什么？下面请小朋友来帮助我好吗？"

3. 教师简单示范装饰帽子的方法。"小朋友可以像装饰这个帽子一样用各种颜色的直线或曲线进行装饰，也可以用各种颜色的小雨点图案装饰，还可以用自己喜欢的动物图案装饰，自己想怎样装饰，就大胆地去做，装饰完后，你喜欢什么颜色，可以用棉签涂好，一顶帽子可以是一种颜色，也可以是好几种颜色。"帮幼儿巩固对三原色的认识。

（三）幼儿创作过程

教师指导，重点鼓励幼儿大胆添画，掌握涂色的方法，巩固对三原色的认识。

四、拓展与延伸

在美工区投放多种材料，供幼儿继续创作。

活动五　红灯笼（美术）

一、活动目标

1. 愿意参与涂色活动，感受涂色活动所带来的乐趣。
2. 知道灯笼的颜色是红红的。
3. 锻炼幼儿手的灵活度，自己完成作品。

活动重点：愿意参与涂色活动，感受涂色活动所带来的乐趣。

活动难点：锻炼幼儿手的灵活度。

二、活动准备

1. 物质准备：画有灯笼轮廓的纸、红颜色的蜡笔若干、音乐。
2. 幼儿准备：幼儿对灯笼有初步的认知。

三、活动过程

（一）谈话导入

1. 我们过节的时候和平时有什么不一样啊？
2. 我们在过新年或其他节日的时候，门口和街上都挂上好多好多什么啊？
3. 你看到的灯笼是什么颜色的？

（二）引导幼儿学习作画

1. 教师出示画有灯笼轮廓的纸，提问："小朋友，这是什么呀？"
2. 教师小结："哦，灯笼是红红的对吗？（出示灯笼轮廓图纸）老师这里还有好多好多的没有颜色的灯笼，怎么样让它们变成红红的灯笼呢？"
3. 教师向幼儿讲解作画的要求。
（1）教师范画，重点突出涂色时方向要一致。（例如左右左右、上下上下）
（2）提问："小朋友，老师是怎么涂色画红红的灯笼的？"
4. 播放音乐，幼儿操作涂色。
（1）幼儿动手涂色，老师巡回指导。
（2）幼儿任选方法涂色，老师提醒幼儿注意卫生，互相谦让。

（三）讲评幼儿作品，让幼儿感受成功

1. 我们今天的小画家的画真棒，瞧×××涂的颜色非常均匀，×××这次也能大胆地画画了……逐一出示幼儿的作品，让幼儿欣赏。
2. 让我们把红红的灯笼挂在教室的门上，好吗？

四、拓展与延伸

在美工区投放配套材料，幼儿可以继续创作。

活动六　美丽的烟花（美术）

一、活动目标

1. 运用不同的色彩、形状，用绘画的方法大胆表现自己对美的感受，逐步培养幼儿对美好事物的热爱之情。
2. 初步尝试放射型短线的画法。

活动重点：运用不同的色彩、形状，用绘画的方法大胆表现。

活动难点：尝试放射型短线的画法。

二、活动准备

1. 物质准备：烟花图片或幻灯片、范画一张、水彩笔、画纸。
2. 幼儿准备：幼儿观察过放烟花的场景。

三、活动过程

（一）谈话，引起幼儿兴趣

教师：小朋友看过放烟花吗？你们看过的烟花是什么样子的？有哪些颜色？（引导幼儿自由讲述、讨论后，教师小结烟花的颜色、形状）

（二）欣赏与示范

1. 出示图片或放幻灯片让幼儿欣赏，教师以描述性的语言引导幼儿观察，激发幼儿的兴趣和加深幼儿的印象。

这些烟花是随着一丝丝线、一点点光爆出来的，五颜六色，千姿百态，真是好看极了，就好像春天的花园一样，给节日增添了喜庆和光彩。

2. 边讲边示范画法：放烟花时，先点火（用彩色水笔点一个实心圆），火一点着，烟花里的小花瓣就一个接着一个地跳了出来，围着小圆心跳起圆圈舞，小花瓣越跳越多，烟花越来越大。（重点引导幼儿围绕圆心画放射型短线）

3. 也可多示范几种烟花的画法。

（三）幼儿创作，教师指导

1. 指导幼儿大胆使用各种颜色的水彩笔画烟花，力求画面饱满。
2. 鼓励幼儿画各种不同的烟花。

（四）引导评价

展示作品，共同欣赏。

四、拓展与延伸

随着社会的发展，大气污染越来越严重，所以，要引导幼儿对环保有初步的认知，让幼儿在日常生活中减少燃放烟花爆竹。

活动七 图形灯笼（美术）

一、活动目标

1. 初步学习连接黏合的方法，尝试用相同图形对齐粘贴制作灯笼。
2. 体验用自己的作品布置环境的快乐。

活动重点：学习连接黏合的方法。

活动难点：尝试用相同图形对齐粘贴制作灯笼。

二、活动准备

1. 物质准备：各种彩纸图形（圆形、方形、三角形、梯形、菱形等形状）、皱纹纸做的灯穗、糨糊、抹布等。
2. 幼儿准备：幼儿会正确使用胶棒。

三、活动过程

（一）教师导入活动，引导幼儿观察灯笼

老师：今天老师给小朋友带来一样礼物，它是什么呢？（出示课件灯笼）你们喜不喜欢灯笼？它是由哪几部分组成的？幼儿议论回答后，老师总结：灯笼有一个大大的身体，上面有悬挂的线，下面有一串穗子。今天，我们也来做图形灯笼，打扮我们的教室。

（二）引导幼儿尝试用图形来制作灯笼

老师：我们要做一只图形灯笼，必须先以各种图形中选出两个一样的图形，再将图形反过来，在没有颜色的一面抹上糨糊，糨糊不能抹得太多，要把图形的每个地方都抹到、抹匀，然后将穗子上的线垂直贴在图形中间，穗子挂在图形的外边，再用另一张同样的图形纸相对贴在一起，压平，图形灯笼就做好了。

（三）交代要求，幼儿操作，老师指导

1. 让幼儿自己来做图形灯笼。贴的时候要注意对整齐。做完一只，可以再做另一只。
2. 幼儿自由选择图形操作，老师巡回指导，提醒幼儿注意：正确使用糨糊，将糨糊抹在没有颜色的一面，穗子要放在图形的中间，鼓励幼儿独立完成作业，能力强的幼儿可以制作2~3只灯笼。

（四）总结评价，结束活动

老师把幼儿的作品挂在剪贴板上，带领幼儿观赏，表扬全体幼儿。

四、拓展与延伸

将辅助材料投放在美工区，幼儿可以继续装饰。

活动八 新年老人（数学）

一、活动目标

1. 初步感知"1"和"许多"，知道它们之间的区别。
2. 喜欢参与数学活动。

活动重点：感知"1"和"许多"。

活动难点：知道"1"和"许多"之间的区别。

二、活动准备

1. 物质准备：与幼儿人数相等的一袋糖、玩具积木一盒（许多红的、一个绿的）。
2. 幼儿准备：幼儿对"1"有一定的认知。

三、活动过程

（一）游戏导入

新年快到了，新年老人也来了，他带来了礼物送给小朋友。

（1）摸糖：请个别幼儿摸一摸，布袋里有多少糖。
（2）看糖：将糖拿出来，让幼儿比较。看看这些糖一样吗？
（3）分糖：许多糖，分给每个人，每人手上有几颗糖？（1颗）

（二）反复游戏

1. 教师用区域中的玩具继续做游戏。

（1）摸玩具：请所有幼儿摸一摸袋子里的玩具。
（2）看玩具：将玩具拿出来，让幼儿比较。看看这些玩具一样吗？
（3）分玩具：许多玩具，分给每个人，每人手上有几个？（1个）

2. 进一步让幼儿感知"许多"变成了1个。

四、拓展与延伸

幼儿将新年老人送的积木叠加在一起，感知一个一个合起来就是许多。

活动九 文明餐桌（社会）

一、活动目标

1. 学会一般的就餐规矩、就餐礼仪。
2. 初步建立用餐时的常规要求。

活动重点：学会一般的就餐规矩、就餐礼仪。

活动难点：明确用餐时的常规要求。

二、活动准备

1. 物质准备：PPT、仿真食物、餐具。
2. 幼儿准备：幼儿自己独立用餐。

三、活动过程

（一）播放 PPT，引出话题

教师：这些小朋友做得对吗？

1. 不等别人入座自己先吃。
2. 让长辈先吃。
3. 抢菜、乱翻菜。
4. 面向餐桌打喷嚏。
5. 当众提到"好难吃""上厕所"之类的词。

（二）情境体验

1. 主动帮助家长擦桌子、摆碗筷、端菜，等人到齐才能用餐。
2. 请长辈先夹菜。
3. 不抢菜，不在菜盆中乱翻，不碰翻桌上的盘子、杯子。
4. 打喷嚏、咳嗽应面朝餐桌后面，拿手帕或餐巾遮住口鼻。
5. 在餐桌上不要当众提到"好难吃""上厕所"之类的词，以免别人倒胃口。

（三）练一练

分小组练一练餐桌上应注意的礼仪。

四、拓展与延伸

将材料投放在娃娃家中，供幼儿体验。

活动十　我们长大了（社会）

一、活动目标

1. 幼儿通过认照片、看视频、试衣服等活动，感受到自己长大了。
2. 愿意较大声、大胆地在集体面前发表自己的想法。
3. 初步运用比较的方法，了解自己的成长，增强观察能力。

活动重点：愿意较大声、大胆地在集体面前发表自己的想法。

活动难点：运用比较的方法，了解自己的成长，增强观察能力。

二、活动准备

1. 物质准备：幼儿小时的照片、视频、各类婴儿衣物等。
2. 幼儿准备：对自己衣物有认知。

三、活动过程

（一）情境感知

1. 教师创设情境：在桌上分散放一些孩子小时候的照片。

请找找哪张是你自己的？去认认照片上别的小朋友会是班上的谁呢？

2. 出示个别幼儿的照片让大家认一认：这是谁呢？怎么和现在长得不一

样呢？

3. 小结：我们长大了，所以和现在不一样了。

（二）操作比较

1. 过渡：小朋友都带来了小时候穿的衣服，去试一试现在还穿得上吗？（幼儿试穿小时候的衣物，感觉身体已长大）

2. 幼儿根据自己的操作讲述自己的发现。（个别幼儿试穿、讲述）

3. 小结：我们的头、身体、手、脚等各个地方都长大了，说明我们真的长大了。

（三）观察发现

1. 幼儿看视频一：小时候的宝宝。

提问：宝宝在干什么？为什么要妈妈帮忙？

2. 幼儿看视频二：上幼儿园的宝宝。

比较：这两个宝宝有什么不一样呢？

3. 小结：第一个宝宝什么事情都要妈妈做。第二个宝宝自己的事情自己做。

4. 引导讨论：

（1）你们和视频中的两个宝宝相比有什么不一样？你们学会了什么新的本领？

（2）你们跟爸爸、妈妈、老师比呢？

5. 小结：小时候都要爸爸妈妈帮忙，长大了自己会做各种事情，希望你们长大后学会更多的本领，比老师的本领更大。

四、拓展与延伸

可以将幼儿的衣服投放到娃娃家，让幼儿为娃娃练习穿脱衣服。

活动十一　别说我小（语言）

一、活动目标

1. 学习诗歌，并有表情地朗诵诗歌，练习发准翘舌音"穿、种、说、桌"。

2. 在对比、讲述中增强幼儿"我长大了的"意识，知道要尊敬老师和父母的道理。

3. 体验自己长大的喜悦之情。

活动重点：学会诗歌，并有表情地朗诵诗歌。

活动难点：发准翘舌音"穿、种、说、桌"。

二、活动准备

1. 物质准备：幼儿小时候的照片、玩具、用品等，爸爸妈妈、爷爷奶奶、洗脚、擦桌、扫地、浇花的图片与相应的小图标各一个。

2. 幼儿准备：家长配合给幼儿讲述小时候的故事。

三、活动过程

（一）谈话导入

老师告诉你们一个小秘密，动物幼儿园的小乌龟也升中班了，小乌龟学会了很多本领，可是它每次帮爸爸妈妈、爷爷奶奶做事时大人们总说你还小、你还小，小朋友们现在也上中班了，老师想知道，你们在家爷爷奶奶、爸爸妈妈也这样说你吗？（此环节通过谈话的形式为幼儿创设一种轻松的氛围，围绕话题启发幼儿参与活动，让幼儿在相互交流中体验快乐）

（二）看图说儿歌

1. 兰兰在哪儿？爷爷奶奶怎么说？爸爸妈妈怎么说？兰兰又是怎么说的？
2. 听录音，结合图片理解故事。
3. 结合图标说儿歌。
4. 扮演角色表演儿歌，注意发准翘舌音"穿、种、说、桌"。

四、拓展与延伸

××真棒，其他小朋友也很棒，小朋友还会做些什么事呢？你还会帮助谁呢？

【主题活动反思】

在本次活动中，孩子们的参与是积极的，情绪是热烈的。

首先，教室环境布置得很好，我们自己动手做，我们作为教师提供给孩子丰富的材料：彩色的纸、彩色的瓶盖等，让孩子们做新年贺卡、灯笼、鞭炮、拉花等，孩子们有了多种选择的余地，而且不同层次的孩子可以根据自己的能力选择材料、内容，能力强的做灯笼，能力差的做拉花，孩子们做得开开心心、欢欢喜喜，尝到了游戏活动的乐趣，从中获得了成功的喜悦。真正达到了做中玩、玩中乐，在活动中学习、在活动中体验、在活动中发展的目标。

其次，迎新年活动抓住了孩子们天天盼望新年到来，迫切想了解人们怎样欢庆新年的心理，充分挖掘了新年欢庆活动的多样化，让孩子们体验了新年的快乐，进入新年欢庆的气氛，拓展了他们的知识范畴。

总之，在新年庆祝活动中，我们让每一个孩子都能积极参与，并获得成功的体验，同时也让孩子们感受到了新年的喜庆气氛。

欢欢喜喜迎新年（中班）

班级：中二班　　　　　　　　　　　　　　　教师：许海英、李赛

【主题设计由来】

"玥玥，昨天我看了一个动画片，叫《十二生肖闯江湖》，可好看了，我特

别喜欢里面的竹叶青,因为我就是属蛇的。"晓晓拉着玥玥开始讲动画片里看到的故事情节,不一会儿,就围了一群孩子在听晓晓讲。等晓晓讲完后,孩子们七嘴八舌地说:"我也是属蛇的,我妈妈是属虎的,我爸爸是属牛的。""我和妈妈都是属蛇的,我还知道我爷爷也是属蛇的,咦,为什么我们都属蛇,爷爷的岁数最大啊。""我也属蛇,我奶奶跟我说,我晚一天出生就属马啦,因为第二天就是春节!"……随后几天,孩子们一直在谈论《十二生肖闯江湖》的动画内容和关于属相、春节的话题,孩子们对十二生肖产生了浓厚的兴趣。

生肖文化历史悠久,是我国传统文化的一部分,每到春节,正是两个属相的交替时节,春节也是孩子们最喜欢的节日之一,再过一个月就是我们国家的传统节日春节,我们及时抓住这个教育契机,在孩子们做准备欢欢喜喜过大年的同时,希望孩子们更多了解我国的传统习俗,弘扬传统文化,就这样,"欢欢喜喜迎新年"的主题在孩子们对生肖的兴趣下自然开始啦!

【 主题设计网络图 】

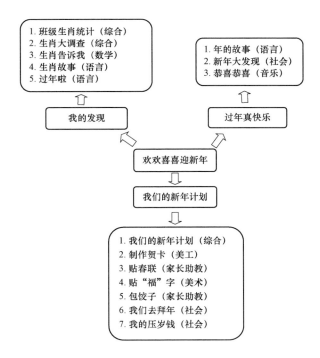

【 主题活动总目标 】

1. 知道春节是中华民族的传统节日,了解春节的来历和有关习俗,体验一些常见的过年形式，在热闹、快乐的气氛中感受浓厚的亲情、友情。

2. 了解十二生肖的来历和轮换规律，知道家人和自己的属相，喜欢探究关于生肖的秘密。

3. 喜欢听故事，理解故事内容，用简短的语言概括故事的主要情节，并根据故事情节，合理续编故事，提高想象力和口语表达能力。

4. 发现属相和年龄的关系；能给属相排序，利用属相的排序了解 10 以内数字中相邻数字之间的关系。

5. 利用不同的美术工具和材料，用剪纸、绘画、泥工等美术方式表达自己对春节的所见、所知、所想。

6. 感受自己在长大，体验自我价值感。

【主题活动的区域创设】

一、美工区

区域目标：

1. 尝试用绘画、剪纸、捏泥、刮画、手工制作等多种方式创作新年用品及新年礼物等，大胆表现自己的所见所想。

2. 尝试利用多种材料或废旧物品制作窗花、拉花、灯笼、新年贺卡等小作品，以及表演区的头饰等，体验创作带来的乐趣。

3. 积极主动探索美术工具、材料（包括专门材料、自然物或废旧材料）的使用方法，能正确使用它们进行大胆表现。

4. 正确使用各种工具材料，养成分类、整理、存放的好习惯。

区域墙饰：

1. 贺卡、灯笼等制作步骤图。

2. 幼儿新年作品展。

区域材料：

各种生肖图片（塑封好的）、可进行描红的透明塑封膜、彩色陶泥、各种纸张、刮画纸、灯笼制作工具（塑料小刀、小棍、剪刀等）、细彩带、打孔器等。

重点指导：

1. 支持幼儿收集喜欢的生肖作品和关于新年的用品（灯笼、贺卡等），并和他们一起欣赏。

2. 为幼儿提供多种材料，鼓励幼儿运用泥工、手工等形式设计生肖物品、布置花墙、收集各种新年贺卡。

3. 支持、鼓励幼儿通过探索与尝试，自主选择绘画、剪纸、刮画、手工制作等美术手段，大胆设计和制作不同风格的新年用品，装饰和美化环境。

4. 展示幼儿的作品，鼓励幼儿用自己的作品或艺术品布置环境。

5. 指导幼儿养成良好的美术活动习惯，活动结束后主动分类、整理、存放各种材料。

二、表演区

区域目标：

1. 对生肖故事感兴趣，积极主动地参与生肖故事表演，大胆地表现自己喜欢的生肖形象。

2. 积极主动地参与新年节目表演，在活动中获得愉快、丰富的情绪体验。

3. 在表演中，能与他人相互配合，也能独立表现。

4. 理解角色的职责，按角色的规定、要求进行活动。

区域墙饰：

幼儿喜欢的生肖故事的情节图。

区域材料：

幼儿在美工区制作的生肖头饰、新年表演道具等。

重点指导：

1. 引导幼儿自主商量、分配角色、表演故事。

2. 尊重幼儿的兴趣和独特感受，理解他们欣赏生肖故事时的行为。

3. 在幼儿自主表达创作的过程中，不做过多干预，不把自己的意愿强加给幼儿，在幼儿需要时再给予具体的帮助。

三、图书区

区域目标：

1. 有自主阅读意识，能主动选择自己需要的图书阅读，并能专注地阅读图书。

2. 对看过的图书、图片，听过的故事，能说出自己的看法。

3. 乐意主动探索、动手尝试，用不同的方法修补图书，学会爱护图书，和图书交朋友。

区域墙饰：

1.《年》的故事排序墙饰。

2. 修补图书方法图。

区域材料：

幼儿自制生肖小书，幼儿收集的年画图片，有关十二生肖、新年的故事书，双面胶、透明胶、糨糊、剪刀等工具，订书器、订书钉等。

重点指导：

1. 尊重和接纳幼儿的说话方式，无论幼儿对年画的感受表达水平如何，都认真地倾听并给予积极的回应。

2. 鼓励幼儿根据十二生肖、年的故事等画面线索讲述故事，大胆推测、想象故事情节，改编故事的部分情节或续编故事结尾。

3. 提供丰富的可操作的材料，为幼儿运用多种感官、多种方式探索修补图书的方法提供活动的条件。

【主题生活活动】

1. 晨间谈话、过渡环节时与幼儿聊聊关于生肖和新年的话题。

2. 饭前安静活动时，为幼儿讲讲有关生肖和新年的小故事或说说关于生肖和新年的儿歌，请幼儿说说自己知道的关于生肖和新年的知识等。

【主题家园共育】

1. 请家长利用休息时间与孩子一起，搜集有关生肖、过年的书籍、图片等，和孩子一起欣赏，并给孩子讲一讲有关的内容。

2. 和孩子一起用绘画、剪纸、刮画等多种形式创作生肖作品。

3. 和孩子一起利用废旧材料等制作过年的装饰品及用品。

【主题主要活动】

活动一　生肖大调查（综合）

一、活动目标

1. 通过小组分工、设计提问、现场采访等活动，明确采访的计划和任务，体验与同伴合作采访的乐趣。

2. 尝试主动与他人交往，学习倾听和交流，有初步的交往能力。

3. 养成乐意在众人面前大胆发言的习惯。

活动重点： 通过小组分工、设计提问、现场采访等活动，明确采访的计划和任务。

活动难点： 采访中如何与人沟通，并有效地记录和汇报。

二、活动准备

1. 物质准备：记者采访的录像片段、采访计划表、采访中记录用的笔和本子、幼儿事先做好的有关道具、电视机架子一个、摄像机一台。

2. 幼儿准备：幼儿事先有分组合作调查幼儿园工作人员的经验。

三、活动过程

（一）感知采访情境，初步了解记者的工作和采访要求

1. 定格记者手拿话筒的画面。小朋友，你看这是谁？你怎么知道他是记者呢？你还知道哪些节目的记者呢？你知道记者是做什么的？

小结：这是新闻记者，记者通过采访和报道，让我们了解一些原本不知道的事情。

2. 老师给小朋友带来了一段记者采访的录像，请小朋友仔细看记者是怎么进行采访的，仔细看他的神态、语言和提问的内容。

3. 幼儿看采访录像。

提问：在这段录像中，你看懂了什么？记者在采访时是怎样的？

小结：看了录像，我们知道，记者在采访前先主动地介绍自己，而且采访时态度自然大方，亲切有礼貌。

（二）通过观察图片，了解小记者的采访要求和采访用具

1. 现在，不光成人能做记者，幼儿园的小朋友们也能做小记者呢。瞧，老师把某班小朋友的采访也拍了下来。请大家仔细看，然后想一想。

（1）小记者在采访中他们的表情态度怎样？

（2）采访中有哪些分工？

（3）采访中需要用到哪些采访材料？

2. 解决分工和计划书的内容。

（1）除了这些采访设备，还可以有什么设备？

（2）如果是三个人去采访，想想可以怎么分工？

（3）小结：小记者采访时要学会分工合作，有的提问，有的记录。需要话筒，态度要自然，要有礼貌。

（三）确定采访内容，制订采访计划书，做好采访前的准备

1. 出示计划书，介绍内容：幼儿园教师生肖统计。

2. 请选好你的合作伙伴，三人一组。

3. 明确采访的要求：去采访的时候，提问的人要注意主动提问，记录的人要用简单的方法记录，摄像和汇报的人要注意表达完整。

（四）幼儿采访，教师做跟踪和指导

老师和幼儿一起准备了一些采访材料设备，幼儿可以选择要用的。幼儿寻找有关采访的替代品，开始分组采访，教师对幼儿的采访情况做摄录。

（五）汇报采访情况，分享采访结果及经验

组织幼儿看采访过程的录像，从采访的主动性、采访的礼仪、提问的设计等方面进行点评。

四、拓展与延伸

引导幼儿调查自己身边亲戚朋友的生肖。

附调查表：

幼儿园教师生肖调查表

日期：　　　　　　　　　　　　　　　　　　　调查小组成员：

班级	教师姓名	教师年龄	教师生肖（我的绘画）

活动二　生肖告诉我（数学）

一、活动目标

1. 知道十二生肖及其排列顺序；知道一年一种属相，12年一个轮回的规律。

2. 初步了解十二生肖与人们年龄之间的关系，提高观察力，培养简单的推理能力。

3. 明确十二生肖是中国人所特有的，并为自己是中国人而感到自豪。

活动重点：知道十二生肖及其排列顺序。

活动难点：了解十二生肖与人们年龄之间的关系。

二、活动准备

1. 物质准备：自制钟面与生肖钟、PPT及十二生肖的来历故事视频、配套《幼儿画册》。

2. 幼儿准备：幼儿调查过自己家人的生肖并自制了调查表。

三、活动过程

（一）了解十二生肖及其排列顺序

1. 出示时钟，钟面上有数字和指针，可以告诉幼儿，时针走一圈是多长时间。

2. 我们都知道，时针走一圈是12小时，看看老师还带来了一种特别的钟，钟面上都是什么呀？有哪些小动物呢？一共有多少种动物呢？为什么是这12种动物呢？你有没有发现什么？

3. 小结：原来钟面上的十二种动物就是人的十二种属相，称十二生肖。（PPT画面）一年一种生肖，我们已经谈论过十二生肖的话题，而且知道十二生肖是按一定的顺序排列的，你们能说出它们的顺序吗？

4. 刚才按顺序你们都能说出来，牛排第几？虎排第几？羊呢？猪呢？

5. PPT操作：鼠的后面是谁？羊的前面是谁？马的前面和后面分别是谁和谁？

6. 幼儿进行生肖排序。

（1）是不是每个小朋友都能给它们正确地排序呢？请你们按照十二生肖的排列顺序，在下面的括号里给它写上序号。（出示十二生肖图片，幼儿操作）

（2）用PPT验证操作结果，幼儿自查操作情况。

（3）小结：中国人很聪明，在很久以前就发明了十二生肖，也就是这十二种动物，十二种动物是按顺序排列的，（PPT演示生肖钟）用十二生肖来记录时间，一年一个生肖，十二个生肖一个个地轮流下来要十二年。

7. 看十二生肖的故事，了解十二生肖的排列顺序。

（1）十二生肖为什么会按这样的顺序排列？为什么老鼠会排在第一呢？这里还有一个故事呢，一起来看看。

（2）播放视频"十二生肖的来历"。

小结：真有趣，原来还有这样一个故事。

（二）了解自己和家人的属相

1. 我们每个人都有自己的属相，说到现在，我还不知道你属什么呢？

2. 提问：小朋友的属相为什么有的是龙，有的是蛇，不一样呢？

3. 提问：根据十二生肖的排列顺序，你们想一想，我们班上属马的小朋友和属蛇的小朋友谁大谁小？（操作生肖钟）

4. 那你们知道今年是什么年呢？今年出生的宝宝属什么呢？

5. 过新年，我们都会长大一岁，属相会变吗？

小结：原来生肖与年有关，龙年出生的属龙，蛇年出生的属蛇。

（三）初步了解十二生肖与人们年龄的关系

1. 提问：除了知道自己的生肖，你还知道家里人的属相吗？

前几天呀，我们做了一次调查，这是你们的调查表，我们一起来看看。（看一例：家里人数和生肖数一样的调查表）

2. 每个人都有一个生肖，是不是家里有几口人，就一定会有几种生肖呢？

（再看一例：家里人数和生肖数不一样的调查表）

3. 家里的人数和生肖数不一样，这是怎么一回事呢？

小结：原来，其中有两人年龄相同，生肖也就相同，所以家里有5口人，

只有4种生肖。（年龄相同，生肖相同）

4. 那我们再来看看，（看一例：年龄不同，生肖相同）这里，他们两个年龄不同，为什么生肖也相同呢？

5. 操作生肖钟：今年是鸡年，生下的宝宝属鸡，明年生下的宝宝属什么呢？后年呢？绕一圈又回到这里，是鸡年吗？

十二个生肖绕一圈，表示过了十二年，再绕一圈，十二生肖没有变，但是又过去了十二年，这样就出现了年龄不同，但是生肖相同的情况。所以琪琪家里有5个人，而且年龄都不同，却只有4种生肖，就是因为他们不同的年龄轮到了相同的属相，生肖就相同了。

6. 小结：中国人很伟大，有了十二生肖，就知道明年是什么年，还可以知道几年以后是什么生肖，知道了别人的生肖，还可以猜出他的年龄。

四、拓展与延伸

1. 提问：今年是鸡年，3年以后是什么生肖年？5年以后呢？

2. 属蛇的小朋友今年5岁，那属龙的小朋友是几岁呢？

活动三　生肖故事（语言）

一、活动目标

1. 理解故事内容，能根据故事情节进行表演及讨论，提高语言能力和动作表现能力。

2. 喜欢听生肖故事，知道十二生肖的排列顺序。

3. 对属相有进一步的探究欲望。

活动重点：知道十二生肖的排列顺序。

活动难点：能针对故事内容进行探讨和表演。

二、活动准备

1. 物质准备：十二生肖图片。

2. 幼儿准备：幼儿对生肖有一定的了解。

三、活动过程

（一）十二生肖排排队

1. 请小朋友们两个人一组，给生肖排排队。

2. 幼儿汇报给生肖排队的情况。

3. 为什么十二生肖一定要这样排列？

（二）教师讲述生肖故事

1. 老师讲十二生肖的故事。

2. 结合故事内容提问。

（1）十二生肖是怎样排列的？

（2）为什么小小的老鼠排到了最前面？
（3）老虎和龙那么厉害，为什么排在了老鼠和牛的后面？
（4）兔子为什么会排在龙的前面？
（三）扮演生肖
1. 请幼儿自由扮演自己喜欢的生肖动物。
2. 个别幼儿展示。

四、拓展与延伸

幼儿可以在表演区表演生肖故事。

活动四 过年啦（语言）

一、活动目标
1. 通过对如何过年的讨论，了解中国传统节日——春节。
2. 能够用较为流利的语言描述过年的情境。
3. 能够使用丰富的词汇来形容过年的快乐和自己愉悦的心情。

活动重点：了解春节风俗的由来，知道春节是中国人的节日。

活动难点：用丰富的词汇来形容过年的快乐。

二、活动准备
1. 物质准备：各种与新年有关的图片。（本活动中的新年特指春节，而不是元旦）
2. 幼儿准备：幼儿有过新年的经历。

三、活动过程

（一）谈话导入

新年就要来了，大家都很高兴，让我们来想一想，怎样过新年才快乐呢？引导幼儿回忆过年的习俗，大胆发言。

（二）幼儿自由讨论

1. 请想好了的小朋友来讲一讲，去年的新年是怎么过的，（要求小朋友用流畅的语言详细描述当时的情境，且描述时词语要丰富）
2. 出示各种与新年有关的图片，请小朋友看一看，这些都是什么？并说一说。
3. 回忆去年小朋友给家人朋友拜年的情境，请幼儿想一想当时的情境是怎么样的？在拜年的时候说了些什么？
4. 小朋友在新的一年里有什么打算？有什么愿望？应该怎么做？（引导幼儿表达积极的新年愿望）
5. 我们不仅自己要快乐地过新年，而且要给身边的人送去祝福，我们已经学会了很多拜年的话，还可以把自己的祝福画出来，做成贺年卡，送给自己最喜欢的人。

四、拓展与延伸

幼儿回到家以后，与爸爸妈妈讨论还有哪些节日？都是怎么过的？

活动五　年的故事（语言）

一、活动目标

1. 了解传说中新年的由来，知道要快快乐乐、热热闹闹地过年。
2. 观察画面，理解《年》的内容，大胆讲述简单的事情。
3. 参与表演活动，在活动中获得愉悦和成就感。

活动重点：理解《年》的内容，能说出年兽怕的东西。

活动难点：能积极参与表演活动《年兽来了》。

二、活动准备

1. 物质准备：年兽手偶一个、手电筒一把、年画一张、春联一幅、装饰鞭炮一对、中号灯笼一个、录音机、录音《年兽来了》等。
2. 幼儿准备：幼儿有一定的理解故事的能力。

三、活动过程

（一）激发幼儿兴趣，引入主题

新年来了，老师想和小朋友们分享一个怪兽的故事，这个怪兽的名字叫"年"。故事讲完后，老师要考考你们，故事的名字叫什么？故事里都有谁？小耳朵仔细听！

（二）理解《年兽来了》的内容

1. 请幼儿欣赏故事《年兽来了》。第一遍由教师口述，教师的动作、表情、声音要夸张生动。

2. 提问：

（1）故事的名字叫什么？故事里都有谁？

（2）刚才的故事里，人们为什么不喜欢过年？年兽都怕什么？

3. 听录音《年兽来了》，验证自己答对了没有。

4. 以老婆婆的口吻提问：

（1）故事里的老婆婆想请小朋友们帮帮忙，好吗？

（2）小眼睛赶紧闭上，老婆婆要出来了！

（3）大家好，老婆婆我呀也很害怕年兽。刚才小朋友听了故事，请你们帮我想想办法赶走年兽。

5. 引导幼儿回忆故事里赶走年兽的办法，并大胆地说出来。幼儿说出一种，就出示相对应的东西。如说红色时，展示红包、春联、年画、灯笼；说光时，展示手电筒、鞭炮；说声响时，展示鞭炮等。

（三）情境表演

赶走年兽，复述故事内容。由小朋友扮演年兽，并戴着手偶，学怪兽的叫声走进教室，并随情节发展由慢至快逐次"逃"出教室。

1. 听，年兽来了，好可怕。刚才小朋友们说了，它怕什么呀？

2. 好，那我们穿上红衣服，身子摇一摇，把它吓走。

3. 年兽被吓跑了，（刚说完，年兽又来了）年兽又来了，我们再想想，还可以用什么办法把它吓走。

4. 好，举起手来，把灯打开（教师用手指做分合动作，并发出嚓嚓嚓的声音）小朋友一起来吧！

5. 年兽又来了，还有什么办法把它永远地赶走？

我们把锣敲起来。（教师敲锣，并发出当当当的声音）

四、拓展与延伸

幼儿可在表演区继续创编《年兽》故事，进行表演。

活动六 新年大发现（社会）

一、活动目标

1. 知道春节是我国最重要的节日。
2. 了解过年的一些习俗、基本习惯和待人接物的礼仪。
3. 愿意参加活动，感受春节的热闹气氛。

活动重点：了解过年的一些习俗、基本习惯和待人接物的礼仪。

活动难点：有条理地清楚地表达自己的感受。

二、活动准备

1. 物质准备：有关新年的图片PPT，红包、橡皮泥、彩纸、剪刀、笔、胶水若干，《闹新年》MP3。

2. 幼儿准备：幼儿有过年的经历，知道春节的由来。

三、活动过程

（一）以歌曲《闹新年》导入，激发幼儿的兴趣

（活动室内的窗户上贴满窗花，棚顶上挂满彩条，门上贴上春联、"福"字，活动时前方挂几挂鞭炮，放《闹新年》的歌曲）

提问：

（1）你看到了什么。今天的活动室跟我们平时的活动室有什么不一样？这些东西在什么时候会看得到？

（2）刚刚听的歌曲里唱什么呢？这是什么节日呢？

（3）看到这种场景、听到这个歌曲，你有什么感觉？

（二）交流过年的习俗、礼节

1. 分享过年时的习俗。

讨论过年时是什么样的情境，小朋友每年都是怎样过春节的？

2. 了解拜年时的礼节。

大年初一我们要给长辈们拜年，给亲戚朋友们拜年时我们要说哪些祝福的话呢？我们可以做什么动作来祝福他们新年好呢？

3. 出示PPT课件，帮助幼儿进一步理解春节。

（1）通过春节的由来，知道我国人民的善良与纯朴。

（2）通过春节的习俗，了解我国悠久的历史及文化传统。

小结：我们过年的时候会贴春联、除夕夜要吃年夜饭、大年初一要穿上新衣服去亲戚朋友家拜年，这时候大人会给我们送压岁钱，我们要有礼貌地接过来，并说一声"谢谢，恭喜发财"。

（三）玩"送祝福"的游戏

1. 玩法：小朋友把自己想送给别人的新年祝福用画画的形式画下来（如果会写字，也可以写下来），装进红包里，然后把红包送给自己的好朋友。

2. 幼儿制作红包。

3. 幼儿拿着自己的红包去送给自己的好朋友。

四、拓展与延伸

组织幼儿拿着自己的红包送给小班的小朋友，记得要有礼貌哦！

活动七　恭喜恭喜（音乐）

一、活动目标

1. 感受歌曲的旋律和内容，学唱歌曲，体验歌曲喜庆的氛围。

2. 尝试仿编歌词，乐意说一些祝福的话。

3. 感受歌曲活泼有趣的特点，体验音乐游戏的快乐。

活动重点：感受歌曲的旋律和内容，学唱歌曲。

活动难点：初步学会唱歌曲里的附点节奏。

二、活动准备

1. 物质准备：多媒体、歌曲磁带。

2. 幼儿准备：幼儿有一定的演唱基础。

三、活动过程

（一）活动导入

根据音乐旋律和节奏表现相应的动作，激发幼儿参与活动的兴趣。

1. 进场律动《小雪花》，幼儿能跟着音乐旋律做动作。

2. 复习歌曲《新年好》，幼儿用自然好听的声音演唱歌曲。

3. 马上就要过春节了，小朋友春节的时候都有什么高兴的事情呢？

4. 除了穿新衣、戴新帽、吃年夜饭、吃元宵以外，春节见面还会说些什么祝福的话呢？

5. 小结：新年到，真热闹；穿新衣、戴新帽；吃元宵和年夜饭；家家户户放鞭炮，恭喜恭喜新年好，快快乐乐哈哈笑，恭喜恭喜新年好，过年真是好热闹。今天我们就来听一首新年的歌曲，歌曲的名字叫《恭喜恭喜》。

（二）感受歌曲旋律，理解歌词

1. 教师播放歌曲《恭喜恭喜》，幼儿完整欣赏，感受歌曲旋律。

提问：

（1）歌曲的名字叫什么？这首歌听上去感觉怎么样？

（2）歌曲里面唱了些什么呢？让我们来唱一唱。

2. 播放歌曲伴奏，教师跟着伴奏演唱歌曲《恭喜恭喜》，幼儿欣赏第二遍。

提问：歌曲里面唱了些什么？（幼儿回答，教师唱出歌词）

3. 教师弹琴演唱歌曲，幼儿轻声跟唱。

（1）幼儿完整演唱歌曲一遍。

（2）歌曲里面是怎么拜年的？出示节奏图谱，幼儿学唱附点节奏。

4. 播放多媒体，幼儿演唱歌曲，鼓励幼儿跟着音乐做动作。

（三）播放舞曲《新年快乐》

幼儿与同伴在《新年快乐》的舞曲中大胆表现，感受新年快乐的气氛以及和同伴一起参加集体音乐活动的乐趣。

四、拓展与延伸

教师：你们今天高兴吗？我们也去给小班的弟弟妹妹拜个年吧！播放歌曲《恭喜恭喜》，教师带领幼儿去给小班的弟弟妹妹拜年。

活动八　我们的新年计划（综合）

一、活动目标

1. 能围绕新年计划的话题进行讨论，并做到轮流发言，理解并尊重别人的观点。

2. 乐意用绘画的方式表达自己的新年计划，体验迎接新年的快乐。

3. 感受节日的快乐气氛，乐意参加布置环境的活动。

活动重点：围绕新年的话题进行讨论，用绘画的方式表达自己的新年计划。

活动难点：用绘画的方式表达自己的新年计划。

二、活动准备

1. 物质准备：彩色水笔、油画棒、白纸等。

2. 幼儿准备：幼儿制订过其他活动的计划。

三、活动过程

（一）谈话引入

新年就要来到了，大家都很高兴，让我们来想一想，怎样过新年才快乐呢？

幼儿自由讨论，请想好了的小朋友讲一讲，他准备怎样过新年？去年是怎么过新年的？心情怎么样？

（二）回忆、讨论

1. 和幼儿一起看日历。

（1）这是哪一年的日历？今天是几月几号？还有多少天就要过新年了？

（2）明年是哪一年？

2. 讨论新年计划。

（1）出示教师的新年计划，给幼儿读一读、看一看。

（2）和同伴讨论自己在新的一年里有什么想做的事。

（3）请个别幼儿说说自己的新年计划。

（三）联想创作

1. 感知联想。

请小朋友们把自己的新年计划画出来，可以画和自己的新年计划有关的东西，这样让人看了就能明白你们的计划。

2. 绘画创作。

（1）老师为每位小朋友准备了计划表。请小朋友把自己的新年计划画在计划表上。

（2）幼儿动手绘画计划表，教师巡回指导。

四、拓展与延伸

引导幼儿要按照自己的新年计划做事情。

活动九　制作贺卡（美工）

一、活动目标

1. 在理解新年活动的基础上，学习制作贺年卡的方法。

2. 通过添画装饰贺年卡片，写贺词表达自己对长辈、亲人、好朋友的美好祝愿。

3. 遇到困难时能向同伴或老师寻求帮助。

活动重点：在理解新年活动的基础上，学习制作贺年卡的方法。

活动难点：添画装饰贺年卡片，写贺词表达自己对长辈、亲人、好朋友的美好祝愿。

二、活动准备

1. 物质准备：彩色笔、剪刀人手一份，彩色纸若干，糨糊每组两盘。师幼共同收集各种贺年卡。

2. 幼儿准备：幼儿会念诗歌《贺年卡》。

三、活动过程

（一）导入活动

师生共同朗诵诗歌《贺年卡》。

（二）观察贺年卡

1. 出示贺年卡，让幼儿观察这是什么？上面有什么？有什么用？

2. 幼儿观察交流各自收集的贺年卡。

（1）幼儿观察自己收集的贺年卡，然后和同伴交换贺年卡，讨论制作贺年卡的方法。

（2）你想做一个贺年卡送给爷爷、奶奶、爸爸、妈妈或好朋友吗？你想画什么？写上什么祝愿呢？

（3）幼儿结伴交流，个别幼儿回答。

（三）介绍《贺年卡》的制作方法

1. 引导幼儿观察贺年卡上空白的地方，启发幼儿用插画、添画、剪贴画的方式装饰贺年卡。

2. 请幼儿想象祝贺的话语，可由老师代笔写下来，并提醒幼儿写上自己的名字。

（四）交流互动

幼儿互相交流自己设计的《贺年卡》。

四、拓展与延伸

引导幼儿将自己设计的贺卡送给自己喜欢的人。

活动十　贴春联（家长助教）

一、活动目标

1. 对春联产生兴趣，乐于交流自己的发现。
2. 大胆探索并发现春联的特征和种类，体验张贴春联的乐趣。
3. 初步了解春联的演变。

活动重点：大胆探索并发现春联的特征和种类。

活动难点：了解春联的演变。

二、活动准备

1. 物质准备：准备以往过年时幼儿与家长一起贴春联的照片，以及红纸、毛笔、砚台等。联系会写春联的家长。

2. 幼儿准备：幼儿有贴春联的经验，了解春联的由来和传说。

三、活动过程

（一）出示春节家家户户贴春联的照片，激发幼儿对春联的兴趣

提问：这些照片的门上都有什么？春联是什么颜色的？什么时候家家户户门上都要贴春联？

（二）多媒体展示春联演变的照片

桃梗—桃符—春联。引导幼儿一起了解春联的演变。

1. 讨论：为什么春节在门上要贴春联？春联到底是怎么来的？
2. 请个别幼儿起来讲述春联的由来，教师小结。

（三）探究春联种类

教师出示各种各样的春联照片，与小朋友一起探究春联的种类。

1. 请小朋友观察这些春联的形状一样吗？它们分别贴在什么地方？

小结：春联有好几种，就好像小朋友，他们都有自己的座位，每个座位上的小朋友都有自己的名字。

2. 介绍春联的种类和名称。

春联的种类很多，根据它使用的场所，可分为门心、框对、横批、春条、斗方等。门心贴于门板上端中心部位；框对贴于左右两个门框上；横批贴于门楣的横木上；斗方也叫门叶，为正方菱形，多贴在家具、影壁中。

门心和框对就像一对双胞胎，它们的大小、长短、字数都是一样的，分别贴在门板和门框上，且要对称。

（四）畅所欲言——我在春节贴春联

展示小朋友贴春联的照片，请小朋友向其他幼儿介绍照片里的他正在贴的春联名称及所贴的位置，巩固对春联名称和使用场所的认识。

（五）感知、区分上联和下联

站立在门外观看贴在门上的春联，右手边是上联，左手边是下联。

（六）体验写春联

1. 家长现场表演写春联，并请小朋友说出其名称和贴的位置。
2. 幼儿体验用毛笔画春联福娃。

四、拓展与延伸

组织幼儿给班级的活动室贴上春联，巩固对春联的认识。

活动十一　贴"福"字（美术）

一、活动目标

1. 了解民间贴"福"字的传说，加深对中华民族文化的了解。

2. 能根据"福"字的笔画特点对"福"字进行想象变形、添加、装饰，感受对字体进行艺术变形以及装饰的乐趣。

3. 乐于关爱他人，奉献爱心。

活动重点：能根据"福"字的笔画特点对"福"字进行想象变形、添加、装饰。

活动难点：对字体进行艺术变形以及装饰。

二、活动准备

1. 物质准备：水彩笔、各色卡纸、彩纸、剪刀、胶棒、"福"字的图片及资料、范画。

2. 幼儿准备：幼儿认识"福"字，知道春节家里要贴"福"字。

三、活动过程

（一）导入活动

1. 播放乐曲《新春乐》，引起幼儿的兴趣。

2. 提问：

（1）刚才听到的乐曲和过年有关，叫什么？

（2）你们喜欢过年吗？为什么？

（3）在过年期间有一个字，出现得最多，你们猜是什么字？

（4）说到"福"字时，你们会想到什么？人们为什么要把它贴在门上？

（二）欣赏传统的"福"字的图片，了解"福"的含义和结构

播放课件，欣赏有趣的"福"字变形，理解"福"字的结构和变形方法。

（三）根据"福"字的笔画特点对"福"字进行想象变形、添加、装饰

1. 幼儿画"福"字并分组合作装饰画面，体会其中的乐趣。

幼儿选一种自己喜欢的彩纸，用水彩笔画出"福"字，然后将画的"福"字剪下，贴在红色的卡纸上，最后每两个幼儿为一组，用撕、剪、画等方式合作完成一幅作品。

2. 幼儿进行创作，教师指导。

四、拓展与延伸

评价幼儿作品，帮助幼儿举行小小画展。

活动十二　包饺子（家长助教）

一、活动目标

1. 尝试包饺子，了解饺子文化，感受过年包饺子的习俗。

2. 通过开展包饺子的亲子活动，感受家的温暖。

3. 体验劳动的快乐，增进亲子间的感情，营造过新年热闹、快乐的气氛。

活动重点：学会包饺子的方法。

活动难点：包饺子时不露馅儿。

二、活动准备

1. 物质准备：调好的饺子馅（各种不同的味道），电饭煲 2 个，锅、大盘子若干。

2. 幼儿准备：幼儿知道饺子的样子，在家里看过家长包饺子。

三、活动过程

（一）教师致辞

非常高兴家长们能积极配合幼儿园进行本次亲子包饺子活动，老师想借此活动为幼儿提供宝贵的经验。一年又到年末，新的一年即将来临，老师想通过包饺子活动增加幼儿的亲情和对新年的渴望。现在一起了解一下活动中的注意事项和活动流程。

1. 活动中可以教孩子如何包饺子，要提醒幼儿爱惜粮食，避免浪费。
2. 活动中注意保护小朋友的安全，保证他们远离电和烫水。
3. 请幼儿在大人视野内活动，以免发生危险。

（二）欣赏包饺子过程

请一位家长给小朋友示范包饺子的过程。

示范语："将饺子馅放入饺子皮中央，如果技术不熟练，不要放太多馅。先捏中央，再捏两边，然后由中间向两边将饺子皮边缘挤一下，这样饺子下锅煮时就不会露馅了。然后找个盘子整齐地放在上面。

（三）亲子包饺子

亲子开始包饺子，之前提醒包饺子注意事项：

1. 请家长带幼儿去洗手，在制作的过程中应注意卫生。
2. 因地制宜，安排好幼儿家长的座位。
3. 家长、幼儿、教师一起包饺子。（播放喜庆的音乐，体验浓浓的温馨氛围）
4. 家长与幼儿一起品尝享受亲手包的饺子。

（四）结束部分

家长与教师整理场地，适当请幼儿帮忙干活。

四、拓展与延伸

组织幼儿绘画作业《和家人吃饺子》，或者让幼儿回家和家人捏彩泥饺子。

活动十三　我们去拜年（社会）

一、活动目标

1. 初步了解中国人春节拜年的传统习俗，能围绕拜年主题大胆表述。

2. 学习做客的礼节，会使用礼貌用语，乐意与人交往，学会关心别人。

3. 感受过年热闹、欢乐的气氛，体验新年的愉快情绪。

活动重点：学习做客的礼节，会使用礼貌用语，乐意与人交往，学会关心别人。

活动难点：能使用合适的祝福语拜年。

二、活动准备

1. 物质准备：

（1）布置一个家的场景，老师扮演不同的角色（老师、妈妈）进行情境表演。

（2）幼儿收集的有关过年的图片资料、教学课件《拜新年》。

2. 幼儿准备：幼儿活动前练习拜年的情境表演。

三、活动过程

（一）出示教学挂图，请幼儿看一看，说一说

1. 你看到了什么？这是什么时候？他们去干什么？

2. 教师小结：原来这是过春节，大家在堆雪人、放鞭炮、准备去亲朋好友家拜年。

3. 集体讨论：大家过年的时候有没有出去拜年？去哪拜年？怎么拜年？

4. 向幼儿介绍春节拜年的礼仪。

（二）观看情境表演：我们去拜年

1. 学习一些做客的礼节，学会使用礼貌用语。

2. 向幼儿介绍表演者的不同角色。

3. 请小朋友思考：爸爸妈妈带小朋友去谁家拜年？小朋友是怎样做客的？他们之间说了哪些祝福的话？

（三）分组表演，感受节日气氛

四、拓展与延伸

教师带幼儿到其他班，向其他班的老师、小朋友拜年。

活动十四　我的压岁钱（社会）

一、活动目标

1. 了解中国人过年长辈给晚辈压岁钱的习俗。

2. 通过欣赏故事，了解压岁钱的由来，知道为什么过年的时候大人要给孩子压岁钱。

3. 体验与老师、同伴共同游戏的乐趣。

活动重点：知道为什么过年的时候大人要给孩子压岁钱。

活动难点：了解压岁钱的由来。

二、活动准备

1. 物质准备：

（1）课件——压岁钱的故事。

（2）收集有关过年的各种庆祝活动的图片。

2. 幼儿准备：幼儿知道过年家长会给压岁钱。

三、活动过程

（一）参观过年图片展，了解我国过年的几种习俗

1. 很快又要过年了，大家喜欢过年吗？过年时，人们会做些什么好玩的事呢？

2. 参观过年图片展。

3. 过年要做这么多事，大家觉得过年怎么样？

（二）看课件，了解过年的来历

1. 很久很久以前，人们没有过年这个习惯。每年的这个时候是人们最痛苦、最害怕的日子。为什么呢？答案就在故事里。

2. 幼儿看课件前半部分，了解人们害怕过年的原因。

3. 小朋友们快帮大家想想办法，怎么对付这个怪兽？

4. 幼儿讨论，发表意见与想法。

5. 继续看课件，了解人们战胜怪兽的故事。

6. 大家想的办法都不错，可故事里有个办法比大家的更好更简单，大家想知道吗？一起来继续看课件。

7. 人们用了什么好办法？

从那以后，每年过年送压岁钱和收压岁钱的习俗就传了下来，这表达了大人们对小孩的关心和爱护。所以当小朋友收到红包时，应该对大人说什么？

（三）讨论

为什么要给压岁钱？

（四）做游戏，表演故事

1. 老师也给每个小朋友准备了一个红包，在你的小椅子下面。拿起来看一看，摇一摇。好，现在把它藏起来，藏好哦。

2. 请一个老师来当怪兽。一起来表演一下这个故事。

四、拓展与延伸

根据小朋友对春节的认识，教会幼儿在收压岁钱时应该说的祝福语，并且让幼儿模仿春节收压岁钱的情境，学会文明礼貌用语。

【主题活动反思】

　　过年对于孩子们来说是一件大喜事，新年里大人们也对孩子们少了些平时的束缚，孩子们可以穿上漂亮的新衣，享受各种美食，与亲朋好友共同分享难得的轻松、自在。新年里孩子们有太多太多的趣事、乐事。而欢欢喜喜迎新年的主题活动，正好为孩子们提供了与人分享快乐、分享幸福的机会。因为这是孩子们亲身观察过、感受过、体会过的活动，所以在整个主题活动中，孩子的参与是积极、活跃的。虽然他们并不太了解很多过年的习俗、意义，但他们的快乐、他们的所见所闻是真实的。

　　在主题活动过程中，我们通过谈话活动、搜集资料、集体教育活动、区域活动、家长助教等多种形式来加深幼儿对新年的认识与了解；通过亲手制作新年礼物、策划布置活动室环境、制作新年贺卡、贴春联、贴"福"字、包饺子、赠送春联等活动，一步一步地为迎接新年做准备；让每个幼儿都有机会参与活动，并引导幼儿学会合作、分享，让幼儿真真切切地体验到新年的喜庆气氛，体验亲人、朋友间融洽、友爱、温馨的情感氛围。

　　我们通过倾听、观察、谈话，及时捕捉幼儿的爱好。新年给予了孩子们太多美好回忆，同时也激发了他们的探索兴趣。我们尊重幼儿的自发生成活动，并充分调动他们的积极性和主动性，通过各种方式引导幼儿生成活动，而且给予极大鼓励，并为此创造了一种自由、轻松的氛围，让孩子在已有经验的基础上自我表现、充分交流，分享活动带来的快乐，使活动成为幼儿生活的舞台，成为幼儿自我发展、展示自我的舞台，使幼儿的主体性和创造性得以发挥。

　　待幼儿对新年有了进一步的了解后，迎新年的活动就开始了，我们并没有着急于幼儿的创作、布置活动教室，而是首先培养幼儿的观察能力，让幼儿注意到过年时用的装饰品，然后是搜集物品，并请幼儿展示搜集的物品，介绍物品的名称、来历、用途或与物品相关的过年的情境。如窗花、对联、年画、贺年卡、过年的图片、灯笼，等等。孩子们十分喜爱这些工艺品，摸了又摸，百看不厌，就产生了亲自动手做一做的欲望，于是孩子们动手、动脑，一起设计和制作出了别出心裁的装饰品来布置我们这个家，快快乐乐地过了一个新年。

　　在制作、展示的活动中，孩子们自主选材，自主创造。用各种材料制作新年用品。美工区的小朋友在制作贺卡、窗花、拉花等，向家人、朋友表达自己的新年祝福并装饰班级环境。表演区的小朋友在排练新年的节目。在这个过程中，我们引导全体幼儿通过欣赏，帮助幼儿将已有的表象进行再造，使幼儿的动手操作能力、交往能力得到提高，使幼儿体验到了成功的快乐，并学会用语言表达自己的想法，充分体验了自主学习的乐趣。在布置活动室时，孩子们十分兴奋，一起策划、一起合作布置活动室，窗户上贴满了五颜六色、各式各样的窗花，墙上贴着"福"字，悬挂着小灯笼，还在两边门上贴上那红红火火的对联……看着布置得如此漂亮的活动室充满了喜庆的气氛，孩子们脸上洋溢着劳动的快乐，心里激荡着过年的喜悦，在活动中，自始至终充满了学习兴趣，共同体验到了过年的气氛。

尤其是家长助教活动，拉近了老师、孩子、家长心灵的距离，这不仅增进了家长之间的联系，更让幼儿在亲自劳动的过程中学会了付出、感恩、珍惜的品质。在包饺子的活动中，家长示范后，孩子们就有模有样地包起来。孩子们稚嫩的小手挡不住其浓厚的兴趣和丰富的想象力，只见他们包的饺子形状各异、大小各异。饺子全部包好之后，孩子们津津有味地吃着自己亲手包的饺子，虽然样子奇形怪状，但那是孩子们亲自动手获得的劳动成果，因此孩子们特别珍惜，吃起来特别有味。这也使我们真切地体会到：在幼儿园的教育工作中，家长助教是一种非常好的家园共育方式，家长有热情而且有能力参与幼儿园的教育活动，他们是老师的合作伙伴，也是很好的教育资源。我们应该充分挖掘，利用家长这个丰富的教育资源，扩展幼儿园的教育内容和幼儿园的学习经验。如果说孩子是一只小鸟，而家园教育的合力，则如同鸟儿飞翔时必不可少的一对翅膀，同上下，同方向，才能使鸟儿飞得更高、更远。

"欢欢喜喜迎新年"的主题活动，抓住了孩子们天天盼望新年的到来，迫切想了解人们怎样欢庆新年的心理，充分挖掘了新年欢庆活动的多样化，让孩子们体验了新年的快乐，进入新年欢庆的气氛，扩展了他们的知识范畴。

总之，在新年庆祝活动中，我们让每一个孩子都能积极参与，并获得成功的体验，同时也感受到了新年的喜庆气氛。

话清明（大班）

班级：大三班　　　　　　　　　　　　　　　　　　　　　　教师：张桐

【主题设计由来】

清明节是我国的传统节日，清明节与其他的传统节日不同，它还具有特殊的意义。大班幼儿能主动观察生活中的事物和现象，他们会发现自然界中的变化，也能观察到生活中人们的活动，到了清明的时候，孩子们会聊到一些关于清明的事，如和家人一起去踏青、放风筝等，这时老师就抓住这个教育契机，和孩子们一起开展"话清明"的主题活动。

【主题设计网络图】

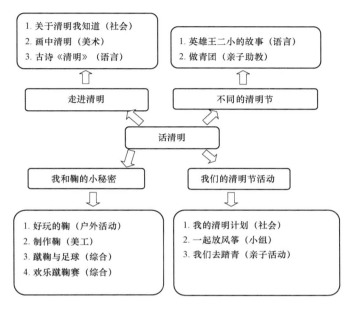

【主题活动总目标】

1. 了解清明节的来历，知道清明节的日子及各种习俗，喜欢参与清明节的各种活动。

2. 了解古诗、古画在塑造形象、创造意境、表达思想感情时所采取的特殊的表现手法。

3. 了解我国古代蹴鞠运动的相关知识，知道蹴鞠是清明节的一项体育活动，探索鞠的多种玩法，感受玩鞠的乐趣。

4. 能在集体或小组活动中围绕一个话题进行讨论，主动发现问题，提出问题，积极回答问题，并做到轮流发言，理解并尊重别人的观点。

5. 讲述历史人物故事，激发幼儿对革命先烈的敬仰之情及爱祖国的情怀。

6. 让幼儿在活动中明确自己的责任，做事认真，有始有终，形成初步的责任感。

【主题活动的区域创设】

一、美工区

区域目标：
1. 初步了解蹴鞠的起源，感受我国民间艺术的魅力，增强民族自豪感。

2. 学习制作鞠的方法，尝试自主选择各种美术材料和工具，并利用它们制作自己喜欢的鞠。

3. 观察、探索风筝骨架的特点和扎制方法。

4. 正确使用各种工具材料，养成分类、整理、存放的好习惯。

区域墙饰：

1. 适合幼儿年龄特点的鞠的展示墙、鞠的制作步骤图。

2. 适合幼儿年龄特点的风筝的展示墙、风筝的结构图、风筝的制作步骤图。

3. 幼儿制作的鞠的作品展、风筝的作品展。

区域材料：

1. 制作鞠的材料：泡沫球、缝纫线、丝光线、十字绣线、藤条、定位针、卷尺、剪刀。

2. 制作风筝的材料：不同材质的纸、纸线圈、竹签、细竹篾、胶带、线。

3. 油画棒、水彩笔、颜料、白纸等。

重点指导：

1. 引导幼儿观察鞠、风筝的构造、色彩等，感受中国传统艺术的独特风格。

2. 支持、鼓励幼儿通过探索与尝试，自主选择绘制、剪纸、刮画、版画、手工制作等美术手段，大胆设计和制作不同风格的风筝作品。

3. 支持、鼓励幼儿主动参与绘画、剪蹴鞠图的美术活动，大胆设计不同风格的蹴鞠图，不断丰富活动体验。

4. 指导幼儿养成良好的美术活动习惯，活动结束后主动分类、整理、存放各种材料。

二、表演区

区域目标：

1. 主动参加表演活动，能够与同伴合作创编与表演简单的故事情节。

2. 乐于与他人交流表演中的体验，充分感受创造、表现与合作的乐趣。

3. 积极、主动地参与故事表演《闪闪红星》、歌曲《歌唱二小放牛郎》等活动，进一步体验表演、演唱等活动的情感内涵。

区域墙饰：

1. 故事表演《闪闪红星》的主要情节图。

2. 歌曲《歌唱二小放牛郎》的节奏图。

区域材料：

1. 购买乐器（响板、蛙鸣筒、三角铁、撞钟、沙锤、铃鼓、串铃、双响筒、木鱼），自制乐器。

2. 表演服装：

（1）成品：表演用军装。
（2）自制：红军帽子、旗子、腰带、大褂等。
3. 道具、背景音乐。

重点指导：
1. 分角色进行表演。
2. 尝试为故事配旁白。
3. 在背景音乐下，适时地进入对话、旁白。

三、图书区

区域目标：
1. 专心阅读，能想象、理解画面内容，并能用语言讲述画面内容和故事情节。
2. 在阅读过程中不打扰他人，爱护图书，会修补图书。
3. 通过活动幼儿能够进一步理解关于清明的诗歌内容。
4. 通过阅读自制书籍《鞠是我的好朋友》，了解蹴鞠运动的相关知识。

区域墙饰：
修补图书的工具和方法。

区域材料：
1. 修补图书的工具（双面胶、透明胶、糨糊、剪刀等工具，订书器、订书钉等）；
2. 自制小书《鞠是我的好朋友》《我的清明假期》。
3. 关于二十四节气——清明节的书籍。

重点指导：
1. 引导幼儿将自己在户外玩鞠的景象画出来，并制作成画册、图书，投放到图书区分享、阅读。
2. 在修补图书时注意安全使用工具，工具用完后，整理、收放到指定位置。

【主题生活活动】

1. 晨间谈话时与幼儿聊聊关于清明节的话题。
2. 饭前安静活动时，为幼儿讲有关鞠的小故事；请幼儿说说自己知道的关于蹴鞠的知识等。
3. 过渡环节时和幼儿聊聊关于清明节习俗的话题。

【主题家园共育】

1. 请家长利用休息时间与幼儿一起，搜集有关清明节、蹴鞠、风筝的书籍、图片等，和幼儿一起欣赏，并给幼儿讲一讲清明节习俗的内容。

2. 与幼儿一起选择不同材料，用不同形式，制作关于清明节习俗的东西（清明踏青小书、鞠、风筝、青团等）。

【主题主要活动】

活动一 关于清明我知道（社会）

一、活动目标

1. 简单了解关于清明节的来历和有关习俗。
2. 知道清明节的时间，以及清明是二十四节气中的第五个节气。

活动重点：了解清明节的有关习俗。

活动难点：了解清明节习俗中的重要活动。

二、活动准备

1. 物质准备：PPT 课件《清明节》。
2. 幼儿准备：

（1）幼儿和父母一起搜集关于清明节的知识。

（2）幼儿有关于二十四节气的相关知识经验。

三、活动过程

（一）谈话导入，初步感知清明节

1. 提问：

（1）你们知道二十四节气中的第五个节气是什么吗？

（2）清明节是哪一天？

（3）清明节是一个什么样的节日？（幼儿根据自己的经验自由回答）

2. 小结：清明节是春天的一个节日，也是中国最重要的传统节日之一，是祭祀祖先、缅怀先烈的日子。清明节又叫踏青节、三月节、祭祖节、扫墓节等。

（二）了解清明节的由来及习俗

1. 教师讲述清明节的由来。

清明节的起源：清明节据传是古代帝王将相墓祭之礼，后来民间亦相仿效，于此日祭祖扫墓，历代沿袭而成为中华民族一种固定的风俗。

2. 提问：清明节除了扫墓，还有哪些习俗？

3. 教师播放 PPT 课件进行讲解。

4. 小结：扫墓祭祖是清明节的主要习俗，清明节期间，因为天气转暖，所以人们还会踏青、插柳、放风筝、斗鸡、吃寒食、蹴鞠等。

5. 提问：清明节的这些习俗中，你最喜欢哪一个活动？你对哪个活动印象最深刻？

四、拓展与延伸

在图书区讲述你印象最深刻的清明节活动。

活动二 画中清明（美术）

一、活动目标

1. 知道《清明上河图》是我国北宋时期的优秀绘画作品，感受画面所表现的清明时节社会各阶层繁荣热闹的生活景象。
2. 欣赏画面上的人、物及人们的活动，能用自己的语言表达画面的美。
3. 喜欢参加美术活动，愿意用绘画的方式表达自己的所思所想。

活动重点：知道《清明上河图》表现的是古代清明时节社会各阶层繁荣热闹的生活景象。

活动难点：欣赏画面中的人、物和人们的活动，能用自己的语言表达画面的美。

二、活动准备

1. 物质准备：课件《清明上河图》、水彩笔、白纸。
2. 幼儿准备：
（1）家长帮助幼儿了解北宋是我国古代的一个朝代，它的都城叫作汴京，是今天的河南开封。
（2）简单了解北宋时期著名画家张择端。

三、活动过程

（一）谈话引出主题

1. 提问：
（1）你们清明的时候会和家里人做什么？
（2）你们知道古时候的人们清明节做些什么吗？
2. 出示课件《清明上河图》，向幼儿简单介绍北宋时期的著名画家张择端，介绍《清明上河图》表现的是北宋时期都城汴京的人们在清明节期间的活动。

（二）欣赏整体画面

1. 播放课件，欣赏画面中的人、物和人们的活动，幼儿观察讨论。
提问：
（1）画面中桥上、桥下及桥边各有哪些人？他们在做什么？他们的表情怎样？他们的穿着打扮和我们有什么不同？
（2）那时候人们使用哪些交通工具？
（3）画面中有哪些建筑？（那时候的房子是什么样的？你见过这样的房子吗？在哪里见过？和现在我们住的房子有什么不同？）
2. 幼儿讨论，进一步欣赏。

（1）画面中的人：桥上的行人、卖东西的人、看热闹的人、桥下的人、船上的人、桥边店里的人。

（2）各种交通工具：毛驴、马、独轮车、轿子、船等。

（3）各种建筑：桥、茶馆、饭店等。

3. 幼儿分组讨论。

提问：你觉得画上的人们都在做什么？看了这幅画你有什么感受？

（三）总结

这幅画描绘的是一千年前北宋都城汴京（也就是现在的河南开封）桥头人们在清明节活动的繁荣热闹景象。这幅画总长528.7厘米，一共画了1 643个人，每个人做的事情都不一样；《清明上河图》是我们国家很珍贵的一幅作品，现在它被收藏在北京故宫博物院里。

四、拓展与延伸

美工区绘画活动：选择画面中自己喜爱的人物、交通工具或建筑，进行绘画，或将自己周围人们赶集、逛街的场景绘画出来，重点表现出清明节人们活动的繁荣景象。

活动三　古诗《清明》(语言)

一、活动目标

1. 初步了解古诗的内容，并用语言表达出诗中描写的景象。
2. 对吟诵古诗感兴趣，初步尝试按照古诗的节律朗诵。
3. 幼儿愿意当众表达，表达时自然、从容、自信。

活动重点：理解古诗《清明》中的内容。

活动难点：按照古诗的节律朗诵《清明》。

二、活动准备

1. 物质准备：课件《清明》。
2. 幼儿准备：幼儿有朗诵古诗的经验。

三、活动过程

（一）谈话导入

1. 提问：你们知道现在是什么季节吗？春天里有一个很重要的节日，是什么节？

2. 提问：清明节是一个什么样的节日？清明节最主要的活动是什么？

3. 小结：每年的清明节我们都要悼念祖先和革命烈士，是他们用鲜血和生命创造了今天的美好生活，没有他们珍贵的付出，就不会有我们今天的幸福安康生活。

（二）基本部分
1. 观看图片，激发幼儿活动的兴趣。
（1）提问：故事中的人物在清明节发生了什么事？（幼儿之间相互讨论）
（2）提问：你在图片中看到了什么？他们在干什么呢？天气怎么样呢？
2. 清明节是人们踏春扫墓的日子。古时候有位诗人叫杜牧，就在这天写了一首诗，大家一起来听一听。（播放课件，请幼儿观看）
3. 教师向幼儿介绍，视频中，老人就是行人，小孩就是牧童。刚才观看的视频中，就是行人向牧童问路的细节。
（三）学习朗诵古诗，并帮助幼儿理解
（1）教师有表情、有节奏地朗诵一遍，请幼儿欣赏。
（2）教师朗诵第二遍，请幼儿边听边对照图片的内容理解。
（3）提问：你在诗歌中听到了什么？
（4）教师朗诵第三遍，幼儿慢慢跟读。
（四）结束部分
幼儿之间分组对照图片练习朗诵，教师在一旁指导。
四、拓展与延伸
表演区：朗诵古诗《清明》。

活动四　英雄王二小的故事（语言）

一、活动目标
1. 知道清明节是缅怀先烈的日子，感受清明节沉痛悲伤的心情。
2. 学习王二小机智勇敢的品质，体会今天的幸福生活来之不易。
活动重点：感受清明节沉痛悲伤的心情。
活动难点：学习王二小机智勇敢的品质。
二、活动准备
1. 物质准备：视频《英雄王二小的故事》。
2. 幼儿准备：幼儿看过王二小的电影。
三、活动过程
（一）谈话引入
1. 提问：每年的清明节，你的心情是什么样的？
2. 提问：为什么心情是沉痛的？为什么不高兴？
3. 小结：因为清明节是我们缅怀先烈、寄托哀思的日子，我们今天的美好生活是无数先烈用鲜血换来的，是来之不易的，所以我们要怀着一颗感恩的心悼念先烈。

（二）观看视频《英雄王二小的故事》

1. 提问：

（1）通过观看视频，你觉得王二小是一个什么样的人？

（2）我们要学习王二小身上的哪些精神？

2. 幼儿之间分组讨论。

3. 小结：王二小是中国少年抗日英雄，是儿童团员，为了保护老百姓，他把敌人引向了山沟里，敌人知道自己上了当，盛怒之下，枪杀了王二小。我们要学习王二小机智勇敢、不惧危险的品质。

四、拓展与延伸

学唱歌曲《王二小放牛郎》。

活动五 做青团（亲子助教）

一、活动目标

1. 了解吃青团风俗的由来，知道吃青团是清明节的重要风俗。
2. 尝试做青团，体验制作的成功感和分工合作的乐趣。
3. 愿意参加亲子活动，感受亲子制作的欢乐气氛。

活动重点：了解吃青团风俗的由来。

活动难点：尝试做青团，体验制作的成功感和分工合作的乐趣。

二、活动准备

1. 物质准备：糯米粉、青汁（菠菜汁、）豆沙馅。
2. 幼儿准备：幼儿会说《清明节做青团》的儿歌。

三、活动过程

（一）出示青团，引起幼儿活动的兴趣

1. 提问：这是什么？你吃过青团吗？什么时候吃青团？
2. 小结：这个青色的、软软的食物叫作青团，它是清明节时吃的一种食物。

（二）了解青团的由来

用故事让幼儿了解青团是江南一带人用来祭祀祖先的必备食品。

（三）做青团

1. 教师示范青团的做法。

注意要点：要将艾草团分成大小一样的几份；把艾草团捏成窝状后放入豆沙；封口要收紧，并搓圆。包的时候，手上要蘸点油，青团才不会沾手。幼儿做青团，教师指导。将制作好的青团送入厨房蒸煮。

2. 幼儿品尝自己制作的青团。

活动延伸：在角色游戏中，可以增加点心店的活动，让幼儿学习制作青团等各种点心。

四、拓展与延伸

教师在美工区投放超轻黏土，幼儿在区域中可以继续制作。

活动六 蹴鞠与足球（综合）

一、活动目标

1. 初步了解鞠的制作方法及发展过程，知道蹴鞠是古代人的一种游戏活动。
2. 尝试踢足球，感受玩球的乐趣，树立初步的规则意识。
3. 增强幼儿与同伴合作游戏的意识，体验游戏的快乐。

活动重点：了解鞠的制作方法及发展过程。

活动难点：与同伴合作踢足球。

二、活动准备

1. 物质准备：鞠的实物一个、足球一个。
2. 幼儿准备：幼儿和家长搜集的关于鞠的不同样式的照片、蹴鞠的球门照片、蹴鞠的场景照片。

三、活动过程

（一）引导幼儿观察实物鞠

1. 幼儿猜测鞠的制作方法。
2. 教师介绍真正的制作方法：鞠是用皮缝制成的，里面塞满了毛发，形状像球形。

（二）初步了解鞠的发展史

1. 最早的鞠是用四块皮缝制而成的，有点像橄榄球；后来发展到由六块皮缝制而成，更像球体了；再后来变成四周由六块皮、上下各由一块六边形的皮缝制而成的，越来越接近球体；慢慢地变成了现在足球的样子，由若干块五边形的皮缝制而成，只是颜色还是皮的颜色（土黄色），而且缝的时候线在里面，外面已经看不到线。现代的足球，有黑白两种颜色，由五边形的黑皮和六边形的白皮一共32块皮缝制而成，球里面也不再塞毛发，而是充气。
2. 小结：古代的鞠根据人们的需要和科学技术的发展，在不断地改进，越来越好用。后来鞠传到了西方国家，得到了更快的发展，成为足球运动，还有了统一的比赛规则。

（三）将鞠与足球进行比较

1. 从颜色方面比较，鞠是一种颜色——土黄色；足球是多种颜色。
2. 从形状方面比较，鞠近似球体，有点椭球体；足球是标准的球体。
3. 从填充物上比较，鞠里面塞毛发；足球里面充气。
4. 讨论：为什么鞠里面塞毛发而不充气呢？用毛发好还是充气好？为什么？

5. 小结：古代的科学技术不够发达，还没有制造出标准的球体及充气工具——气筒，也没有办法把气保存在球里面，而现在的气筒充气省时省力又方便，充气的足球更轻巧、更有弹性！

（四）了解蹴鞠

1. 提问：什么是蹴鞠？

蹴是踢、踏的意思，蹴鞠是古代人喜欢的一种游戏活动。从皇帝到老百姓，都喜欢蹴鞠。

2. 提问：鞠怎么玩？

古代的蹴鞠比赛各不相同，没有统一的规则，双方队员人数相同，但数量没有统一规定，球门有的设在中间位置，双方共用；有的还设立多个球门，必须从椭圆形的洞踢进才算进球。

四、拓展与延伸

户外开展蹴鞠比赛。

活动七 我的清明计划（社会）

一、活动目标

1. 结合自己的生活经验，与同伴共同制订清明活动的计划，尝试安排自己的活动。
2. 在协商、讨论、分工的过程中提高同伴间的相互合作能力。
3. 在清明节参加丰富有趣的活动，感受浓厚的亲情、友情和民俗气氛。

活动重点：尝试做清明活动的具体准备。

活动难点：小组之间的协商、合作、分工。

二、活动准备

1. 物质准备：计划书、视频、记录纸、笔；
2. 幼儿准备：幼儿对于郊游事项有初步认知。

三、活动过程

（一）谈话导入

1. 提问：清明节你想去做什么？
2. 提问：郊游需要做什么准备？

（二）观看视频

通过视频激发幼儿参与郊游的兴趣。

今天老师给大家带来一段视频，大家一起看一看。

（三）回顾前期准备，导入计划内容

1. 出示计划表。

让我们来看看昨天的计划吧。

2. 回顾前期准备。

以谈话形式回顾幼儿已作出的计划。

（四）分组进行讨论，并做好记录

1. 按照郊游需要把幼儿分为食品组、用品组、规则组三组。

2. 幼儿自由分三组进行访谈，每组幼儿自己做记录，鼓励幼儿互动讨论商量。

提醒幼儿注意要带的哪些东西适合郊游用，带多少合适，要注意数量。

（五）分组介绍讨论结果

教师引导幼儿一起进行三组访谈汇总，帮助幼儿梳理讨论问题。

（六）教师小结

大家现在是大班的小朋友了，长大了，可以为自己要做的事情做计划了。请小朋友到活动区把自己做好的最后一部分计划填写在计划书中。

四、拓展与延伸

组织幼儿一起开展清明节踏青郊游活动。

活动八　我们去踏青（亲子活动）

一、活动目标

1. 乐意与同伴、家长一起参加游戏活动，感受与父母、同伴共同活动的乐趣。

2. 大胆地在众人面前表现自己，培养幼儿活泼开朗的性格，促进幼儿交往能力的发展，初步建立幼儿的环境保护意识。

3. 鼓励家长积极参与幼儿园组织的活动，通过活动进一步了解幼儿，了解幼儿园，促进家园同步教育。

活动重点：幼儿感受与父母、同伴共同参与节日活动的乐趣。

活动难点：加强对幼儿进行春游活动的安全教育，增强幼儿的安全防范意识和自我保护意识。

二、活动准备

1. 物质准备：

（1）发放春游邀请函，征求家长意见，明确参加人数。

（2）风筝、鞠以及春游所需其他的东西。

2. 幼儿准备：幼儿有踏青的相关经验。

三、活动过程

（一）活动时间、活动内容

9:00—9:40——参观公园，感受清明时节风和日丽的春日美景。

9:40—10:20——点心时间，感受分享的快乐。

10:20—10:30——整理场地、清扫垃圾，还原春天的洁净。

10:30—11:30——节目游戏时间，感受春天的快乐。

11:30—12:00——放风筝比赛，感受放飞的快乐。

12:00——活动结束。

（二）活动要求

1. 各班于活动前一天发放家长通知书，告知集合时间、集合地点、活动安排与注意事项，强调纪律性和组织性。

2. 所有教师在活动前一天上报参加人员名单及具体安排，活动当天提前半小时准时抵达集合地点，核实活动细节。

3. 活动前，教师要加强对幼儿进行春游活动的安全教育，增强幼儿的安全防范意识和自我保护意识。

四、拓展与延伸

幼儿回到家中把活动当天的欢乐景象月绘画、泥工、剪纸等方式记录下来。

【主题活动反思】

清明节是中华民族的传统节日，也是悼念祖先、缅怀先烈的日子，为了弘扬中国传统文化，我们开展了清明节主题活动。通过活动，幼儿了解了传统节日的丰富内涵，同时感受了中华民族博大精深的历史文化；了解了清明节的渊源，感受了春日的美好。在本次主题活动中，幼儿在做中玩、玩中做，亲身感受到了清明节的传统习俗和文化，更加清晰地了解了英雄先烈的英勇事迹。通过观看《英雄王二小的故事》，幼儿深深地明白了要珍惜今天的幸福生活。在集体诗歌朗诵中，幼儿用稚嫩的童音诵读经典古诗《清明》，在欣赏经典文化时，加深了对清明节的了解。今后我们将继续营造培育中华民族传统美德教育和爱国主义教育的氛围，丰富清明传统文化，聆听古诗，缅怀英雄先烈，把培育民族精神贯穿于整个活动中，让幼儿从小树立正确的世界观、人生观、价值观。让爱祖国、爱家乡的种子在幼儿的心中生根萌芽。

热热闹闹过端午（中班）

班级：中四班　　　　　　　　　　　　　　教师：王继松、张桐、晋长爽

【主题设计由来】

户外早锻炼回来后，孩子们准备吃早餐，天岐端饭时兴奋地发现："哇，今天竟然吃大粽子！"其他小朋友听了纷纷转过头，伸长小脖子使劲儿地向餐桌张望："吃粽子！我们赶紧叠衣服吧，好快点去吃饭！会是什么味的粽子呢？我得

去尝一尝。"不一会儿，孩子们都安静地坐在餐桌前，大口大口地吃起来。吃完早饭，大家依旧说着吃粽子的事儿，有的说这几天在家里也经常吃粽子，有的说自己吃了什么口味的粽子，婧谊站起来对大家说："你们知道为什么要吃粽子吗？我妈说是端午节快到了，端午节就吃粽子。"佳佳问婧谊："为什么端午节要吃粽子呢？"婧谊摸着小脑袋说："那我就不知道了，我妈妈说就是吃粽子。"圆圆问："端午节还有什么好玩的事情可以做呢？"这个问题没有人回答。从孩子们的聊天中我听到了他们对端午节的种种疑问，带着孩子们对端午节的好奇和兴趣，我们开始了"热热闹闹过端午"的主题活动。

【主题设计网络图】

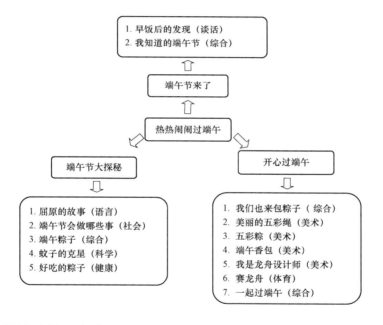

【主题活动总目标】

1. 知道端午节的意义，愿意在活动中充分表现自己，感受节日的快乐气氛。

2. 能主动通过图书、电视、电脑、口头交谈等多种途径寻找关于端午节的信息，获得有关端午节的知识。

3. 积极参加和端午节有关的艺术活动，尝试用各种美术工具和材料表达出对端午节的所见、所知、所想。

4. 喜欢参加和赛龙舟有关的体育活动，在游戏中能用走、跑、跳、拉、钻等不同的运动方式较灵活地控制身体的运动方向，探索赛龙舟的多种玩法。

5. 能运用各种感官，在动手动脑的过程中探究主题活动。
6. 能够按计划解决活动中遇到的问题，从而获得成功感，更加自信。

【主题活动的区域创设】

一、美工区

区域目标：

1. 结合节日活动制作粽子（纸粽子、布艺粽子等）、香包、五彩手链、龙舟等，培养动手能力和创造能力。
2. 能利用一些废旧材料制作手工作品，感受手工制作活动的乐趣。
3. 在建构、创作中体验成功的乐趣，萌发创造欲望。
4. 正确使用各种工具材料，能有序地收放。

区域墙饰：

粽子折纸图示、香包制作步骤图、幼儿作品展示多宝阁等。

区域材料：

各种纸（布艺）粽子、香包、龙舟、五彩绳的图片，以及各色纸、不织布、超轻黏土、五彩线、棉花、剪刀、针线，各种大小纸箱、纸盒等。

重点指导：

1. 支持、鼓励幼儿通过探索与尝试，自主选择工具、材料或废旧物品，大胆设计和制作自己喜欢的物体（粽子、香包、龙舟、五彩绳等）。
2. 引导幼儿在制作过程中学会合作、商量。
3. 提示幼儿在制作过程中注意安全。
4. 指导幼儿养成良好的美术活动习惯，活动结束后主动分类、整理、存放各种材料。

二、图书区

区域目标：

1. 有自主阅读意识，能主动选择自己需要的图书阅读，并能专注地阅读图书。
2. 对看过的图书、图片，听过的故事，能说出自己的看法。
3. 能利用自制端午节小书、端午节海报和画册，自信、流畅地向他人介绍自己对端午节的认识，提高思维概括能力和语言表达能力。
4. 乐意主动探索、动手尝试，用不同的方法修补图书，学会爱护图书，和图书交朋友。

区域墙饰： 排序故事墙《屈原的故事》、修补图书方法图。

区域材料：关于端午节的故事书、关于端午节的古诗、幼儿自制书，以及双面胶、透明胶、糨糊、剪刀、订书器、订书钉等工具。

重点指导：

1. 引导幼儿将收集来的资料制作成册，看看并讲述自己知道的端午节。
2. 幼儿自由讲述图书区的绘本故事，能有序看书，并能与他人分享故事。
3. 引导幼儿正确地收放图书，养成良好的阅读习惯。

【主题生活活动】

1. 晨间谈话时与幼儿聊聊关于端午节的话题。
2. 饭前安静活动时，为幼儿讲有关端午节的小故事或读读关于端午节的古诗，请幼儿说说自己知道的关于端午节的知识等。

【主题家园共育】

1. 请家长利用休息时间与孩子一起，搜集有关端午节的书籍、图片等，和孩子一起欣赏，并给孩子讲一讲有关端午节的内容。
2. 和孩子一起制作端午节的香包、彩粽等。

【主题主要活动】

活动一 早饭后的发现（谈话）

一、活动目标

1. 知道端午节是五月初五，是我国的传统节日。
2. 大胆讲述自己的心里话，愿意和小伙伴分享快乐。
3. 能根据观察到的结果提出问题，并大胆猜测答案。

活动重点：大胆讲述自己观察到的变化。

活动难点：能根据观察到的结果提出问题，并大胆猜测答案。

二、活动准备

1. 物质准备：视频《端午节的由来》。
2. 幼儿准备：幼儿知道端午节要吃粽子。

三、活动过程

（一）导入活动

幼儿与同伴交流今天早饭吃了什么？

（二）讲述身边的变化

1. 幼儿说说自己家里这几天餐桌上有什么不一样？
2. 为什么这几天好多人的家里都会出现粽子？

3. 端午节是每年的什么时候？

教师小结：每年农历的五月初五是中国的一个传统节日，叫端午节，这一天人们会举行一些有意义的活动。

（三）与幼儿一起探讨端午节的由来和习俗

1. 与幼儿一起欣赏故事——《端午节的由来》，让幼儿知道端午节是为了纪念我国古代伟大的爱国诗人屈原而设立的，屈原投江的那一天是农历的五月初五，因此确定这一天为端午节。

2. 交流端午节有哪些习俗。

赛龙舟、吃粽子、挂艾叶、戴香囊或五彩线。提示幼儿可用语言、图片绘画、动作表演等方式表现这些习俗。

四、拓展与延伸

和家长一起搜集有关端午节风俗的图片、资料等。

活动二　我知道的端午节（综合）

一、活动目标

1. 在观察、品尝中发现粽子的口味、形状是多种多样的。
2. 对中国的传统文化产生初步的兴趣，对屈原产生崇敬之情。
3. 了解端午节的风俗和来历，知道端午节时人们主要的庆祝活动。

活动重点：在观察、品尝中发现粽子的口味、形状是多种多样的。

活动难点：知道端午节的一些风俗和来历。

二、活动准备

1. 物质准备：Flash《屈原的故事》、有关端午节庆祝活动的录像、粽子一串、香袋若干、长命缕若干。

2. 幼儿准备：幼儿对端午节有初步的了解。

三、活动过程

（一）交流经验

1. 端午节是哪一天？这一天要吃什么？戴什么？进行哪些活动？

2. 借助图片和实物，在宽松的气氛中，师幼一起交流所获得的关于端午节风俗的经验，教师作适当补充。

（二）了解端午节的由来

了解端午节的由来以及端午节为什么会有这些风俗？如果有幼儿知道，请幼儿来讲述。

（三）讲述屈原的故事

1. 观看 Flash，听《屈原的故事》，了解屈原的故事和吃粽子、赛龙舟的由来，激发幼儿对屈原的崇敬之情。

2. 提问：端午节是几月几日？人们过端午节纪念谁？为什么要纪念他？人们是用哪些方法来纪念的？

3. 拓展交流：端午节还有哪些习俗？

（四）观看录像

观看有关端午节庆祝活动的录像，了解节日的民间庆祝活动。

（五）品尝粽子

1. 品尝粽子、交流粽子的口味等，体验过端午节的乐趣。

2. 幼儿把自己带来的粽子请好朋友尝一尝，幼儿边品尝粽子，边观察粽子的外形、用料、包裹方法等。

四、拓展与延伸

幼儿可以在家里和家长一起尝试包粽子。

活动三 屈原的故事（语言）

一、活动目标

1. 能看懂图中的故事内容，并尝试讲述故事。
2. 了解端午节包粽子习俗的由来。
3. 了解端午节的传统和传说。

活动重点：知道端午节的传说及包粽子习俗的由来。

活动难点：看懂图中的故事内容，并尝试讲述故事。

二、活动准备

1. 物质准备：《屈原的故事》图片。
2. 幼儿准备：幼儿知道端午节吃粽子是为了纪念屈原。

三、活动过程

（一）听故事

1. 教师配合图片，讲述《屈原的故事》。
2. 通过提问帮助幼儿了解故事内容。

（1）端午节要吃什么？

（2）为什么会有粽子呢？

（二）分段讲述故事

1. 教师讲述《屈原的故事》图一和图二的情节。

提问：

（1）屈原为什么投江？

（2）人们听到屈原投江的消息，做了什么事？

2. 教师讲述《屈原的故事》图三和图四的情节。

提问：

（1）小朋友猜猜看，屈原的尸体有没有被人们打捞上岸？
（2）端午节为什么要包粽子、划龙舟？
（3）端午节为什么还会在门口插艾草和菖蒲？
3. 讲完故事后，教师与幼儿互动。
提问：
（1）你吃过粽子吗？以前你知不知道粽子的由来？现在再吃的时候，心情有什么不一样呢？
（2）读完屈原的故事，你觉得屈原是一个什么样的人呢？
（三）小结
每个节日都有许多的习俗和传说，这些习俗和传说不仅代表了我们的文化，也流传下来许多节庆活动，如现在端午节就会举行划龙舟比赛。
（四）造句讲故事
教师拿出事先准备好的关于故事中出现的一些端午节的相关图片，请拿到图片的幼儿练习造句，或是说一个关于该图片的短故事。

四、拓展与延伸
教师将《屈原的故事》中出现的一些端午节的相关图片，投放在图书区，供幼儿继续欣赏、讲述。

活动四 端午节会做哪些事（社会）

一、活动目标
1. 了解端午节的由来和端午节里的一些民间风俗活动。
2. 知道端午节是中国人的传统节日。
活动重点：知道端午节里的一些民间风俗活动。
活动难点：知道端午节里的一些民间风俗活动。

二、活动准备
1. 物质准备：图书《民间风俗活动》、赛龙舟的一段录像、大小香包若干、一个大粽子、幼儿每人一份小粽子。
2. 幼儿准备：幼儿知道端午节的由来，了解屈原的故事。

三、活动过程
（一）出示粽子，引出话题
1. 教师出示大粽子并提问：
这是什么？你吃过吗？什么味道？过什么节日要吃粽子？
2. 介绍节日名称。每年的农历五月初五，中国人就要过端午节。
那么端午节是怎么来的呢？这个节日表示什么意思？

（二）了解端午节

1. 请幼儿讲一讲《屈原的故事》
2. 提问：你喜欢屈原吗？你觉得他是一个怎样的人？
3. 阅读《民间风俗活动》，了解端午节里的一些民间风俗活动。
提问：在端午节里人们还要干什么？（出示香包，看看闻闻）
4. 观看录像，感受赛龙舟时紧张欢乐的气氛。

四、拓展与延伸

幼儿可以和家长在家里做一做香包等。

活动五　端午粽子（综合）

一、活动目标

1. 进一步了解端午节的传说和习俗，感受节日的欢乐气氛。
2. 了解粽子的外形特征，知道粽子有不同风味；愿意动手尝试，初步了解包粽子的方法，体验动手操作的快乐。
3. 通过讨论，激发过端午的兴趣，知道要愉快、合理地过端午。

活动重点：认识粽子。

活动难点：尝试自己包粽子。

二、活动准备

1. 物质准备：糯米、粽叶、粽子绳、豆沙、大枣、咸肉、果脯、五彩线等。
2. 幼儿准备：幼儿有吃粽子的经历。

三、活动过程

（一）导入活动

老师讲端午节的传说，然后给小朋友戴五彩线。

（二）包粽子

1. 老师带着小朋友进入厨房，认识包粽子的各种材料。
2. 请炊事员为幼儿示范怎样包粽子，用粽绳扎好，重点示范卷粽叶和捆扎的方法。
3. 幼儿亲自动手尝试着包粽子，教师及厨房工作人员协助幼儿卷叶、捆扎，也可以让幼儿两人一组共同完成，在幼儿需要时，教师或炊事员可手把手地教幼儿包粽子。
4. 粽子煮好后，让幼儿自己解开系粽子的绳子，打开粽叶，观察粽子里面有什么颜色。

四、拓展与延伸

幼儿吃粽子，说一说自己吃的是什么味道的粽子。

活动六　蚊子的克星（科学）

一、活动目标

1. 了解蚊子对人体的危害，懂得消灭蚊子的重要性。
2. 了解艾草熏烧后可以驱蚊灭蚊。

活动重点：了解蚊子对人体的危害。

活动难点：了解艾草熏烧后可以驱蚊灭蚊。

二、活动准备

1. 物质准备：艾草、有关蚊子的谜语、蚊子的图片等。
2. 幼儿准备：幼儿知道蚊子是害虫。

三、活动过程

（一）引入活动

1. 教师出谜语：小小飞贼，武器是针，抽别人血，养自己身。
幼儿猜谜语。
2. 放蚊子的叫声，让幼儿猜这是什么动物的叫声。

（二）认识蚊子，了解驱蚊方法

1. 出示图片，观察蚊子。
2. 说一说蚊子有什么危害。
3. 讨论驱蚊的方法。

（三）认识艾草

1. 观察艾草的样子。
2. 教师介绍艾草熏烧后驱蚊的方法。
3. 教师熏烧艾草，幼儿感受。

四、拓展与延伸

有条件的家里，可以尝试一下用艾草熏烧驱蚊的方法。

活动七　好吃的粽子（健康）

一、活动目标

1. 知道粽子是端午节的节日食品，通过观察，了解粽子是由粽叶、糯米等包成的。
2. 喜欢吃粽子，通过品尝活动进一步感受节日的愉快。
3. 知道吃了太多粽子会影响身体健康。

活动重点：了解粽子是怎么包成的。

活动难点：知道吃了太多粽子会影响身体健康，控制自己不多吃。

二、活动准备

1. 物质准备：不同形状、馅儿的粽子图片若干张，形状、味道不同的粽子（熟的和生的粽子每组各一个），洗净的粽叶、糯米、棉线、红枣、红豆若干。

2. 幼儿准备：幼儿有过吃粽子的经历。

三、活动过程

（一）导入活动

1. 马上要过端午节了，你们知道过端午节要吃什么食品吗？

2. 出示粽子，了解其外形特征。

3. 这个粽子像什么？家里平时包的粽子是什么形状的？

4. 幼儿欣赏不同形状粽子的图片，说说喜欢哪种形状的粽子？它像什么？给它起个名字。

（二）了解包粽子的材料

1. 看看粽子是用什么材料做的？

2. 为什么要用这些材料包粽子？

老师概括：粽叶清香，糯米好吃，棉线、粽叶条卫生、牢固。

3. 请小朋友用鼻子闻一闻粽子有什么味道？

（三）了解不同粽子的馅

1. 老师剥开一个白米粽子请幼儿看，这个粽子里面全是白糯米，有的粽子里面还有不同的馅儿。

2. 大家还吃过哪些口味的粽子？里面有什么？

3. 老师根据幼儿的回答逐一展示相应的照片或图片。

4. 老师总结粽子的种类。

从粽子的馅料来分，有白粽、肉粽、赤豆粽、枣粽、花生粽等。

从包粽子的方法上分，有扎粽（外面用绳子扎）、穿粽（将粽叶的尖头用针穿过粽子而制成）。

从粽子的形状来分，有三角粽、四角粽、棉包粽等。

从粽子的味道来分，有甜粽、咸粽、原味粽等。

5. 品尝粽子。

（四）剥粽子

1. 怎样剥粽子才是正确的和卫生的？

2. 幼儿动手剥粽子。提醒幼儿注意保持地面、桌面的整洁。

3. 将粽子分成小份请幼儿品尝。

（五）好吃不多吃

1. 粽子很好吃，但不能只吃粽子，不吃别的食物，或者一次吃好多的粽子。

2. 教师小结：粽子大多是用糯米做成的，如果吃太多糯米，容易导致胃动力减弱，产生沉胃的感觉，因此，很多人因为粽子好吃而大吃特吃，却导致消化不良甚至胃炎发作。粽子虽然好吃，但控制食量才是关键。不然的话，身体就会越来越差的！所以每次要吃也只能吃一点点！

四、拓展与延伸

在美工区投放包粽子的材料（不织布布条、绳子等），幼儿练习包粽子。

活动八 我们也来包粽子（综合）

一、活动目标

1. 知道端午节吃粽子的风俗，体验中国民间节日特有的韵味，感受中国的社会文化。

2. 知道包粽子的原料和方法，尝试包粽子，体验劳动的快乐。

3. 和家长一起包粽子，感受亲子间的亲情。

活动重点：学会包粽子的方法，动手包粽子。

活动难点：和家长一起包粽子，感受亲子间的亲情。

二、活动准备

1. 物质准备：

（1）故事磁带《端午节的传说》《端午节的习俗》。

（2）包粽子的材料及工具，如粽叶、大米、红豆沙、蛋黄、线、剪刀等。

2. 幼儿准备：幼儿知道粽子的形状。

三、活动过程

（一）幼儿相互交流，初步了解端午节

1. 今天是什么节日？幼儿和同伴交流。

2. 请个别幼儿表述，重点引导幼儿表述端午节的时间。

3. 师生共同小结：端午节是中国农历的五月初五。

（二）引导幼儿了解端午节的来历、风俗习惯

1. 端午节是怎么来的？如有小朋友知道它的传说，就请相互交流。

2. 组织幼儿欣赏故事《端午节的传说》《端午节的习俗》。

3. 在端午节这天，人们都有哪些活动？为什么进行这样的活动？幼儿分组交流。

请每组选 1 名幼儿在集体面前发言。

4. 教师小结：端午节人们会进行许多活动，如吃粽子、赛龙舟、挂菖蒲、佩戴香囊等。

（三）幼儿交流吃粽子的经验

1. 你们吃过或者见过哪些粽子？幼儿和同伴交流。

2. 教师和幼儿共同小结：粽子有各种各样的口味，里面有不同的馅。

（四）幼儿和家长一起包粽子

1. 小朋友们包过粽子吗？包粽子需要哪些材料？

今天我们请来了会包粽子的家长，我们一起学习包粽子吧！

2. 幼儿分组和家长一起包粽子，引导幼儿为家长拿、放材料，边看边交流。

3. 包粽子的顺序是什么？包粽子时需要注意什么？大家看了包粽子的过程后有什么感受？

（五）幼儿和家长一起分享粽子

四、拓展与延伸

在美工区投放包粽子的材料（不织布布条、绳子等），幼儿练习包粽子。

活动九　美丽的五彩绳（美术）

一、活动目标

1. 知道端午节有戴五彩绳的习俗。

2. 尝试自己制作五彩绳，感受制作的快乐，锻炼观察能力和动手能力。

活动重点：制作五彩绳。

活动难点：用搓、拧、系等动作制作五彩绳。

二、活动准备

1. 物质准备：做好的五彩绳样品若干、各种颜色的皱纹纸、剪刀等。

2. 幼儿准备：幼儿对端午节及其习俗有一定的认识。

三、活动过程

（一）观看有关端午节的PPT引入话题

1. 农历五月初五是什么节？

2. 端午节会做哪些事？

（二）学做五彩绳

1. 展示五彩绳的样品，引导幼儿观察五彩绳的颜色、材料、线的数量等基本信息，激发幼儿制作五彩绳的兴趣。

2. 教师讲解五彩绳的文化含义及其作用，使幼儿对五彩绳有深入的了解。

3. 教师介绍活动所需要的工具和材料，并给幼儿展示五彩绳的制作过程，重点强调在制作过程中会用到的搓、拧、系等技能。

4. 幼儿自己动手制作五彩绳，教师巡视指导。
5. 分享展示自己的作品。
四、拓展与延伸
在美工区投放美丽的五彩绳及制作的材料，供幼儿继续制作。

活动十　五彩粽（美术）

一、活动目标
1. 学会用硬卡纸折粽子的形状。
2. 用各种各样的线绳对粽子进行装饰，掌握缠绕的技能。
3. 愿意把自己的作品与同伴和教师分享，体会分享的乐趣。
活动重点：用硬卡纸折粽子。
活动难点：用线缠绕装饰粽子。
二、活动准备
1. 物质准备：折粽子的视频、装饰粽子的视频、装饰好的粽子样品、剪裁好的硬卡纸、剪刀、胶棒、各种颜色的毛线。
2. 幼儿准备：幼儿认识粽子，知道粽子的形状。
三、活动过程
（一）回忆粽子的形状
教师引导幼儿回想自己吃过的粽子，说说粽子是什么形状的。
（二）制作五彩粽
1. 展示做好的粽子，提问：
（1）这个粽子是什么样的？
（2）是用什么装饰的？怎么装饰的？
2. 折纸粽。
（1）教师播放折粽子的视频，幼儿观察折粽子的方法。
（2）幼儿折粽子，教师适时帮助和指导。
3. 装饰粽子。
（1）教师播放装饰粽子的视频，重点讲解缠绕的方法和技巧。
（2）幼儿自己动手进行装饰，教师适时帮助和指导。
（三）分享交流
幼儿展示自己的五彩粽，并说说是怎么做的，巩固方法。
四、拓展与延伸
在美工区投放材料，幼儿尝试用其他装饰材料如贴纸等装饰粽子，也可以鼓励幼儿自己创作绘画进行装饰。

活动十一　端午香包（美术）

一、活动目标

1. 知道端午节有挂香包的习俗，初步了解香包的功用及制作材料。
2. 尝试用针缝的方法制作香包，感受自制香包的快乐。
3. 知道与小朋友保持合适的距离，注意用针的安全。

活动重点：了解香包的功用及制作材料。

活动难点：用针缝的方法制作香包。

二、活动准备

1. 物质准备：《端午节的由来》PPT、制作香包所需的材料（艾草、干花、针、线等）、民间音乐的磁带。
2. 幼儿准备：幼儿已有使用针线的基础。

三、活动过程

（一）导入活动

教师演示课件，幼儿观看《端午节的由来》PPT，导入活动。

1. 提问：端午节是哪个国家的传统节日？每年的几月几号是端午节？端午节是怎么来的？
2. 端午节是我国四大传统节日之一，是每年的农历五月初五，传说是为了纪念伟大的爱国诗人屈原。
3. 端午节都有哪些习俗？

幼儿讨论，请个别幼儿将课前了解到的端午节的习俗讲给大家听。（戴香包、喝雄黄酒、吃粽子、做绿豆糕、炸油糕等）

（二）讨论、探索制作香包的方法及注意事项

1. 教师请幼儿看一看、摸一摸、闻一闻桌上放置的各种各样的香包。

提问：你看的香包是什么样的？是用什么制作出来的？有什么味道？佩戴香包有什么用呢？

2. 研究制作香包的方法步骤。

想一想做香包需要哪些材料？怎样使用这些材料来做香包？

3. 教师出示制作香包的材料，示范香包的简易制作过程。

（1）剪布料——填充棉花及香料——收口——缝制——绑丝带。

（2）选择纯色布料剪成自己要的形状——填充棉花及香料——收口——剪彩纸为各种形状粘贴装饰香包——绑丝带。

（3）剪糖纸或者包装纸——填充棉花及香料——收口——扎眼——绑丝带。

教师对幼儿正确使用针线提出要求（如不用的针要插在针线包上，放置在针线筐内）并进行用剪刀的安全教育。

4. 幼儿自由选择材料制作香包，鼓励幼儿合作制作，互相帮助，教师巡回指导，帮助幼儿收口，特别注意提醒幼儿要安全使用和放置针线、剪刀。

5. 将幼儿制作好的香包悬挂在教室内，供幼儿欣赏，也可发给幼儿让其佩戴在身上，让幼儿分享成功的喜悦。

四、拓展与延伸

1. 教师和幼儿共同收集全国各地有关端午节习俗的各种图片，布置端午节的主题墙，让幼儿在看一看、说一说的过程中感受祖国的悠久文化。

2. 在美工区投放香包及制作的材料，供幼儿继续制作。

活动十二　我是龙舟设计师（美术）

一、活动目标

1. 对民间活动有兴趣，知道赛龙舟是中国传统的民间体育活动。
2. 乐意尝试用剪贴画的方式表现龙舟的细节特征。
3. 能讲述自己与龙舟的故事。

活动重点：用剪贴画的方式制作龙舟。

活动难点：剪贴龙头。

二、活动准备

1. 物质准备：一段端午节赛龙舟的视频、龙头的图像、彩色纸、水彩笔、剪刀、胶棒等。

2. 幼儿准备：幼儿知道船的样子。

三、活动过程

（一）视频导入

1. 看看人们在做什么？他们划的船是一艘什么样的船？哪里是船头？

2. 小结：他们划的船样子像龙，抬着很神奇的龙头，拖着细细长长的身体，上面装扮着鳞片，龙的尾巴向上翘。

（二）师幼演示

1. 我们也来玩玩赛龙舟的游戏。

2. 幼儿和老师一起做龙舟，重点学习剪贴龙头图像的方法。

（三）幼儿创作

1. 幼儿自己做龙舟。

先用小剪刀剪下图片上的龙头，用固体胶固定龙头的位置，用记号笔从龙头下方接住龙舟（船身），让尾巴向上翘，最后添上鳞片。

2. 幼儿创作。

提醒幼儿按步骤剪纸、添画，完成龙舟，教师提供帮助和指导。

（四）讲讲龙舟故事
幼儿讲述自己所画龙舟上的故事，与全班分享交流。
四、拓展与延伸
在美工区投放材料，鼓励幼儿制作龙舟。

活动十三　赛龙舟（体育）

一、活动目标
1. 了解赛龙舟是端午节的一项传统习俗。
2. 学习半蹲向前走，锻炼腿部力量和协调性。
3. 体验多人用身体组成"龙舟"进行游戏的快乐，感受团结、协作的重要性。
活动重点：学习半蹲向前走，锻炼腿部力量和协调性。
活动难点：多人用身体组成"龙舟"向前走，感受团结、协作的重要性。
二、活动准备
1. 物质准备：红旗一面、红绸带每人一条、大鼓一个、节奏轻快的音乐、奖牌等。
2. 幼儿准备：幼儿观看过赛龙舟的视频，幼儿尝试过列队走、半蹲走。
三、活动过程
（一）导入活动
1. 全体幼儿列队入场，听音乐扮演小矮人，双膝弯曲，半蹲向前走。
2. 大家知道端午节有什么重要的庆祝活动吗？
3. 在赛龙舟的地方会听见什么声音？（嘿呦嘿呦声、鼓声）
4. 为什么赛龙舟的叔叔要发出嘿呦嘿呦的声音？ 坐在船头的鼓手叔叔敲大鼓的咚咚声又有什么作用？
教师小结：鼓手叔叔是整艘船的总指挥，桡手们听着鼓声，喊着嘿呦声，从一个方向步调一致地奋勇前进，这样，龙舟才能跑得快。
5. 那些叔叔们是怎么赛龙舟的？他们的姿势、动作、表情是怎样的？（全体幼儿模仿赛龙舟的样子）
（二）游戏"开龙舟"
1. 要想进行"龙舟"比赛，先要学会怎么 "开龙舟"。
教师介绍玩法：幼儿六人一组，后面的幼儿依次抱住前面幼儿的腰，半蹲着向前走。
2. 请一组幼儿示范，其他幼儿观察、学习动作要领。
3. 幼儿自由结合，六个人组成一队，尝试"开龙舟"。
4. 第一次尝试后，幼儿相互交流，刚才在"开龙舟"时遇到了什么困难？

怎样才能把"龙舟"开好？

5. 幼儿再次练习六人一组"开龙舟"，老师观察幼儿游戏的情况，进行个别指导。

（三）游戏赛龙舟

1. 教师提出比赛规则。
2. 鼓声响起，幼儿从起点出发，开始"赛龙舟"。

（四）放松整理活动

1. 宣布比赛结果：冠军队、亚军队、季军队，并给获胜组颁发奖牌。
2. 放松活动。

四、拓展与延伸

户外活动时，幼儿可以自由组合玩"赛龙舟"的游戏。

活动十四 一起过端午（综合）

一、活动目标

1. 通过知识竞赛、趣味游戏、品尝美食等活动，进一步丰富端午节的相关体验。
2. 通过大带小的活动，增进与小班弟弟、妹妹的情感，体验与弟弟、妹妹共度节日的快乐。

活动重点：通过知识竞赛等活动，进一步丰富端午节的相关体验。

活动难点：通过大带小的活动，增进与小班弟弟妹妹的情感。

二、活动准备

1. 物质准备：
（1）师幼共同搜集端午节的资料并布置环境。
（2）师幼共同准备有关端午知识的竞答题、龙舟拼图、端午头饰等。
（3）师幼共同准备才艺展示节目和端午美食。
2. 幼儿准备：幼儿对端午节的知识有一定的了解。

三、活动过程

（一）导入活动

出示粽子，引出端午节的话题。

（二）混合编组，交代活动规则

大班、小班幼儿混合编成以端午节食品命名的5~6组，交代活动规则和要求。

（三）才艺展示及游艺竞赛活动

1. 情境表演：《端午节的传说》。

2. 以小组为单位开展知识竞答。
（1）端午还有哪些名称？
（2）端午节还有哪些习俗？
（3）为什么在端午节要吃粽子？为了纪念谁？
（4）在端午节，人们为什么给小孩子戴五色香囊？
3. 以小组为单位，开展游戏活动，如包纸粽子比赛、拼龙舟竞赛等。
4. 幼儿展示才艺。
（四）大带小端午美食品尝活动

四、拓展与延伸

幼儿可以和家长在家里一起包粽子。

【主题活动反思】

又是一年端午节，在这粽叶飘香的时节里，我们与幼儿一起回顾粽子的历史，在粽子的话题中走进了端午节……

端午节是我国的一个传统节日，在这个节日里有着独特的风俗，如吃粽子、赛龙舟、佩香囊、悬白艾、挂菖蒲，等等。利用端午节开展主题活动，既能锻炼和发展幼儿的动手能力，又能增进幼儿对中国传统文化的了解和兴趣。同时，端午节也是纪念屈原的特殊日子，可以借端午节缅怀先辈，传承民族精神。

通过"热热闹闹过端午"的主题教育活动，幼儿感受到了过节的快乐，体验到了中国传统文化的源远流长，积累了文化底蕴。在活动中，通过幼儿展现自我，发展自我个性，进一步培养了他们的主体参与意识、动手能力和同伴间的团结合作精神。

在开展主题教育活动的过程中，教师、家长、幼儿一起收集有关端午节的新老照片及相关声像资料等，了解与端午节有关的知识和风俗习惯。通过开展多种形式的活动，帮助幼儿进一步感受屈原的爱国精神和感人诗词，增强幼儿热爱祖国之情。

本次主题活动内容丰富有趣，收到了较好的效果。

首先，幼儿的参与积极认真。通过制作粽子（纸粽子、布艺粽子等）、香包、五彩手链、龙舟等一系列活动，使幼儿对端午节这个中国传统节日有了一定的了解和认识，同时也发展了动手能力，感受了节日的快乐气氛。

其次，注重区域特点。端午节习俗较多，但由于地域关系，有些习俗在北京并不多见，孩子们的经验相对来说比较缺乏，因此，选择重点介绍哪些习俗，我们也进行了一些思考与分析，经过考虑，我们围绕本地特点、幼儿经验和端午节故事内容三个方面，将重点放在包粽子、赛龙舟两个活动上，让孩子们在味觉中、肢体运动中充分感受，从而加深对这个节日的印象。

再次，家长的参与度高。在包粽子这一亲子活动中，家长积极参与，活动刚开始，幼儿和家长就迫不及待地开始包粽子。在包粽子的时候，孩子们发现：各种粽子的大小不同，包法也不同，有的是用线扎捆起来的，有的则不是用线，而是直接用粽叶穿过去的。但是孩子们都想知道这粽叶软软的，是怎么穿的？所以，兴致很高。当粽子被切成一块一块时，他们开始品尝各种各样的粽子，都很开心。

通过活动的开展，孩子们在浓浓的节日气氛里和家长一起包粽子，既锻炼和发展了幼儿的动手能力，增进了幼儿对中国传统文化的了解，又加深了亲子之间的感情，获益匪浅。

总之，本次主题活动内容丰富有趣，效果好。通过活动，使幼儿对端午节这个中国传统节日有了一定的了解和认识，同时也发展了动手能力，感受了节日的快乐气氛。

我来做些事（大班）

班级：大一班　　　　　　　　　　　　教师：李雪、王思宇、范梦巡

【主题设计由来】

一个周一早上，来得早的孩子们像往常一样自由地聊着天，不经意间，我听到他们都在说周末去哪儿了。天奇说："我和爸爸妈妈回奶奶家了，妈妈给奶奶买了新衣服，是我帮助妈妈挑选的。"萌萌说："我去姥姥家了，我爸爸给姥爷买了菊花酒。"琳琳说："爸爸妈妈带我和爷爷奶奶去爬山了。"聚过来聊天的孩子越来越多，他们争着讲述自己周末的经历，很多孩子周末都陪着父母看家中的老人去了。早餐时间到了，在吃饭前，我给孩子们留了一个问题："为什么这个周末你们的经历这么相似，爸爸妈妈要带你们去看爷爷奶奶或者姥姥姥爷呢"？吃完早饭，我把准备好的一本叫《重阳节》的书给孩子们讲了一遍，琳琳恍然大悟："老师，我知道了，重阳节要到啦！"婷婷说："我知道重阳节，那是爷爷奶奶的节日。"

天奇抢着说："也是姥姥姥爷的节日。"萌萌说："我们要为他们做些事，让他们过一个开心的节日。"其他小朋友也站起来纷纷表示赞同，在这个愉快充满爱的氛围中，我们的主题开始啦！

【主题设计网络图】

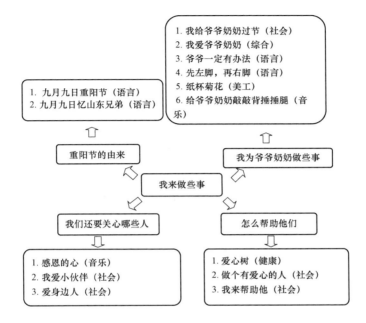

【主题活动总目标】

1. 知道农历九月初九是我国传统节日重阳节，又叫老人节。
2. 懂得关爱老人，体验敬老爱老的美好情感。
3. 了解有关重阳节的美妙故事和诗词，理解其意思。
4. 利用多种表现形式表达对他人的爱。
5. 通过关爱老人的行动，知道爱身边的人。
6. 尝试在活动中能够坚持完成一件事。

【主题活动的区域创设】

一、美工区

区域目标：
1. 尝试用水墨画、剪纸、刺绣及其他手工制作的不同方式展现菊花。
2. 尝试为表演区制作重阳节的演出服饰。
3. 正确使用各种工具材料，养成分类、整理、存放的好习惯。

区域墙饰：适合幼儿年龄特点的菊花展示墙、幼儿菊花作品展。

区域材料：各种菊花的图片（可欣赏、临摹）、宣纸、素描纸、颜料、墨汁、马克笔、毛笔、打孔器、围裙等。

重点指导：

1. 引导幼儿观察菊花的外形特征、颜色等，感受菊花的独特特点。

2. 支持、鼓励幼儿通过探索与尝试，自主选择绘制、剪纸、泥塑、刺绣等美术手段，大胆设计和制作菊花、重阳糕、登山场景的作品。

3. 鼓励幼儿尝试运用多种材料，如纸、布、塑料制品等，自主制作服饰、配饰、道具、背景等。

4. 指导幼儿养成良好的美术活动习惯，活动结束后主动分类、整理、存放各种材料。

二、图书区

区域目标：

1. 有自主阅读意识，能主动选择自己需要的图书阅读，并能专注地阅读图书。

2. 能利用自制重阳节小书、创编故事画册，自信、流畅地向他人介绍自己对重阳节的认识，提高思维概括能力和语言表达能力。

3. 尝试用数字记录家人的生日、电话号码。

4. 乐意主动探索、动手尝试，用不同的方法修补图书，学会爱护图书，和图书交朋友。

区域墙饰：《重阳节》连环画排序墙饰、修补图书方法图。

区域材料：幼儿自制的重阳节小书、幼儿收集的故事图片、数字塑封卡片，以及双面胶、透明胶、剪刀、订书器、订书钉等工具。

重点指导：

1. 鼓励幼儿根据《重阳节》的画面线索讲述故事，大胆推测、想象故事情节，改编故事情节或续编故事结尾。

2. 提供丰富的可操作的材料，为幼儿运用多种感官、多种方式探索修补图书的方法提供活动的条件。

【主题生活活动】

1. 晨间谈话时，与幼儿聊聊关于重阳习俗的话题。

2. 饭前安静活动时，和幼儿朗读古诗，说一说儿歌，请幼儿说说自己知道的重阳节相关习俗等。

3. 在自然角投放盆景菊花，在过渡环节观察菊花、照顾菊花。

【主题家园共育】

1. 请家长利用休息时间带幼儿、老人一同前往赏菊、爬山的旅游景点，从而增进幼儿敬老爱老的美好感情。
2. 和孩子一起用绘画、剪纸、泥塑、刺绣等多种形式创作作品。

【主题主要活动】

活动一 九月九日重阳节（语言）

一、活动目标

1. 通过歌唱儿歌，初步学习儿歌内容。
2. 通过欣赏儿歌，懂得要关心老人，要对老人有礼貌。

活动重点：愿意学习儿歌内容。

活动难点：能够萌生关心老人的情感。

二、活动准备

1. 物质准备：爷爷奶奶笑哈哈的图片、儿歌《九月九》。
2. 幼儿准备：了解一些有关重阳节的知识。

三、活动过程

（一）导入活动

1. 请幼儿欣赏图片。

提问：图上有谁呀？（爷爷奶奶）他们怎么啦？（他们笑了）

2. 提问：他们为什么笑呢？

原来他们要过节了，所以笑得那么开心。

（二）欣赏儿歌《九月九》

1. 提问：你们喜欢爷爷奶奶吗？

提问：老师也喜欢爷爷奶奶，所以编了一首好听的儿歌，你们想听吗？

2. 老师完整地朗诵儿歌一遍。

提问：小朋友听到儿歌里说了些什么呀？

3. 再次让幼儿欣赏一遍。
4. 幼儿学习儿歌。

（三）教师小结

每天爷爷、奶奶辛苦付出，我们可以为爷爷奶奶做些什么事呢？

四、拓展与延伸

在图书区投放关于重阳节的图片、书籍，供幼儿欣赏、阅读。

活动二 九月九日忆山东兄弟（语言）

一、活动目标

1. 理解并欣赏古诗，能初步发现古诗的语言结构特点。
2. 理解古诗中"异乡""异客""忆""遍插""遥知""茱萸"等字词的意思，初步掌握古诗的完整意义。
3. 感受诗人表达的思念家乡亲人之情。

活动重点：幼儿熟读、吟诵《九月九日忆山东兄弟》。

活动难点：初步掌握古诗的完整意义。

二、活动准备

1. 物质准备：自制课件。
2. 幼儿准备：幼儿预先知道九月九日是重阳节，了解一些节日民俗。

三、活动过程

（一）引出古诗

帮助幼儿初步理解古诗所表达的内容。

提问：九月九日这一天，诗人在干什么呢？他想到了些什么？

（二）欣赏古诗

完整欣赏古诗《九月九日忆山东兄弟》，初步发现古诗的语言结构特点，理解诗意。

1. 老师有感情地朗诵古诗，并出示相应的文字卡片。

提问：古诗里说了些什么？

2. 小结：同样是讲一件事，刚才的故事讲了好多句，古诗只用了四句就讲完了。

（让幼儿明白古诗是用简练的语言表达丰富的内容和深刻的寓意）

3. 欣赏古诗，理解故事中的字词及古诗所表达的含义。

提问：

（1）在这首古诗里你有哪些地方还不明白？

（2）这首古诗告诉我们一件什么事？（引导幼儿根据个人理解简单概括诗意）

4. 师生完整欣赏并有感情地朗诵古诗。

（三）迁移情感，体验诗人的思乡之情

1. 提问：诗人在九月九日重阳节这天特别思念家乡的亲人，写下了这首有名的古诗，如果你一个人离开了家，到了陌生的地方，你会想些什么呢？

2. 引导幼儿用喜欢的方式表达对老人的喜爱之情。

四、拓展与延伸

在图书区创设古诗收集册、绘画古诗册。

活动三　我给爷爷奶奶过节（社会）

一、活动目标

1. 培养幼儿关心老人的情感。
2. 体验与老人同过节的快乐。
3. 增强艺术表现能力，学习运用学过的技能合理地安排画面，画出爷爷奶奶的形象。

活动重点：幼儿能够萌生关心老人的情感。

活动难点：学习运用学过的技能合理地安排画面，画出爷爷奶奶的形象。

二、活动准备

1. 物质准备：幼儿人手各一份纸笔、幼儿自备自己制作的小礼物。
2. 幼儿准备：幼儿事先排练表演节目，请爷爷奶奶来园参加活动。

三、活动过程

（一）节日引题

1. 以今天是重阳节为话题，引发幼儿关注老人、开展活动的兴趣。
2. 引导幼儿讨论：给爷爷奶奶过节要准备什么？

总结：如带上小礼物、准备好表演的节目等，会说关心和祝福的话语。

（二）启发幼儿与老人们交谈，了解老人的生活

1. 请爷爷奶奶讲讲他们年轻时的故事。
2. 组织幼儿将自己制作的礼物送给爷爷奶奶。
3. 鼓励幼儿为爷爷奶奶表演歌舞。

（三）绘画活动：我为爷爷奶奶画张像

引导幼儿合理布置画面，可以画出爷爷奶奶的模样，也可以把爷爷奶奶的工作或干家务的情况画成连环画；帮助能力差的幼儿构思画面。

四、拓展与延伸

鼓励幼儿回家为爷爷奶奶做件事，如捶背、讲故事等。

活动四　我爱爷爷奶奶（综合）

一、活动目标

1. 通过看看、猜猜、说说自己爷爷奶奶的本领，引发幼儿对祖辈的敬意，感受家庭的温暖。
2. 引导幼儿用完整的语言表达自己的想法。

活动重点：引发幼儿对祖辈的敬意，感受家庭的温暖。

活动难点：引导幼儿用完整的语言表达自己的想法。

二、活动准备

1. 物质准备：图画、音乐。
2. 幼儿准备：幼儿准备礼物。

三、活动过程

（一）回忆约瑟的爷爷

1. （出示图片）你还记得他们吗？
2. 你们喜欢他的爷爷吗？为什么？
3. 小结：原来约瑟有一个爱他的、能干的、了不起的爷爷。那你们的爷爷奶奶呢？我知道小朋友也想办法知道了他们许多的本领，对不对？请小朋友介绍一下自己的爷爷奶奶。

（二）交流、分享爷爷奶奶的本领

1. 小朋友说说爷爷奶奶的本领是什么，用一句好听的话来夸夸爷爷奶奶，让大家听得又清楚又明白。
2. 幼儿交流

出示图片一：爷爷在烧饭。
出示图片二：奶奶织衣服，爷爷种菜。
出示图片五：爷爷奶奶在捕鱼。
出示图片六：爷爷奶奶种水稻。

（三）为爷爷奶奶过节日

1. 拆礼物。
2. 这是老师送的礼物，小朋友们会送什么呢？

有的孩子送吃的，有的孩子送用的，真是一群有孝心的孩子，也是爱爷爷奶奶的好孩子。

3. 今天大家一起来送一份特别的礼物，而且是随时随地都可以送给爷爷奶奶的礼物。那就是把好听的歌声送给他们！（放音乐）

师：小朋友们平时也可以像歌里唱到的一样给爷爷奶奶敲敲背摇摇腿。

四、拓展与延伸

引导幼儿将歌曲放在班级的小舞台，在表演区进行表演。

活动五　爷爷一定有办法（语言）

一、活动目标

1. 通过猜读、排图的方法，帮助幼儿梳理故事情节，培养幼儿的阅读兴趣。
2. 培养幼儿良好的阅读习惯，并在合作阅读中发展幼儿的协作能力。
3. 感受爷爷的聪明才智，鼓励幼儿在面临难题时要多动脑。

活动重点：通过活动能够帮助幼儿培养良好的阅读习惯，并在合作阅读中发展幼儿的协作能力。

活动难点：通过猜读、排图的方法，帮助幼儿梳理故事情节。

二、活动准备

1. 物质准备：投影器、电脑、课件（书本内容）、教具图片（毯子、外套、背心、领带、手帕、纽扣）。

2. 幼儿准备：幼儿两人一份图书。

三、活动过程

（一）出示图书，激发幼儿的阅读兴趣

提问：小朋友们，你们喜欢看图画书吗？我们一起来听一听约瑟和他爷爷之间发生的有趣的故事吧。

（二）幼儿观赏投影画面

1. 教师讲述故事，请幼儿观看画面，念到关键的地方，让幼儿猜，然后翻页印证幼儿的想法。

2. 阅读后，教师组织幼儿讨论。

提问：爷爷用自己的巧手分别为约瑟制作了什么东西？爷爷为约瑟缝制了一条毯子，最后变成了什么？请小朋友上来把爷爷制作的东西按故事里的顺序摆一摆。你喜欢这样的爷爷吗？你会怎么夸奖爷爷？

3. 第二次欣赏故事。

提问：刚才小朋友发现在这个大故事里面还藏着一个小故事，最后纽扣不见了。老师告诉大家一个小秘密，这颗纽扣从大故事中掉到了小故事里了，现在让我们再来看看这本图画书吧！让我们边看边找这颗纽扣掉到哪里去了。

提问：两个人看书该注意些什么呢？你发现那颗丢失的纽扣了吗？

总结：请小朋友两人商量好请一个小伙伴把图书送回家，送回来的时候要封面朝上。你们发现什么了吗？故事中掉下来的布料被小老鼠利用了起来，他们用这些布料打扮自己的家，装扮了自己的幸福生活。

四、拓展与延伸

将图书投放在图书区，幼儿可以讲述故事。

活动六　先左脚，再右脚（语言）

一、活动目标

1. 理解故事内容，感受主人公之间的情感。

2. 激发幼儿对爷爷的感恩之情。

活动重点：理解故事内容，感受主人公之间的情感。

活动难点：激发幼儿对爷爷的感恩之情。

二、活动准备

1. 物质准备：PPT课件。
2. 幼儿准备：幼儿对自己的爷爷有一定的感情。

三、活动过程

（一）观察故事封面，对故事有初步了解

师：孩子们，今天给大家带来了一个故事。请大家看一看，这是书的封面。从这个封面上大家知道了什么？大家觉得这是谁和谁的故事？他们之间会发生什么故事呢？

幼儿回答。

（二）讲述故事

1. 认识故事的主人公——巴比。

提问：我们今天故事里的这个小男孩叫巴比。

2. 讲述图片2~3。

提问：爷爷是怎么教巴比走路的？大家来学一学。

3. 讲述图片4~13。

提问：巴比和爷爷的关系是不是很好呀？巴比最爱的人就是爷爷。听到爷爷生病了，大家觉得巴比的心情会怎么样？

提问：为什么心情会难过？

4. 讲述图片14~19。

提问：爷爷的病一直没有好转，大家有没有什么办法帮帮巴比？要怎样才能让爷爷走路呢？大家有没有办法？

5. 讲述图片20~25。

提问：经过巴比的努力，爷爷终于可以拿勺子，可以走路，可以说一点话了。

（三）情感渗透

1. 提问：大家觉得爷爷对巴比怎么样？他为什么对巴比这么好？巴比为什么努力帮助爷爷好起来？是什么让爷爷这么快就好起来了？医生都没有办法，可是巴比却做到了。

2. 幼儿回答。

3. 引导幼儿说出爷爷爱巴比，巴比爱爷爷。

提问：因为爷爷爱巴比，巴比也爱爷爷。看到爷爷生病了，不会走路了，巴比想到要教爷爷走路。爱的力量是强大的，因为有了爱的力量，爷爷才能这么快好起来。

提问：孩子们，你们的爷爷有没有和你们一起玩？你们的爷爷有什么本领呀？你们会不会帮爷爷做些小事情呢？为什么？

四、拓展与延伸

在图书区投放图书或图片，请幼儿讲故事。

活动七 纸杯菊花（美工）

一、活动目标

1. 学习正确使用各种工具和材料制作菊花。
2. 用自己喜欢的方式表现菊花的美，激发幼儿的审美情感。
3. 增进幼儿与爷爷奶奶间的感情。

活动重点：学习正确使用各种工具和材料制作菊花。

活动难点：通过活动增进幼儿与爷爷奶奶间的感情。

二、活动准备

1. 物质准备：红、黄、蓝等颜料，棉签若干，颜料碟若干，图画纸若干、纸杯若干，剪刀若干，各色菊花、菊花图片若干，各色毛线若干，胶水、胶布、菊花茶、吸管若干。

2. 幼儿准备：幼儿对菊花有一定了解。

三、活动过程

（一）活动引入

提供菊花茶，让幼儿通过闻一闻、尝一尝，感受菊花的香味，引入菊花话题。

今天，各位小朋友的爷爷奶奶来到幼儿园做客。老师给客人们准备了茶，小朋友们看看这是什么茶？老师请小朋友闻一闻，闻到什么味道？再请小朋友尝一尝，尝出什么味道？

（二）基本部分

1. 幼儿通过观察比较，感受菊花的美与香。

（1）提供实物——菊花，让幼儿感受菊花的美。

（2）提供各种菊花的图片，让幼儿比较菊花的颜色、花瓣形状等外形特征。

2. 提供各种材料，让幼儿制作菊花。菊花很美，它可以把我们的环境装扮得更加漂亮。小朋友和爷爷奶奶一起动手做菊花，来装扮教室的环境。

（1）用棉签蘸颜料在美工墙上画菊花，注意不要弄脏衣物。

（2）用毛线粘贴菊花，注意正确使用剪刀和胶水。

（3）用纸杯做菊花，注意正确使用剪刀和胶布。

（4）小朋友和爷爷奶奶商量选择用自己喜欢的方式来表现菊花。

（三）结束部分：欣赏作品

把幼儿和爷爷奶奶制作的作品展示在美工墙上，供大家欣赏。

四、拓展与延伸

在自然角投放菊花，供幼儿日常观察。

活动八　给爷爷奶奶敲敲背捶捶腿（音乐）

一、活动目标

1. 熟悉歌曲旋律，帮助幼儿理解歌词。
2. 教幼儿学唱歌曲，要求幼儿唱准休止符。

活动重点：熟悉歌曲旋律，能够跟唱。

活动难点：幼儿能够在学唱中体会并唱准休止符。

二、活动准备

1. 物质准备：歌曲《给爷爷奶奶敲敲背捶捶腿》。
2. 幼儿准备：幼儿听过《给爷爷奶奶敲敲背捶捶腿》的歌曲。

三、活动过程

（一）律动活动

播放《手腕转动》《蝴蝶》《我来教你跳个舞》。

（二）学唱新歌《给爷爷奶奶敲敲背捶捶腿》

1. 老师出示爷爷奶奶的图片："小朋友看，他们是谁呀？"（爷爷奶奶）小朋友平时会帮爷爷奶奶干什么？（引导幼儿根据平时的生活经验回答问题）

2. 有一首歌曲唱的就是小朋友帮爷爷奶奶敲背和捶腿的事情，歌曲的名字叫《给爷爷奶奶敲敲背捶捶腿》，小朋友听老师唱一遍。

3. 老师范唱歌曲一遍。

提问：歌曲的名字叫什么？歌里唱了什么？

4. 老师边弹琴边唱，帮助幼儿理解歌曲内容。

提问：歌里还唱了什么？

（三）歌曲练习，感受休止符

1. 带领幼儿根据歌曲节奏朗读歌词。

2. 引导幼儿学唱歌曲，先让老师大声唱，幼儿小声唱；再让幼儿大声唱，老师小声唱。

3. 老师和幼儿一起演唱歌曲。

4. 分角色演唱歌曲。

四、拓展与延伸

在表演区尝试用多种形式表演歌曲；回家给爷爷奶奶做一些力所能及的事情（如帮爷爷奶奶洗洗脚、敲敲背、捶捶腿）。

活动九　感恩的心（音乐）

一、活动目标

1. 知道社会上有很多的工作人员为我们服务。

2. 学习正确使用各种工具和材料制作贺卡。
3. 用感恩的心情去体验乐趣。

活动重点：正确使用各种工具和材料制作贺卡。

活动难点：装饰贺卡。

二、活动准备

1. 物质准备：剪刀、画笔、油画棒、纸、歌曲《感恩的心》。
2. 幼儿准备：收集有关幼儿园保洁阿姨工作的照片、录像。

三、活动过程

（一）谈话导入

1. 师：小朋友，现在我们先来看一段录像。录像看完了，谁能告诉老师你们看到了什么啊？

幼：清洁工在扫地，在打扫卫生，在捡垃圾。

2. 师：你们想一想，要是没有这些清洁工阿姨，我们的城市会变成什么样子啊？

幼：很脏，垃圾很多。

3. 师：清洁工阿姨、叔叔为了保持我们幼儿园的清洁，非常辛苦。我们大家都要感谢他们，小朋友想一想，我们该送给他们什么礼物来表示我们对他们的感谢呢？

幼：花、贺卡。

（二）示范、讲解做贺卡的方法

1. 师：有的小朋友说可以做贺卡送给他们，那么，我们今天就来做贺卡。大家一起来看一看，老师已经做好了几张贺卡，大家看看，我是怎么做的。

2. 教师操作，把几张卡粘在一起，就可以把它做成一个更好看的像灯笼一样的贺卡了！

3. 总结：小朋友们都非常聪明，你们可以做和老师一样的贺卡，也可以做不一样的贺卡，老师要看看哪些小朋友比较能干，可以做出不一样的。

（三）制作环节

教师巡回指导，播放音乐《感恩的心》。

四、拓展与延伸

展示作品，让幼儿互相欣赏作品，并说一句感恩的话。

活动十　我爱小伙伴（社会）

一、活动目标

1. 知道不能为了自己快乐而去欺负别人，做使别人感到痛苦的事。
2. 培养幼儿团结友爱、互相帮助、广交朋友的积极态度，体验帮助别人的快乐。

活动重点：体验帮助别人的快乐。

活动难点：知道不能为了自己快乐而去欺负别人，做使别人感到痛苦的事。

二、活动准备

1. 物质准备：歌曲《好朋友》、舞曲《找朋友》《我们都是好朋友》、故事《小铃铛》。

2. 幼儿准备：幼儿练习过情境表演。

三、活动过程

（一）活动导入

组织幼儿随音乐跳邀请舞《找朋友》。

（二）组织幼儿谈话：夸夸我的好朋友

1. 师：你的好朋友是谁？请把你的好朋友介绍给大家，说说你为什么愿意和他交朋友？（幼儿介绍自己的好朋友，夸夸他的优点。）

2. 教师小结：小朋友之间要互相关心、互相帮助，这样才能成为别人的好朋友，别人才会喜欢你。

（三）情境表演

1. 组织幼儿观看情境表演，鼓励幼儿针对所表演的事件大胆交流。

（1）师：在我们的日常生活中经常会发生一些小事，大家看看下面的几个情境，想想自己愿意和这样的人交朋友吗？为什么？

情境1：小军抢走了小朋友的玩具，小朋友哭了，小军却在哈哈笑。

情境2：小朋友排队做操，前面的晓晓不小心踩了后面宁宁的脚，他们俩打了起来。

情境3：小朋友排好队洗手，宇宇跑过来抢水龙头，并把水洒在别人头上、身上，别人生气，他却在笑。

（2）师：刚才这几位小朋友应该怎样做，你才喜欢和他交朋友呢？组织幼儿讨论并自我表演解决。

情境1：两人友爱合作地玩玩具。

情境2：做操不小心踩了别人的脚，马上说："对不起！"对方说："没关系！"两人继续做操。

情境3：洗手时谦让有序，不乱泼水。

（四）听故事《小铃铛》

教师小结：看来，大家平时在活动中要团结友爱、互相帮助、谦让有礼。

四、拓展与延伸

投放故事《小铃铛》，供幼儿自主阅读。

活动十一 爱身边人（社会）

一、活动目标
1. 借助故事和游戏，感受方格子老虎带给大家的快乐。
2. 懂得要常常为别人着想的道理，进一步萌发关爱他人的情感。
活动重点：懂得要常常为别人着想的道理。
活动难点：知道怎样关爱他人。
二、活动准备
1. 物质准备：多媒体课件、操作材料。
2. 幼儿准备：知道绘本《方格子老虎》。
三、活动过程
（一）谈话导入，分享交流
1. 出示"爱心"卡片。
（1）这是什么？（爱心）
（2）一颗爱心，代表了爱。在生活中你感受到了谁的爱？他是怎么爱你的？
2. 小结：老师知道爱你们的人很多很多，你们的生活都充满了爱。
（二）通过故事，感受方格子老虎带给大家的快乐
1. 出示画面——小老虎出生。
师：有一只小老虎出生了，想一想，虎爸爸和虎妈妈要忙些什么呢？
小结：刚出生的小宝宝可让人忙活了，要照顾他吃的，照顾他睡的，吃喝拉撒样样都要操心。
2. 出示画面——虎爸爸买油漆。
虎爸爸说：别的老虎身上的花纹都是横条的，我想要我的宝宝成为与众不同的老虎，给他画上竖条纹。
3. 出示画面——虎爸爸虎妈妈吵架。
（1）为了这件事情，虎爸爸和虎妈妈怎么了？他们在吵什么？
虎爸爸说：我的孩子就要与众不同……
（2）你们家里有过争吵吗？为什么吵？如果家里发生了争吵，你会怎么做呢？
4. 出示画面——小老虎变成方格子老虎。
师：小老虎看到爸爸妈妈吵架……
师：横条纹是为了谁画的？竖条纹是为了谁画的？小老虎现在变成了一只方格子老虎。
5. 出示画面——虎爸爸虎妈妈和好。
（1）虎爸爸虎妈妈说：有这么好的儿子为我们着想……

为了让爸爸妈妈不再吵架，小老虎把自己画成了一只方格子老虎，大家觉得小老虎是一个什么样的孩子？

小结：小老虎不仅聪明、懂事，还是一个很为爸爸妈妈着想的好孩子。

（2）师：如果小班的弟弟妹妹哭闹，大家有什么好办法吗？

（3）虎宝宝看到哭闹的小动物……

大家知道的方格子的游戏有哪些？

6. 出示画面——虎宝宝身上的"三连通"游戏。

（三）幼儿玩"三连通"游戏，体验游戏带来的快乐

1. 师交代游戏要求。

2. 幼儿玩游戏。

3. 小结：为了不让幼儿园的小动物哭闹，小老虎让自己的方格子陪着大家玩，真是一个为同伴着想的好孩子。

（四）情感拓展，知道生活中要常常为别人着想

1. 师：时间慢慢过去……

师：身上没有了方格子，虎爸爸虎妈妈还会爱它吗？为什么？

2. 出示画面——快乐爱心。

师：有没有方格子重要吗？重要的是什么？

小结：虽然没有了方格子，但虎宝宝永远都有一颗爱心。爱不仅仅是关心、帮助别人，还要处处为别人着想、给别人带去快乐。

3. 出示画面——递剪刀。

师：当你给别人递一把剪刀的时候，应该把哪一头给别人？为什么要这样给？

小结：这样一个小小的动作，就能说明你心里装着别人。

4. 出示画面——打电话。

师：一个电话、一声问候也能给别人带去温暖，带去关怀。哪些人需要问候？

小结：身边的朋友、生病的人、孤单的老人都需要我们的问候。

5. 出示画面——向灾区献爱心。

师：当别的地方发生灾难（如地震）的时候，大家会怎么想？怎么做呢？

小结：尽自己所能向灾区献爱心。

6. 活动尾声：幼儿画心愿，展示心愿卡。

小结：大家的小爱汇成了大爱，爱，就在我们身边。

四、拓展与延伸

在音乐的烘托中，幼儿的关爱继续延伸，让幼儿懂得从小心里就要装着他人。

活动十二 爱心树（健康）

一、活动目标

1. 理解故事内容，能大胆地表述自己的想法。
2. 感受大树无私的奉献精神，懂得付出也是一种快乐。
3. 初步体验亲人、朋友的关爱之情。

活动重点：理解故事内容，感受大树对小男孩的付出和爱。

活动难点：初步体验亲人、朋友的关爱之情。

二、活动准备

1. 物质准备：PPT课件、背景音乐、复印的绘本书、画笔、纸。
2. 幼儿准备：幼儿对故事《爱心树》有初步认知。

三、活动过程

（一）谈话导入

1. 出示课件图片：一棵树。（以图质疑，激发兴趣，兴趣是幼儿主动参与学习的关键，所以开门见山，出示一棵树让幼儿观察，并引出《爱心树》的故事）

师：你觉得这是一棵什么样的树？（教师引导幼儿观察图片）

2. 出示课件画面：小男孩。

师：一棵茂盛的大树和可爱的小男孩之间会发生什么事呢？让我们一起来看看吧！（教师引导幼儿观察图片）

（二）分段感受故事

1. 讲述故事：讲述小男孩在儿童期和大树的故事。
2. 欣赏故事：让幼儿有目的地欣赏故事，出示幻灯片，幼儿直观地观看图片，理解故事内容，并在重点部分提出问题，让幼儿探讨，突破重难点。

（1）出示故事中的第一张PPT图片。

师：大家看看这棵树长得怎么样？

（又高又大、枝叶茂盛）

（2）出示第二张PPT图片。

师：瞧，来了一个小男孩，大树会喜欢他吗？你从哪里看出来的？

（大树舞动着枝条，好像在向小男孩招手；大树舞动着枝条，好像是大人的手臂想把孩子抱在怀里……）

师：小男孩喜欢这棵大树吗？他看见了大树，会对他说些什么呢？

（大树，你好！大树，我想和你玩）

（3）猜一猜：小男孩会到大树这来玩什么呢？

（先让幼儿猜一猜、说一说，然后教师再讲述）

（4）出示小男孩和大树做游戏的 PPT 图片（第三张图片）。
（采集树叶、做树叶王冠、爬树、吃苹果、荡秋千、捉迷藏、睡觉）
师：小男孩来到大树身边做了哪些事情呢？我们一起来看一看。
（引导幼儿看图讲述出大意，提醒幼儿要用完整的话来回答）
幼：小男孩在捡树叶。
师：他捡这么多树叶用来干什么呀？
（做王冠：出示相应的图片）看看这时小男孩的表情怎样？（很神气）瞧，他昂首挺胸，神气地走来走去，真像一个森林之王。（让幼儿学一学）
幼：小男孩在爬树。
师：你从哪里看出来的？（树干上的小手小脚）他爬到大树上去干什么呢？（荡秋千）小男孩在哪呢？他在树上玩什么游戏？想一想：玩什么游戏时小脚要荡得很高很高？你从哪里看出来的？他还在大树旁边做了什么？（捉迷藏）小男孩躲在哪里？大树怎么找他的？小男孩睡觉时，大树在干什么？（捉迷藏这个环节要采用跟幼儿玩游戏的方式，这是为了调动幼儿学习的兴趣，活跃上课的气氛）

（5）出示第四张 PPT 图片。
现在小男孩和大树的关系怎样？你从哪里看出来的？（和大树拥抱、在大树上画爱心）现在他俩相亲相爱，这时小男孩会对大树说什么呢？（大树，你真好）小男孩非常非常爱大树，大树很快乐。
师：小朋友们，大树为什么这么快乐？（因为小男孩喜欢他，常去陪他）
（6）小结：大树和小男孩相亲相爱，他们每天都在一起玩耍，多么幸福快乐……

3. 集体阅读绘本，讲述小男孩在少年期和大树的故事。教师发放绘本故事，让幼儿自主阅读或集体阅读。
（1）提问：小男孩摘走了大树上所有的苹果，大树为什么还很快乐？
（2）小结：因为大树帮助小男孩达成了心愿，所以他很快乐。这是一棵充满爱心的大树，当小男孩从大树身上摘走苹果时，大树很快乐；原来付出爱也是一种快乐！

（三）情境迁移
体验亲人和朋友大树般的关爱之情。
1. 幼儿讨论：
（1）在你们的身边有谁和爱心树一样爱着你们呢？
（2）说说爸爸妈妈和爷爷奶奶怎样爱你们的？
（3）你们该怎么对待自己的爸爸妈妈和爷爷奶奶？
（懂得感恩他人，学会回报亲人，并且能够在日常生活中体现出来。如帮大

人做力所能及的事）

四、拓展与延伸

画"爱心树"，给绘本设计封面图，能进一步让幼儿以另外一种方式表达自己的情感。

活动十三 我来帮助他（社会）

一、活动目标

1. 愿意帮助他人做一些力所能及的事，体验关心帮助别人的快乐。
2. 能注意到别人的困难与需要，主动帮助别人，具有同情心。

活动重点：愿意帮助他人做一些力所能及的事，体验关心帮助别人的快乐。
活动难点：能注意到别人的困难与需要。

二、活动准备

1. 物质准备：表演所需道具等。
2. 幼儿准备：请家长配合引导幼儿回忆帮助他人的经历，几名幼儿事先编排帮助、关心别人的情境表演节目。

三、活动过程

（一）谈话引入活动，激发幼儿参加活动的兴趣

请小朋友认真看表演，看看发生了什么事？小朋友是怎样帮助他们的？

（二）观看情境表演，引导幼儿大胆表达自己的看法

1. 请幼儿观看第一组情境表演：一个幼儿帮助另外一个幼儿扣身后的扣子；一个幼儿摔倒了，另外一个幼儿将他扶起来。
2. 讨论：你看到了什么？当别人有困难时，你该怎么办？你帮助过别人吗？你是怎么帮助的？
3. 请幼儿观看第二组情境表演：一个小朋友伤心地哭，另外几个小朋友拿纸巾帮他擦拭泪水并安慰。
4. 讨论：刚才发生了什么事？小朋友是怎么帮助他的？如果你哭时，希望别人怎么对你？遇到别人伤心时，我们可以怎样帮助他？

（三）说说我知道的需要帮助的人，引发幼儿乐于助人的愿望

1. 提问：除了我们身边的小伙伴遇到困难需要帮助外，还有什么样的人需要我们帮助呢？你帮助过他们吗？怎么帮助的？
2. 幼儿相互交流自己的经历和感受。
3. 小结：你们都是很善良的孩子，都能及时帮助需要帮助的人，让他们感受到温暖与幸福，老师真为你们感到骄傲。

四、拓展与延伸

开展互相帮助模拟活动：互相塞内衣、卷袖子、扣纽扣等。

【主题活动反思】

为了让孩子们了解重阳节的来历与意义，此次活动提倡孩子们为老人们做一些力所能及的事，用童真的方式向老人表达关心和爱护。用一次晨间自主谈话引发幼儿为什么这个周末他们的经历这么相似的话题，通过教师带领阅读《重阳节》的书籍，孩子们才知道重阳节要到啦！在今后的日子里老师通过带领孩子们观看多媒体课件，让他们了解九九重阳节是中华民族一年一度的传统节日，并告诉孩子们，重阳节是给爷爷奶奶、外公外婆等老人过的节日，以此弘扬尊老爱老的传统美德。此次活动也得到了众多家长的支持。不少家长意识到由于自己整日忙于工作，把孩子交给老人照顾，无形中加重了老人的负担。许多家长在活动过程中不光记录下老人与孩子互动的瞬间，也积极参与到活动中，用自己的实际行动为孩子们做出榜样。也有家长表示，通过此次活动，孩子与家长共同了解了怎样表达对亲人的爱，懂得了感恩，传承了尊老、敬老、爱老的良好品德，达到了家园合作、共同成长的效果，通过这次活动，孩子们懂得了尊敬老人是中华民族的传统美德，懂得要爱自己身边的每一位老人，孩子们幼小的心中埋下了爱的种子，这让他们从小学会感恩，体验幸福生活的快乐，也让爷爷奶奶们度过了一个难忘而温馨的重阳节！

此外，引导幼儿敬老、爱老是一个抛砖引玉的作用。我们还将问题进行提升，引导幼儿通过关爱老人牵引到关爱身边的人，关爱为他们服务的幼儿园工作人员，关爱远方贫穷的人以及需要帮助的人等。让幼儿在生活中自然地走进感情世界，体验幸福生活，从而学会感恩，珍惜身边一切来之不易的幸福生活。同时也让家长为孩子的成长与进步感到欣慰与骄傲。

第二节　活动方案

元宵节

2018 年元宵节活动方案流程

一、活动介绍

元宵节是我国重要的传统节日，又称上元节、灯节。民间正月十五闹元宵已有悠久的历史，人们多以吃元宵、观灯会、猜灯谜、舞龙等活动庆祝节日。

它伴随人们迎来春天，是把节日习俗体现得最为彻底和典型的传统节日。在这个主题及区域游戏活动中，通过调查、参观、学习和表演等不同形式的活动，幼儿不仅能发展语言表达、社会交往、动手操作、分享合作等能力，积累和提升知识经验，更能了解元宵节的传统文化和民俗，获得愉快的体验，激发民族自豪感。

1. 农历正月十五是元宵节，元宵象征着团圆，它有不同的种类和味道。
2. 元宵节有许多传说、故事、儿歌。
3. 元宵节有吃元宵、玩花灯、猜灯谜、划旱船等丰富的风俗习惯。
4. 元宵节有各种各样的花灯，给人们带来了喜气和欢乐。

二、活动目的

1. 了解元宵节的文化及传统习俗。
2. 让幼儿发挥自己的想象力和创造力，利用多种形式表达自己的认识、感受。
3. 通过元宵节开展的系列活动促进幼儿的社会性发展。

（一）小班主要目标

（1）知道元宵节是团圆的节日，初步了解元宵节人们的活动和特别的食品——元宵；

（2）愉快地参与元宵节的各种活动，感受节日的快乐气氛。

（二）中班主要目标

（1）知道农历正月十五是我国的传统节日——元宵节，了解元宵节的来历及习俗（玩花灯、赏花灯、吃元宵、舞龙舞狮等）；

（2）感受与家长、老师、小朋友一起玩花灯、猜灯谜、吃元宵的快乐。

（三）大班主要目标

（1）尝试通过多种途径获得元宵节的相关经验，进一步了解元宵节的来历和风俗习惯；

（2）积极参与元宵节的筹备和庆祝活动，在和老师、同伴一起过节的过程中发展其社会性，进一步感受团圆的意义。

三、活动主题

迎元宵佳节，承传统文化。

四、活动实施概况

组织形式：各班级集中开展活动（上午9:00，下午14:30）。

活动时间：20××年3月2日。

五、活动剪影

中三班元宵节活动方案

一、活动由来

正月十五元宵节，是我国民间重要的传统节日之一。元宵节这一天，我园开展了全园性元宵节主题活动，让孩子们在欢乐的节日气氛中了解中国的传统文化，体验做做玩玩的快乐；并充分利用家长资源、社区资源，让家长参与进来，制作灯谜，和社区的人们猜灯谜，与社区的人们一同分享快乐，共同感受节日的欢快气氛。

为了营造节日气氛，我班决定开展元宵节制作灯笼的亲子活动，在活动中，增进幼儿与家长间的感情，培养幼儿在生活中发现问题、解决问题的能力，促进幼儿社会性的发展。

二、活动流程

1. 师幼共唱《卖汤圆》，烘托节日的气氛，欢迎家长的到来。
2. 进行集体教育活动，讲解三种灯笼的制作方法。
3. 分组制作不同的灯笼，家长组内助教。
4. 活动结束，回收灯笼，为下午猜灯谜活动做准备。

附：邀请函

邀请函

各位家长朋友：

　　大家好！

　　明天就是我国传统的元宵节了，也是我们农历新年最后一个活动了，过完元宵节后，我们的年就真正过完了。为了让孩子们过一个有意义的节日，我班定于明天上午 9:00 开展元宵节制作灯笼的活动，需要 6 位家长参与此次活动（家长要辅助指导孩子制作），请家长自愿报名。

　　感谢您的支持！

良乡第二幼儿园
中三班

活动名称：漂亮的灯笼（艺术）

一、活动目标

1. 尝试用剪、贴、折的方法制作小灯笼。
2. 享受活动的乐趣，感受元宵节的节日气氛。
3. 能主动将用完的工具、材料放回原处，养成良好收拾整理的习惯。

二、活动准备

1. 经验准备：幼儿已有关于元宵节的一些简单经验。
2. 物质准备：教师自制的小灯笼、教师自制灯笼的步骤图；红色蜡光纸、剪刀、笔、彩线、胶水、抹布等。

三、活动过程

1. 了解元宵节的来历和习俗。

（1）小朋友，你们知道今天是什么节日吗？

（2）谁来说一说，元宵节是怎么来的？

2. 分享往年自己在家里过元宵节的情况。

3. 制作灯笼。

有小朋友说元宵节这天会去赏花灯，也有小朋友在家和爸爸妈妈一起制作漂亮的花灯，那么，今天我们就一起来制作一盏漂亮的小花灯来庆祝元宵节吧！

（1）欣赏教师自制的小花灯。

元宵节到了，我们看到了许多美丽的花灯。今天，老师自己也做了一盏小花灯，它是什么样子的？是用什么做的呢？

（2）观察操作材料和步骤图，了解制作灯笼的方法。

（3）尝试用剪、贴、折的方法来制作小灯笼。

（4）听音乐，自由结伴游戏，有表情地表演，感受与同伴结伴表演的快乐。

四、拓展与延伸

户外活动时欣赏灯笼，与大班小朋友一起猜灯谜。

五、活动剪影

六、家长感受

元宵节制作活动感受

××妈妈

3月2日那天，我受邀参加了幼儿园中三班开展的制作灯笼活动。作为家长，总是很希望能多了解孩子在幼儿园的生活及学习，而通过孩子所知道的总是嫌少，所以非常感谢幼儿园的老师们为家长和孩子组织这样的制作活动，使家长更了解孩子在幼儿园的生活，更让家长和孩子有这机会来增进彼此之间的情感交流。

在活动中，看着孩子们上课时专注的眼神、灵巧的双手，我心里无比欣喜，我知道这其中渗透了老师大量的心血和汗水。在听完老师讲解的制作方法后，我和另外五名家长分成了三组，指导不同的幼儿制作，那一刻，我仿佛回到了童年时代。在制作过程中，我突然发现看似简单的灯笼制作起来却变难了，手开始不听使唤，剪出来的样子并不是自己想要的，那一瞬间，突然理解了孩子们在做手工时的困难。虽然我们制作的灯笼不是很好，但是通过这次活动，我们发现孩子们的想象力真的有很大进步，而且动手能力也强了。

这次活动很成功，我也有很多感触。感谢老师们的细心与爱心，不只是孩子们开心，我们也在这次活动中重温了童年！女儿在一点点地长大，但做起事来还不够大方，手脚也太慢，也不够专心，这些都需要慢慢地培养。同时，这次活动也让家长与家长之间有了更深的接触与了解，成了朋友，也有了更好的交流！

元宵节活动感受

×××妈妈

这次活动让我意识到，我们整天都在忙自己的事，真的没有拿出过多少时间来和孩子快快乐乐地做游戏，和孩子交流，倾听孩子的想法。很多家长都望子成龙、望女成凤，总希望自己的孩子是最优秀的，给孩子施加了过多的压力，束缚了孩子的自由，让孩子缤纷快乐的童年黯淡了色彩。究其原因，就是家长们欲望太多，和孩子交流沟通得太少，对幼儿教育了解得太少。所以，真诚希望幼儿园多多组织这样的活动，让家长和孩子一起制作手工作品、一起快乐，这也创造了家长和老师沟通交流的一个机会。这不仅是一个愉快难忘的日子，更是一个让学校、老师、家长和孩子全方位互动与交流的盛会！在此，感谢幼儿园老师对我们孩子的关心和教育，相信在你们的细心教育和悉心呵护下，我女儿以及她的同伴们一定能健康、自由、茁壮地成长。

最后，再次衷心感谢老师对孩子的培养和教育！

七、活动小结

《纲要》中一直强调要尊重孩子的直接经验、直接交流，这也是我们尊重孩子的一个表现——尊重孩子的需要。我国是一个文明古国，传统节日是对幼儿进行教育的一个很重要的内容。本次活动，我们选择的活动内容贴近幼儿的实际生活，我们通过幼儿与家长自制灯笼、与园内小朋友们共猜灯谜等形式进行，充分让幼儿感受到了元宵节特有的意义，增进了家园情、亲子情。

活动名称：开开心心包汤圆（助教）

一、助教家长

家长六名。

二、活动内容

幼儿观察××妈妈和面的过程，学习包汤圆的方法，家长和协助的老师组织和指导幼儿如何捏片、如何加豆沙馅、如何包紧汤圆（不露馅儿），等等。

三、活动过程

1. 8:50—9:00，幼儿观看××妈妈是怎样和面的。同时提出一些问题，如面里为什么要加水？水为什么要一点点加入面里？

2. 9:00—9:20，幼儿分组洗手，同时，××妈妈教给其他五位家长包汤圆的方法，家长尝试包汤圆。

3. 9:20—10:40，幼儿分五组围桌站好，每桌由一名家长指导本桌幼儿包汤圆，××妈妈到五桌灵活进行指导。主班老师在组织幼儿的同时应有一些指导，中间过程组织幼儿分组小便、喝水等。另外两名老师由一名专门负责照相，一名随机对幼儿进行组织和指导。

4. 10:40—11:10，主班老师带领幼儿做活动小结，讨论在包汤圆的过程中出现了哪些问题、解决办法有哪些。其他两名老师带领家长对剩余的面、馅儿及桌椅进行收拾整理。

5. 11:10—11:20，引导幼儿对家长的参与和指导表示真心的感谢并欢送家长。

6. 11:20—11:50，两名教师组织幼儿准备进餐，一名教师负责煮汤圆，之后幼儿愉快地享受自己包的汤圆。

四、活动剪影

五、活动小结

此类幼儿动手制作的活动，幼儿和家长都特别愿意参与，活动前，负责教授包汤圆的家长能够认真准备活动计划，讲解方法非常具体详细，演示得清楚明白，孩子们参与活动的积极性高，在活动中都能按老师的要求及家长的指导包汤圆。通过包汤圆的活动，孩子们不仅学会了豆馅的制作方法，还知道了包汤圆要用糯米面、和面时要用温水等相关知识，同时学会了制作汤圆的步骤，丰富了幼儿的生活经验。通过此次活动，让家长了解了幼儿园如何组织与开展活动，也赢得了家长的信任与支持，加强了亲子间的交流和对民族传统文化的宣传。

活动一 制作元宵节贺卡（艺术）

一、活动目标

1. 知道元宵节是中国的传统节日，简单了解元宵节的由来和习俗。
2. 知道人们用互赠贺卡的形式祝贺节日，体验与分享节日的快乐，学会表达祝福。
3. 学习用剪贴、绘画的方法制作贺卡。

活动重点：学习用剪贴、绘画的方法制作贺卡。
活动难点：学习用剪贴、绘画的方法制作贺卡。

二、活动准备

1. 物质准备：PPT、各色卡纸、剪刀、水彩笔、双面胶等。
2. 幼儿准备：幼儿知道元宵节的习俗。

三、活动过程

（一）提问引发制作贺卡的兴趣

提问：今天是元宵节，人们怎样相互祝贺节日呢？

幼儿相互讨论，并回答问题。（教师引出可以用制作贺卡的方式相互送祝福）

（二）欣赏贺卡

1. 教师播放PPT，请幼儿欣赏设计各异的贺卡。
2. 讨论用贺卡给亲朋好友送去怎样的祝福？

（三）幼儿自制贺卡

1. 教师介绍材料，并提出制作贺卡时要把产生的垃圾放在收集盘中，保持卫生。
2. 幼儿自由选择材料和工具，制作、装饰，用自己喜欢的方式在贺卡上表达自己对收卡人的祝福。
3. 教师巡回观察、鼓励。

（四）欣赏自制的贺卡

将制作好的贺卡全部放在展示台展示，幼儿看一看自己的贺卡和别人的有什么不同，看看自己最喜欢哪张贺卡。

四、拓展与延伸

幼儿制作贺卡，互赠贺卡，还可送给爸爸、妈妈、爷爷、奶奶和其他班里的朋友等，并说说祝福的话。

活动二 元宵节的来历（语言）

一、活动目标

1. 通过观看视频，了解元宵节的来历、习俗以及寓意。

2. 能够动手给图片排序并根据图片内容完整讲述元宵节的来历以及寓意。
3. 感受元宵节的氛围，并向家人送去自己的祝福。

活动重点：能够动手给图片排序。

活动难点：能够根据图片内容完整讲述元宵节的来历以及寓意。

二、活动准备

1. 物质准备：元宵节视频。
2. 幼儿准备：幼儿和父母一起搜集有关元宵节来历的小故事，丰富幼儿对元宵节的知识。

三、活动过程

（一）出示图片，引入活动

1. 出示庆祝元宵节的图片，让幼儿猜一猜图片中的人们在过什么节日。

你们知道元宵节的来历吗？元宵节的历史悠久，人们从古至今，一代代地传承下来，用同样的方式来庆祝这个节日，到了现在，过元宵节意味着什么呢？

2. 观看视频展现的元宵节的来历，请幼儿总结。

（二）观看视频，为图片排序

1. 我们在元宵节都要做什么？
2. 老师有一些元宵节图片，谁能根据刚才看到的顺序，把图片顺序排好。
3. 谁能通过展示的图片给我们说一说元宵节的来历。
4. 玩猜灯谜游戏，教师随意选择花灯，引导幼儿来猜，并派送小礼品。

（三）送祝福

为大家送祝福，回家也为家人送上自己的祝福。

四、拓展与延伸

1. 请幼儿将学会的谜语说给爸爸妈妈听，让他们来猜谜底。
2. 在日常生活中和家长、老师、同伴玩猜谜语的游戏。

端午节

"热热闹闹迎端午，粽香悠悠情满园"端午节活动方案

一、活动背景

端午节是我们中华民族的传统节日，它有着独特的风俗，如吃粽子、赛龙舟、画彩蛋、挂香包、插艾草、系五彩绳等庆祝活动，这些活动都适合幼儿来开展，既能锻炼和发展幼儿的动手能力，又能让幼儿更好地了解端午节，感受端午节丰富的文化内涵，激发幼儿的爱国主义情感。

二、活动目的

1. 知道端午节是中华民族的传统节日，了解端午节的风俗和来历。
2. 喜欢参加端午节的庆祝活动，体验节日的快乐。
3. 感受端午节丰富的文化内涵，激发幼儿的爱国主义情感。

三、活动主题

热热闹闹迎端午，粽香悠悠情满园。

四、活动内容

（一）小班组：我们一起过端午

小班围绕《纲要》《指南》中的五大领域目标，以班为单位，开展关于端午节的集体教育活动。

（二）中大班组：我的端午我做主

中大班幼儿在二楼多功能厅以班为单位参与体验端午节的风俗，每项具体活动的负责人如下：

1. 制作龙舟：任效群、张小云（前院旗杆下阴凉处）。
2. 赛龙舟：李雪、王岩（影背墙）。
3. 画彩蛋：王继松（长廊东侧）。
4. 做香包：刘婷婷（沙池前）。
5. 系五彩绳：李赛（长廊中段）。
6. 做彩粽：胡婷钰（长廊南侧）。
7. 二楼多功能厅庆祝活动：徐洋。

五、活动时间

20××年6月15日 8:40—10:00。

六、具体安排

1. 上午8:40小班到二楼多功能厅看演出，9:20演出结束，9:30小班幼儿到室外参与迎端午民俗活动。
2. 中大班8:40到室外参与迎端午民俗活动，9:20活动结束，9:30中大班幼儿到二楼多功能厅看演出。

七、串词

良乡第二幼儿园庆端午主持串词

男：敬爱的老师们、亲爱的小朋友们：一年一度的端午佳节马上就要到来了！

女：划龙舟、包粽子、编彩绳、画彩蛋，我们在各种丰富多彩的民俗活动中感受节日的欢乐！

男：中班大班的小朋友们更是掩饰不住内心的喜悦，为我们准备了一个又一个精彩节目！

女：听你这么一说，我都迫不及待地想看一看了。请欣赏舞蹈《欢天喜地》，表演者：大二班、大四班小朋友。

女：××，你喜欢吃咖喱吗？

男：当然喜欢了，那可是我的最爱！

女：那可真是太巧了，中二班的小朋友一定会让你一饱耳福。请欣赏舞蹈《咖喱咖喱》（舞蹈名男女合说）。

男：×××，前天下雨了，你知道吗？

女：当然知道呀，雨水落在地上的声音滴答滴答可好听了。

男：中一班的小朋友也会下雨。请欣赏打击乐《大雨小雨》（乐曲名男女合说）。

女：小朋友们，你见过彩虹吗？有一匹小白马就见到过。请欣赏《阳光彩虹小白马》，表演者：中四班小朋友。

男：多么欢快的小白马呀！也不知道小白马如果到了我们的沙池里是什么样！请欣赏中三班小朋友带来的《小小一粒沙》。

女：（在台上表演《海草舞》的动作）小朋友们，你们能猜出我跳的是什么舞吗？对，就是《海草舞》。让我们跟着大一班、大三班的小朋友一起舞动起来吧！

男：五月五，是端阳。

女：划龙舟，挂香囊。

男：雄黄画个花脸装。

女：好吃粽子香又香。

女：欢乐的时光总是那么短暂。

男：在这美好的日子里，祝福敬爱的老师、亲爱的小朋友：

合：端午快乐！良乡第二幼儿园庆端午演出活动到此结束！

八、活动剪影

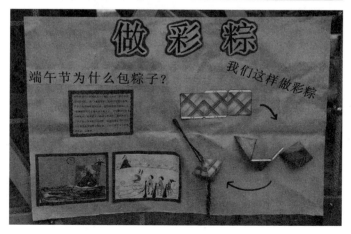

九、活动小结

在我国的传统节日端午节即将到来之际，为了让孩子们进一步了解端午节的一些风俗和来历，培养孩子们对中国传统文化的兴趣，良乡第二幼儿园（以下简称良乡二幼）党政工团齐发力，联合开展了以"热热闹闹迎端午，粽香悠悠情满园"为主题的庆端午活动，良乡二幼全体教师、幼儿参加了此次活动。

活动主要内容：小班围绕《纲要》《指南》中的五大领域目标，以班为单位，开展了关于端午节吃粽子、画粽子、讲端午节故事、学端午节儿歌等集体教育活动；中大班开展"我的端午我做主"的活动，其中包括做彩粽、画彩蛋、制作龙舟、系五彩绳、赛龙舟等内容，体验端午节的风俗。小班幼儿通过听说端午节故事、学端午节儿歌等活动，进一步锻炼了语言表达能力，锻炼了胆量，增强了自信心。中大班幼儿通过动手制作，感受了中国传统文化的魅力，知道了农历五月初五是一家人团聚的日子，有吃五黄、染红蛋、佩香包、赛龙舟、品粽子的习俗。

本次活动增进了幼儿对中国传统节日——端午节相关内容的了解，使师幼一起感受了过节的快乐氛围，使幼儿增强了文化自信及民族自信自豪感，有利于促进幼儿身心健康发展，提升综合素质。

活动一 端午节的故事（语言）

一、活动目标

1. 知道端午节是我国的传统节日，简单了解端午节的风俗和来历。
2. 喜欢听儿歌，并愿意跟读儿歌《五月五过端午》。
3. 愿意和老师、小朋友一起参与活动，共享节日的快乐。

活动重点：知道端午节是我国的传统节日，了解端午节的风俗和来历。

活动难点：学习儿歌《五月五过端午》。

二、活动准备

1. 物质准备：粽子、彩蛋、香包、五彩绳、《屈原的故事》、人们过端午节的视频，艾草图片、菖蒲图片，提前把教室布置成过端午节的场景。

2. 幼儿准备：幼儿对端午节有初步的了解。

三、活动过程

（一）谈话引入，引出端午节

1. 提问：小朋友们，你们觉得今天咱们班里与平时有什么不一样吗？观察菖蒲（图片）、艾草（图片）、五彩绳、彩蛋、粽子，说一说这些都是什么？

2. 提问：老师手上为什么戴五彩绳？这些彩色的鸡蛋是用来做什么的？为什么要吃粽子？图片的大门上为什么要插艾草、挂菖蒲？什么节日才有这样的布置？（逐一进行提问）

（二）听故事，简单了解端午节的习俗

1. 提问：小朋友们知道端午节是哪天吗？

今天老师给小朋友带来一个关于端午节的故事，我们一起听一听。

2. 教师讲述《屈原的故事》。

3. 师幼一起观看人们过端午节的视频。

小结：农历五月初五是端午节，是我国古老的传统节日，相传古代爱国诗人屈原在这一天投江自杀，后人为了纪念他，把这一天当作节日。端午节有挂菖蒲、插艾草、画彩蛋、系五彩绳、赛龙舟等习俗。

（三）学习儿歌《五月五过端午》

1. 听儿歌、学儿歌、说儿歌。

五月五过端午

五月五，过端午。
划龙舟，敲大鼓。
一、二、三、四、五，
你包粽子我跳舞。

2. 鼓励幼儿和教师一起一边说儿歌，一边学习手指谣。

（四）教师小结

今天，我们听了端午节的故事，知道了端午节的习俗，学习了关于端午节的儿歌，大家要记住，五月初五是端午节，是纪念伟大的爱国诗人屈原的日子。

四、拓展与延伸

和家长一起尝试包粽子、编五彩绳、画彩蛋，并把自己的作品带到幼儿园和小朋友一起分享。

活动二　快乐端午（社会）

一、活动目标

1. 了解端午节的来历，知道端午节是中国特有的节日。
2. 能积极和同伴交流、分享，获得更多的端午节经验。
3. 感受端午节的热闹气氛，体验游戏的乐趣。

活动重点：和同伴交流、分享，获得更多的端午节经验。

活动难点：教师组织幼儿一起参与游戏赛龙舟。

二、活动准备

1. 物质准备：赛龙舟的图片、鼓、大粽子、端午节PPT。
2. 幼儿准备：幼儿简单了解关于赛龙舟的知识。

三、活动过程

（一）故事引入，导入本次的端午节活动

1. 故事：有一位花婆婆，他有四个孩子，虽然这四个孩子都在很远的地方工作，但都很孝顺，每到过节都会轮流回家来看望花婆婆。忽然有一天，花婆婆的四个孩子都回来了。花婆婆说："今天什么节日啊？"孩子们说："打开礼物你就知道啦。"

2. 教师出示端午节PPT，观看第一个礼物盒——艾草。请幼儿观察，提问：今天是什么节日？

（二）了解端午节的习俗

1. 端午节是每年的农历五月初五，在这一天，人们会用这些特别的方法来庆祝，纪念伟大的诗人屈原。

2. 提问：你们过端午节都干些什么？（介绍端午节的习俗）

（三）龙舟大赛

1. 播放端午节PPT，引导幼儿观看赛龙舟视频。
2. 组织幼儿一起参与游戏赛龙舟。

（四）结束部分

端午节有很多的习俗，除了赛龙舟，还有哪些习俗？请小朋友回家和爸爸妈妈一起搜集关于端午节的习俗。

四、拓展与延伸

和家长一起搜集端午节的习俗，并把搜集来的知识以美工的形式展现出来，带回班里和同伴分享。

中秋节

良乡二幼"吟诗诵词,中秋诗会"活动方案

一、活动目的

中华民族优秀的传统文化源远流长,中华经典诗词歌赋堪称世界文化遗产中的精粹。为了大力弘扬中华民族优秀传统文化,积极培育践行社会主义核心价值观,进一步增强幼儿、教师的民族自信心和自豪感,在中秋节即将来临之际,良乡二幼组织开展以"吟诗诵词,中秋诗会"为主题的经典诵读活动,旨在让幼儿了解传统节日——中秋节的风俗习惯,培养孩子们的爱国意识,增强民族自信,让大家感受一起过节的快乐氛围。

二、活动主题

吟诗诵词,中秋诗会。

三、活动时间

2018年9月21日(周五)上午8:40—11:00。

四、活动地点

一楼多功能厅。

五、活动对象

良乡二幼全体教师、幼儿。

六、活动安排

第一阶段:9月5—10日　发放倡议书,鼓励家长与幼儿配合搜集与中秋节相关的诗词歌赋或经典故事。

第二阶段:9月11—14日　以班级为单位对搜集到的内容进行筛选,并请家长配合辅导幼儿在家中诵读练习。

第三阶段:9月15—20日　以班级为单位,集中进行诵读分组排练。

第四阶段:9月21日　全园举行"吟诗诵词,中秋诗会"汇报演出。

第四阶段流程如下:

(1)9:00—9:10,主持人宣布"吟诗诵词,中秋诗会"汇报演出开始。

(2)9:10—9:20,园长讲话。

(3)9:20—10:20,"吟诗诵词,中秋诗会"汇报演出。

(4)10:20—10:30,活动小结,各班带回。

七、展示形式

诵读(个人、小组)、传唱歌曲、加入律动诵读等(可请家长参与组织、排

练或诵读）。

八、诵读要求

1. 普通话标准，咬字清晰，声音响亮。
2. 自然大方不怯场，有一定的表现力。
3. 教师提前准备好服装、音乐等。

九、节目单

1. 中三班：《中秋月》（苏轼）《中秋对月》《望月怀远》。
2. 大一班：《水调歌头》（唱、诵）。
3. 中二班：唐诗联唱。
4. 教师舞蹈：《花好月圆》。
5. 中一班：《关山月》《中秋月》（李峤）《中秋登楼望月》。
6. 大二班：《月下独酌》《一剪梅·中秋无月》。
7. 教师独唱：《望月》。
8. 中四班：《中秋月》（李峤）《中秋登楼望月》。
9. 大三班：《我的思念是圆的》《把酒问月》《八月十五日夜湓亭望月》。
10. 教师古诗诵读：《中秋赋》。

十、节目串词

男：尊敬的各位领导，

女：亲爱的老师、小朋友们，大家

合：上午好！

男：古人说："明月千里寄相思。"每到中秋佳节，人们都会对着如玉如银的朗朗明月，借诗词歌赋和圆圆的月饼来表达对亲人、故乡的思念之情，寄托祈盼幸福和团圆的心愿。

女：中秋节是我国的传统节日，也是阖家团聚的喜庆时刻，而且咱们园的特色就是民俗传统文化，所以在中秋节来临之际，我们举办了"吟诗诵词，中秋诗会"活动。希望通过这次活动，能帮助小朋友们了解中秋节的文化，让大家感受一起过节的快乐。

男：首先，让我们以热烈的掌声欢迎我们敬爱的园长为咱们的中秋诗会致辞。

男：感谢园长的致辞，相信在园长的带领下，我们良乡二幼会越来越好。

合：下面我们宣布：良乡二幼"吟诗诵词，中秋诗会"现在开始。

1. 中三班：《中秋月》《中秋对月》《望月怀远》。

女："海上生明月，天涯共此时。"在这个庆祝团聚的日子里，中三班来了很多从古代穿越而来的小诗人们，让我们一起听一听他们带来的好听的古诗。

2. 大一班：《水调歌头》（唱、诵）。

男："但愿人长久、千里共婵娟。"这既是美好的愿望，也是美好的祝福，其实这首词来源于一位大文豪之手，他就是苏轼。现在让我们通过大一班小朋友为我们带来的《水调歌头》来感受苏轼乐观豁达的胸襟吧。

3. 中二班：唐诗联唱。

女：大一班小朋友又说又唱，表演得真不错，中二班的小朋友都等不及了，也跃跃欲试，想赶快为大家表演，下面请欣赏中二班表演的唐诗联唱。

4. 教师舞蹈《花好月圆》。

男：天上一轮明月，地上小桥流水，婀娜的女子撑着一把水蓝色的油纸伞，构成了一幅迷人的景色，请欣赏老师们带来的诗一样的舞蹈《花好月圆》。

5. 中一班：《关山月》《中秋夜》《中秋登楼望月》。

女：月亮含蓄、皎洁、温柔，是纯洁、美好、团圆的象征，于是中秋赏月便成了古人雅俗共赏的一件快事。人们或登于山，或泛于水，又必备美酒佳肴，文人赋诗，以月寄情，下面请中一班小朋友来为我们表演古诗朗诵。

6. 大二班：《月下独酌》《一剪梅·中秋无月》。

男：小朋友们知道唐代诗人李白的"花间一壶酒、对影成三人"这句诗吗？古人的心境我们已经无法去亲自体验了，那我们就一起来欣赏一下大二班小朋友带来的《月下独酌》《一剪梅·中秋无月》吧，相信大家会有一种别样的感觉。

7. 教师独唱《望月》。

女：秋空明月悬，此刻月圆满。离开家乡的人，无论走多远，都难忘故乡的那一轮明月，无论在何方，都会怀念故乡的亲人，请欣赏歌曲《望月》。

8. 中四班：《中秋月》《中秋登楼望月》。

男：王老师给我们唱的歌好不好听呀？老师们觉得我们小朋友的表演也是非常出色的，下面请欣赏中四班小朋友给大家带来的古诗朗诵。

9. 大三班：《我的思念是圆的》《把酒问月》《八月十五夜湓亭望月》。

女：八月中秋的月亮是最亮最圆的，那么我们的思念是什么样子的呢？请欣赏大三班小朋友为我们带来的诗歌《我的思念是圆的》。

10. 教师古诗诵读：《中秋赋》。

男：每一个传统节日都有深厚的文化积淀，在今天的中秋诗会上，除了朗诵和演唱有关月亮的诗词和歌曲外，我们还将讲解有关中秋节的知识和传说，让小朋友对中秋节这一传统节日有更为深入的认识。

女：据史籍记载，古代帝王祭月的日期为农历八月十五，恰逢三秋之半，故名中秋节；又因为这个节日在秋季八月，改又称秋节、八月节；这一天又有祈求团圆的愿望和相关的习俗活动，故亦称团圆节、女儿节。在人们心目中，中秋节是仅次于春节的第二大传统节日。古往今来，有很多歌颂中秋节的作品，下面请欣赏由老师们为我们带来的诗歌朗诵《中秋赋》。

结束语：

男："每逢佳节倍思亲"，中秋时的这一份思念当然会更深切！

女："但愿人长久，千里共婵娟。"中秋人们总是寄托最好的祝福！

男："海上生明月，天涯共此时。"月亮是小朋友之间相亲相爱、珍惜友谊的最好证明！

女：欢乐的时光总是短暂的，我们的中秋诗会就要结束了！希望这样的团聚能够带给大家一种家的感觉！

合：最后祝老师们、小朋友们中秋快乐、阖家幸福！

十一、活动剪影

十二、小结

中华民族优秀的传统文化源远流长,中华经典诗词歌赋堪称世界文化遗产中的精粹。为了大力弘扬中华民族优秀传统文化,积极培育践行社会主义核心价值观,落实立德树人的根本任务,进一步增强幼儿、教师的民族自信心和自豪感,2018年9月21日上午,良乡二幼党政工团齐发力,在一楼多功能厅联合开展了以"吟诗诵词,中秋诗会"为主题的迎中秋活动,良乡二幼全体教师、幼儿参加了此次活动。

本次活动主要包括班级自主活动及全园"吟诗诵词,中秋诗会"汇报演出两部分内容。借助班级吃月饼、做月饼、画月饼、讲月饼的故事等内容,让幼儿对中秋节的由来、习俗等有了更深的认识;借助全园幼儿的古诗联诵、连唱及教师的舞蹈、歌唱、朗诵等内容,给幼儿、教师搭建了一个展示自我的平台,同时,进一步锻炼了幼儿的语言表达能力、胆量,增强了幼儿的自信心。

通过本次活动，幼儿了解了传统节日——中秋节的相关内容，增强了文化自信及民族自信、自豪感，这有利于促进幼儿身心健康发展。

附件1：

良乡第二幼儿园"吟诗诵词，中秋诗会"活动倡议书

尊敬的家长朋友们：

大家好！

中秋节是我国的传统节日，是孩子们了解我国传统文化、观赏月亮、品尝月饼、学习分享的大好时机，同时中秋节又是孩子们所熟悉的、感兴趣的，具有丰富教育价值的传统节日。"举杯邀明月，对影成三人。""海上生明月，天涯共此时。"古代诗人留下了许多关于中秋寄语、寄情的诗词歌赋，读起来朗朗上口，经久传颂。幼儿期是孩子语言发展的关键期，《纲要》语言领域也强调"发展幼儿语言的关键，是创设一个能使他们想说、敢说、喜欢说、有机会说的环境"。吟诗诵词能进一步锻炼幼儿的语言表达能力，有利于健全和发展幼儿的综合素质，锻炼幼儿的胆量，增强幼儿的自信心。

一年一度的中秋佳节即将来临，为了给幼儿提供一个展现自我的舞台，使幼儿度过一个有意义的节日，良乡二幼特开展"吟诗诵词，中秋诗会"主题活动，旨在弘扬中华民族优秀的传统文化，增强文化自信及民族自信。为了此次活动的顺利开展，希望您配合我园做好以下工作：

1. 帮助幼儿了解中秋节的由来、习俗及其他相关内容。
2. 在9月10日前，帮忙收集适宜幼儿朗诵的中华古诗词。
3. 教师对搜集的古诗词进行筛选后，请您与幼儿一起在家中举行"亲子诗词诵读"活动，为幼儿参加"吟诗诵词，中秋诗会"汇报演出活动做好准备。

良乡第二幼儿园
20××年×月×日

附件2：

古诗词精选

【中三班】

中秋月

［宋］ 苏轼
暮云收尽溢清寒，
银汉无声转玉盘。
此生此夜不长好，

明月明年何处看。

中秋对月

　　［唐］　曹松
无云世界秋三五,
共看蟾盘上海涯。
直到天头天尽处,
不曾私照一人家。

望月怀远

　　［唐］　张九龄
海上生明月,天涯共此时。
情人怨遥夜,竟夕起相思。
灭烛怜光满,披衣觉露滋。
不堪盈手赠,还寝梦佳期。

【中一班】

关山月

　　［唐］　李白
明月出天山,苍茫云海间。
长风几万里,吹度玉门关。
汉下白登道,胡窥青海湾。
由来征战地,不见有人还。
戍客望边邑,思归多苦颜。
高楼当此夜,叹息未应闲。

中秋月

　　［唐］　李峤
圆魄上寒空,
皆言四海同。
安知千里外,
不有雨兼风?

中秋登楼望月

　　［宋］　米芾
目穷淮海满如银,

万道虹光育蚌珍。
天上若无修月户,
桂枝撑损向西轮。

【中二班】

月下独酌

［唐］ 李白
花间一壶酒,独酌无相亲。
举杯邀明月,对影成三人。

静夜思

［唐］ 李白
床前明月光,疑是地上霜。
举头望明月,低头思故乡。

古朗月行

［唐］ 李白
小时不识月,呼作白玉盘。
又疑瑶台镜,飞在青云端。
仙人垂两足,桂树何团团。
白兔捣药成,问言与谁餐。

【中四班】

中秋月

［唐］ 李峤
圆魄上寒空,
皆言四海同。
安知千里外,
不有雨兼风?

中秋登楼望月

［宋］ 米芾
目穷淮海满如银,
万道虹光育蚌珍。
天上若无修月户,

桂枝撑损向西轮。

【大一班】

水调歌头

［宋］ 苏轼

明月几时有？把酒问青天。
不知天上宫阙，今夕是何年。
我欲乘风归去，又恐琼楼玉宇，
高处不胜寒。起舞弄清影，何似在人间？
转朱阁，低绮户，照无眠。
不应有恨，何事长向别时圆？
人有悲欢离合，月有阴晴圆缺，此事古难全。
但愿人长久，千里共婵娟。

【大二班】

月下独酌

［唐］ 李白

花间一壶酒，独酌无相亲。
举杯邀明月，对影成三人。
月既不解饮，影徒随我身。
暂伴月将影，行乐须及春。
我歌月徘徊，我舞影零乱。
醒时同交欢，醉后各分散。
永结无情游，相期邈云汉。

一剪梅·中秋无月

［宋］辛弃疾

忆对中秋丹桂丛，花也杯中，月也杯中。
今宵楼上一尊同，云湿纱窗，雨湿纱窗。
浑欲乘风问化工，路也难通，信也难通。
满堂唯有烛花红，歌且从容，杯且从容。

【大三班】

我的思念是圆的

艾 青

我的思念是圆的，八月中秋的月亮，也是最亮最圆的。
无论山多高，海多宽，天涯海角都能看见它。
在这样的夜晚，会想起什么？
我的思念是圆的，西瓜，苹果都是圆的；
团聚的人家是欢乐的，骨肉被分割是痛苦的；
思念亲人的人，望着空中的明月，谁能把月饼咽下？

把酒问月

［唐］ 李白

青天有月来几时，我今停杯一问之：
人攀明月不可得，月行却与人相随？
皎如飞镜临丹阙，绿烟灭尽清辉发？
但见宵从海上来，宁知晓向云间没？
白兔捣药秋复春，嫦娥孤栖与谁邻？
今人不见古时月，今月曾经照古人。
古人今人若流水，共看明月皆如此。
唯愿当歌对酒时，月光长照金樽里。

八月十五日夜湓亭望月

［唐］ 白居易

昔年八月十五夜，曲江池畔杏园边。
今年八月十五夜，湓浦沙头水馆前。
西北望乡何处是，东南见月几回圆。
昨风一吹无人会，今夜清光似往年。

【教师古诗诵读】

中秋赋（节选）

故乡月色，今夜最难描摹。五千年一轮满月，九万里四方山河。放天灯，舞火龙，踩高跷，撒豆沫，拜中秋沧海明月，祭银汉长虹卧波。乡情酿酒醉故人，说不尽销魂往事，岁月蹉跎。从来是丹桂飘香，离散游子，悄然动情把乡恋揉破。

陶渊明喻月曦皇上人，李太白邀月对影长歌，苏东坡赏月把酒问天，曹雪芹吟月红楼独坐。月到中秋，乡音或听江南语。情重团圆，故土还邀塞北客。且喜玲珑秋月，给神州一杯醒酒。炎黄儿女，盼天下万代祥和。渔舟宜唱晚，一泓秋水生白露；玉人教吹箫，三秋桂子花雨落。携手南北东西，挽臂海内海外，中秋夜，共人间悠悠唱和。

活动一 制作月饼（综合）

一、活动目标

1. 愿意表达自己的各种感受和想法，喜欢提问，积极回答问题。
2. 掌握制作月饼的方法，大胆尝试动手做月饼。
3. 感受中秋节的欢乐气氛，体验自己的劳动成果。

活动重点：掌握制作月饼的方法。

活动难点：制作月饼时不露馅儿。

二、活动准备

1. 物质准备：各种形状的月饼卡片；实物月饼、做月饼用的面团、馅泥等材料；歌曲《爷爷为我打月饼》。
2. 幼儿准备：幼儿知道中秋节是寄托情思、祈盼幸福和团圆的节日，吃过月饼。

三、活动过程

（一）歌曲引入

播放歌曲《爷爷为我打月饼》，激发幼儿参与活动的兴趣。

1. 在《爷爷为我打月饼》的背景音乐下，教师和幼儿自由地欣赏、演唱歌曲。
2. 提问：农历八月十五是什么节日？你们吃过月饼吗？你吃的月饼是什么形状的？什么味道的？里面都有些什么？
3. 出示不同造型的月饼让幼儿观察。

提问：你想做一个什么样的月饼？做完月饼你最想送给谁？

（二）学习制作月饼的方法并动手制作月饼

1. 家长讲解、示范制作月饼的方法。

（1）先将面揉好，用手团、压，然后包馅，一手托皮，一手沿皮的边缘包上、捏紧。

（2）将包好的面团放入模型，摁一下，然后磕出来。

（3）将做好的月饼胚子放入烤箱烤制。

2. 教师、家长分组指导幼儿，教幼儿团、压、捏、刻、印等技能，引导幼儿做出各种各样的不同形状、不同花纹的月饼来。

3. 教师、幼儿、家长边唱打月饼的歌曲，边把自己制作的月饼放入烤箱，等待月饼烤熟。

（三）分享环节

把香香的月饼送给我们最爱的人。

1. 提问：你想把自己做的香香的月饼送给谁？

2. 和自己最喜欢的人分享月饼，体验节日的欢乐气氛。

四、拓展与延伸

把自己做的月饼带回家中，和家人分享，和爸爸妈妈一起搜集更多关于中秋节的知识。

活动二　月饼真好吃（语言）

一、活动目标

1. 愿意用语言与别人交往，知道赏月、吃月饼是中秋节的主要活动。

2. 了解月饼的种类和口味，能够简单地说一说自己吃月饼的感受。

3. 乐意与老师、同伴一起参与活动，体验节日的快乐。

活动重点：说出月饼的形状。

活动难点：和同伴一起说一说吃月饼的感受。

二、活动准备

1. 物质准备：收集不同形状、不同口味的月饼，分月饼用的刀一把，盘子、一次性手套若干。

2. 幼儿准备：幼儿知道中秋节有吃月饼、赏月亮的习俗。

三、活动过程

（一）故事引入，简单了解中秋节

1. 教师讲述关于中秋节的故事，让孩子们知道中秋节又叫团圆节。

2. 了解人们在中秋节的活动，中秋节的习俗是吃月饼、赏月亮。

（二）认识月饼

1. 请幼儿自由观察盘子里的月饼，并愿意同老师进行交流。

提问：盘子里的这些是什么？它们是什么样子的？闻起来是什么味道？

2. 观察月饼的馅儿，知道月饼有各种各样的。

提问：盘子里的月饼是什么形状的？每一个月饼上的花纹是什么样的？你们有没有吃过这些口味的月饼？猜一猜它们是什么味道的？

（三）品尝月饼，体验和同伴分享的快乐

1. 提醒幼儿洗手、戴手套。

2. 教师把月饼切成小块分给孩子们吃，每个孩子都尝尝不同的月饼口味。

3. 吃完月饼，小朋友之间相互说一说自己吃月饼的感受。

提问：你吃的月饼是什么口味的？

四、拓展与延伸

1. 和爸爸妈妈一起观察中秋节的月亮，知道中秋节的月亮是圆圆的、亮亮的，体验中秋节一家人在一起的快乐。

2. 和孩子一起吃月饼，感受和家人分享的快乐！

第二章 传统工艺

  民间艺术的种类丰富，如皮影、剪纸、泥塑、舞龙、舞狮等，它们各自具有不同的特点与教育价值。我园充分挖掘各种民间艺术的价值点，贴合幼儿的生活实际，围绕一个主题，让幼儿自主观察、探索，教师适时适度地予以支持和引导，尽可能最大限度地满足幼儿的兴趣和需要，让幼儿了解民间艺术的表现形式，增长对中国传统民间艺术的亲和力，并在一系列的活动中，感受中华传统文化作品的艺术魅力。如我园大班开展了"我们一起做戏服"的主题活动，通过穿戏服、了解戏服、做戏服、展示戏服等活动，让幼儿懂得京剧是一种传统的艺术表演形式，感受国粹京剧的艺术魅力。

第一节 主题活动

好看的年画

班级：大一班　　　　　　　　　　　教师：许海英、张婕琳、王琪

【主题设计由来】

一次美术活动课，我和孩子们欣赏了年画。小朋友们围着年画看得津津有味，明明忽然转身问我："老师，年画里的娃娃真漂亮，是怎么画的呀？"轩轩也接着说："老师，年画还有什么图案的呢？"没等我说话，甜甜指着一个图案也抢着说："这个图案是什么意思？为什么这些画儿都叫年画呢？"孩子们一下子问了这么多关于年画的问题，弄得我不知道先回答哪一个。

美术欣赏活动后，我把几幅年画放到了美工区，以后的一段时间，经常有孩子们围着年画去看、去讨论。年画这个新鲜事物，激起了孩子们的好奇心，基于孩子们的兴趣，我们开展了"好看的年画"这一主题活动，孩子们在探讨年画的同时，也激发了对传统文化的喜爱之情。

【主题设计网络图】

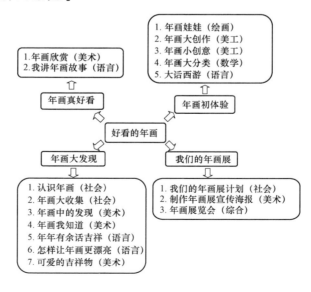

【主题活动总目标】

1. 认识年画，知道年画所表现的含义，了解中国民间习俗，感受年画所表达的喜庆吉祥的节日气氛。
2. 了解古代年画的构图及主要色调，感受中国传统年画的独特风格。
3. 能大胆运用简练、夸张的线条和色块表现出自己设计的年画。
4. 尝试自己安排活动，在协商、讨论、分工等过程中，提高相互合作的能力。
5. 能大胆地运用各种语言表达方式（各种句式、语气等）清楚、连贯地表达自己对年画的理解与感受。
6. 在观察、比较、探究以及解决问题的过程中养成细心、专心、耐心等品质。

【主题活动的区域创设】

一、美工区

区域目标：

1. 欣赏和感受年画的画面、人物、造型、构图、色彩等，感受中国传统年画的独特风格。
2. 尝试用绘制、剪纸、拓印、刮画、版画等不同方式创作出娃娃美人、故事传说等不同题材的年画。
3. 尝试制作年画书签、年画扇面、年画小书、年画小摆件等，体验创作带来的乐趣。
4. 正确使用各种工具材料，养成分类、整理、存放的好习惯。

区域墙饰：

适合幼儿年龄特点的年画展示墙，书签、自制小书等制作步骤图，幼儿年画作品展。

区域材料：

各种年画的图片（塑封好的）、可进行描红的透明塑封膜、吹塑纸、印纸、不同材质的纸、颜料、铅笔、马克笔、滚筒、板刷、细彩带、打孔器、围裙等。

重点指导：

1. 引导幼儿观察年画的构图、色彩等，感受中国传统年画的独特风格。
2. 支持、鼓励幼儿通过探索与尝试，自主选择绘制、剪纸、拓印、刮画、版画等美术手段，大胆设计和制作不同风格的年画作品。
3. 鼓励幼儿尝试运用如剪、贴、折、画等多种方法，自主选择材料制作年画书签、年画小书、年画小摆件、年画扇面等。
4. 指导幼儿养成良好的美术活动习惯，活动结束后主动分类、整理、存放各种材料。

二、表演区

区域目标：

1. 对《西游记》故事感兴趣，能积极大胆地表演自己喜欢的人物对象。
2. 积极主动地参与《西游记》的表演，在活动中获得愉快、丰富的情绪体验。
3. 在表演中，能与他人相互配合，也能独立表现。
4. 理解角色的职责，按角色的规定、要求进行各项活动。

区域墙饰：

《西游记》中故事片段的主要情节图。

区域材料：

《西游记》的有关音像资料，唐僧师徒四人的面具，唐僧的禅杖，孙悟空的金箍棒，猪八戒的钉耙，沙僧的行李挑担、月牙铲、黑胡子、假发，小妖的刀、斧等道具，以及树、花、草等景物。

重点指导：

1. 引导幼儿自主商量、分配角色、表演故事。
2. 在幼儿自主表达创作的过程中，教师不做过多干预，不把自己的意愿强加给幼儿，在幼儿需要时再给予具体的帮助。

三、图书区

区域目标：

1. 能自主选择自己需要的图书，并能专注地阅读图书。
2. 对看过的图书、图片，听过的故事，能说出自己的看法。
3. 能利用自制年画小书、年画海报和年画画册，自信、流畅地向他人介绍自己对年画的认识，提高思维概括能力和语言表达能力。
4. 乐意主动探索、动手尝试，用不同的方法修补图书，学会爱护图书，和图书交朋友。

区域墙饰：

《西游记》连环画排序墙饰、修补图书方法图。

区域材料：

幼儿自制的年画小书、幼儿收集的年画图片、《西游记》连环画，以及双面胶、透明胶、糨糊、剪刀、订书器、订书钉等工具。

重点指导：

1. 尊重和接纳幼儿的说话方式，无论幼儿表达对年画的感受水平如何，都认真地倾听并给予积极的回应。

2. 鼓励幼儿根据《西游记》画面线索讲述故事，大胆推测、想象故事情节的发展，改编部分故事情节或续编故事结尾。

3. 尊重幼儿的兴趣和独特感受，理解他们欣赏故事传说时的行为。

4. 提供丰富的可操作的材料，为幼儿运用多种感官、多种方式探索修补图书的方法提供活动的条件。

【主题生活活动】

1. 晨间谈话时与幼儿聊聊关于年画的话题。

2. 饭前安静活动时，为幼儿讲讲有关年画的小故事或说说关于年画的儿歌；请幼儿说说自己知道的关于年画的相关内容等。

3. 过渡环节时引导幼儿自由关注班级内与年画有关的环境。

【主题家园共育】

1. 请家长利用休息时间与孩子一起，搜集有关年画的书籍、图片等，和孩子一起欣赏，并给孩子讲一讲年画的内容。

2. 和孩子一起用绘画、剪纸、刮画等多种形式创作年画作品。

3. 有条件的家庭可以带孩子去买年画，过年时和孩子一起张贴年画。

【主题主要活动】

活动一 欣赏年画（美术）

一、活动目标

1. 欣赏年画鲜艳的色彩和饱满的构图。
2. 初步理解年画所表达的含义。
3. 用语言和姿态表达自己的感受，体验年画欢乐祥和的气氛和人们的美好愿望。

活动重点：用语言和姿态表达自己的感受。

活动难点：初步理解年画所表达的含义。

二、活动准备

1. 物质准备：《年年有余》挂图1幅、《喜洋洋》《金蛇狂舞》《二泉映月》的音乐磁带、录音机、五角星挂件若干。

2. 幼儿准备：活动前幼儿向家长了解他们小时候看到过的年画内容，并参观新华书店的各种挂历、年画。师生共同收集年画，将活动室布置成年画展览厅。

三、活动过程

（一）初步感知年画的特点

1. 在《喜洋洋》的背景音乐下，教师和幼儿自由地欣赏活动室里的年画展览，自由地交谈、议论。

2. 幼儿在活动室中间找个位置坐下。教师介绍：今天欣赏的这些画是过年时专门张贴的画，这种画叫年画，是我国独有的一种画，现在，在农村还有贴年画欢度春节的习惯。

3. 提问：你看了这些年画有什么感觉？

（二）欣赏年画

1. 欣赏《年年有余》的内容，理解其含义。

（1）出示《年年有余》这幅画，请幼儿仔细观察。

（2）提问：这幅画上有些什么？

幼儿自由议论再发言。

教师小结：画面上画了一个可爱的小男孩，小男孩手里抱着一条大鲤鱼，笑嘻嘻地盘腿坐在莲花座上，旁边还有大大的荷叶和结着桃子的桃树。

2. 欣赏《年年有余》的构图和色彩，感受快乐祥和的气氛。

（1）提问：这幅画主要画的是什么？画家把它画在画面的什么地方？

（2）用白纸挡住旁边的荷叶和桃树，引导幼儿体会画面的饱满感，再分别露出左边的荷叶和右边的桃树，引导幼儿体会画面的均衡感。

（3）提问：你看了这幅画有什么感觉？为什么你看了这幅画会感到心情很愉快呢？

启发幼儿从小男孩笑嘻嘻的表情及红、黄、绿鲜艳明快的色彩中体会喜庆热闹的气氛。

3. 欣赏《金蛇狂舞》和《二泉映月》二段音乐（片段）。

提问：你觉得哪一段音乐与这幅画相配？

4. 放《金蛇狂舞》的音乐，幼儿学一学画中小男孩的姿态，或让幼儿合作用自己的动作来表现这幅画。

5. 举行有奖竞猜活动，理解年画的含义。

（1）提问：为什么人们在过春节时要贴这幅有鱼的年画？贴了这幅有鱼的画，是希望家里怎样？

（教师提示幼儿欣赏鲤鱼和古钱币的组合年画，帮助幼儿理解"鱼"和"余"字是谐音，表示富裕的意思。过新年贴有鱼的年画寓意"年年有余"，反映了人们希望年年丰收，生活富裕的美好心愿）

（2）画中的莲花座又表达了人们什么样的心愿？

（提示莲蓬里有"莲子"，谐音寓意有子孙）

（3）画中的桃子又有什么意思？

（结合欣赏寿星手上托着桃子的年画，得出年画上的桃子寓意人们希望家里的人健康长寿）

（三）教师小结

今天，我们欣赏了年画，知道了年画色彩鲜艳，画面饱满，有一种欢乐祥和的气氛，表达了人们的美好愿望。

四、拓展与延伸

幼儿自己创作一幅年画。

活动二　我讲年画故事（语言）

一、活动目标

1. 欣赏年画，感受并体验年画欢乐、喜庆的气氛。
2. 大胆用语言、动作等形式表达自己对年画的理解和感受。

活动重点：大胆用语言、动作等形式表达自己对年画的理解和感受。

活动难点：大胆用语言、动作等形式表达自己对年画的理解和感受。

二、活动准备

1. 物质准备：投影、照片、娃娃头套、年画《万象更新》。
2. 幼儿准备：幼儿欣赏过年画，了解简单的年画寓意，幼儿参观过年画馆并已拍照留念。

三、活动过程

（一）通过照片回忆参观年画馆的经历

（调动幼儿原有的经验）

1. 你都看到了哪些年画？
2. 还在什么地方看到过年画？
3. 为什么叫它年画？
4. 过年时的心情是怎样的？

小结：以前人们为了表达过年时喜悦的心情，家家户户都要贴上漂亮的年画。

（二）观察年画

出示年画《万象更新》，引导幼儿观察，让幼儿对画面有一个整体认识。（播放背景音乐）

1. 画面上都有什么？
2. 你看到这幅画心里有什么感受？

（三）引导幼儿细致有序地观察

1. 画面表现的是什么季节？从哪里看出来的？
2. 画面上有几个小朋友？（此类问题留给能力差的幼儿，让他们也有成功

的体验）

3. 他们的穿着打扮和我们现在的小朋友哪里不一样？（头发、衣服、鞋子）通过比较让幼儿在无意识中发现古代人和现代人在穿着打扮上存在的区别。

4. 画面上这四个小朋友哪一样？哪不一样？

相同点：都是圆脸、笑眯眯、胖乎乎，都戴手镯等。

不同点：发型、衣服、鞋子、动作不同。

5. 具体观察每个小朋友的动作，从左至右依次观察。

（1）第一个小朋友在干什么？他好像在说什么？

（2）第二个小朋友在干什么？他好像在说什么？

6. 请幼儿尝试根据画面内容讲述故事。

7. 请大家给这幅年画起一个好听的名字。

四、拓展与延伸

引导幼儿尝试讲一讲自己喜欢的年画的故事。

活动三　年画娃娃（绘画）

一、活动目标

1. 了解年画的构图、色彩及其所要表现的含义。

2. 自由创作一幅具有某种含义或能表现自己美好祝愿的年画。

3. 体会年画的形象和色彩中呈现出的喜庆吉祥的气氛。

活动重点：了解年画的构图、色彩及其所要表现的含义。

活动难点：自由创作一幅具有某种含义或能表现自己美好祝愿的年画。

二、活动准备

1. 物质准备：营造活动室的新年气氛，如挂花灯、红灯笼、贴春联等。

2. 幼儿准备：幼儿对年画的构图、色彩有了一定的认识。

三、活动过程

（一）导入活动

用背景音乐《金蛇狂舞》导入活动。

师：过年的时候，家里会有哪些特别的装饰？

（引导幼儿说一说新年的环境装饰，如挂灯笼、贴"福"字、贴春联、贴窗花和贴年画等）

自然引入贴年画这一主题，贴年画就是过年装饰环境的一种典型方式，它代表了人们的美好愿望。

（《金蛇狂舞》的背景音乐和活动室的装饰可以烘托出春节喜庆的气氛，激发幼儿的兴趣）

（二）欣赏创作

1. 呈现图片，整体欣赏。

通过 PPT 呈现丰富的年画作品，如胖娃娃放鞭炮、贴春联、挂灯笼、胖娃娃抱鱼坐莲，三阳开泰，福禄寿三星等。

（引导幼儿从构图、色彩等角度欣赏年画）

（1）这些年画上都画了些什么？

（引导幼儿注意年画上的典型形象：春联、灯笼、鞭炮、胖娃娃、鱼、莲等）

（2）这些图画的颜色是怎样的？你有什么感觉？

（引导幼儿发现图片的主色调是大红色、大黄色、大绿色等。体会年画活泼热闹、喜庆吉祥的气氛。教师通过引导幼儿关注年画形象突出的构图和鲜明的色彩等，让幼儿初步感受年画的艺术风格）

2. 观察讨论，深入理解。

师："刚才我们看了许多年画，每一幅年画上的内容都不一样，你知道画家为什么要画上这些东西吗？他要表示什么意思？"

（引导幼儿深入观察画面，并进行讨论）

（1）胖娃娃迎春图。通过观察胖娃娃贴春联、挂灯笼和放鞭炮等行为，理解年画与过年的关系。

（2）连年有余。"莲"和"鱼"代表连年有余，意思是每年的东西用不完，就可以来年再用。

（3）如翘盼福音，胖娃娃仰望飞来的蝙蝠。"蝠"同"福"，代表有好消息传来。

3. 幼儿自由创作，教师进行指导。

4. 展示作品，自由欣赏。

（1）自我展示：你的年画上画了什么？代表什么意思？

（2）相互欣赏：你觉得谁的年画看上去更热闹喜庆？为什么？

四、拓展与延伸

在轻松愉快的氛围中，张贴年画装饰活动室，自然结束年画的绘画活动。

活动四　年画大分类（数学）

一、活动目标

1. 知道年画可以分为内容和种类两大类。
2. 学习根据年画特征来进行分类。
3. 通过操作、探索，培养发现、观察比较、归纳事物特征的逻辑思维能力。

活动重点：学会年画的分类方法，并能进行分类。

活动难点：能根据年画特征设计分类标志记录，并学会设计操作记录表。

二、活动准备

1. 物质准备：不同内容、种类的年画图片。
2. 幼儿准备：幼儿对年画上的内容有一定的认识。

三、活动过程

（一）引入活动

有一个年画画家想进行一次画展，可是她太忙了，没时间整理年画，你们愿意帮她整理一下吗？

（二）学习将物体按类摆放并设计标志记录分类

1. 了解分类方法。

（1）你们知道年画可以怎么分类吗？

（2）结合年画图片讲解分类方法。

1）按种类分：

① 门神类：新年贴在门上的年画叫门画，它是年画最早的形式。门神是门画中最早也是最主要的一个类别。

② 吉庆类：这类年画直接表达了百姓对于美好生活的向往。吉庆类年画最受百姓喜爱。

③ 风情类：这是表现民间生活的年画，是民间艺术家对现实生活的写照。多充满浓郁的生活气息。晚清以后还出现了时事、风俗和幽默年画。

④ 戏曲类：这是表现戏曲故事的年画。其形式类似于连环画、组画或者文学插图。它兴起于晚清，凡著名的戏曲故事，都可能在年画中有所反映。

⑤ 符像类：这是以神像和符为表现形式的一种旨在驱邪纳祥的年画。

⑥ 杂画类：这类年画包括灯画（元宵节用来糊灯笼的纸）、窗画（过年时糊窗户用的纸）、拂尘纸（过年时糊碗柜、碗架的纸）、桌围画（过年时贴在八仙桌侧面的纸）、糊墙纸（过年时裱糊墙壁的纸）、布画（过年期间吊挂在街上的年画，俗称吊挂）、花鸟字（用花鸟图形组成的汉字图案，是介于书法和绘画之间的一种民间年画）以及月份牌年画（1914年出现于上海的一种商业广告，后成为年画，因多使用炭笔擦绘，又称为擦炭画）等。

2）按内容分：

① 神仙与吉祥物类：这类年画中的神仙主要包括门神、灶神；吉祥物包括狮、虎、鹿、鹤、凤凰等瑞兽祥禽，莲花、牡丹等花卉，摇钱树、聚宝盆等虚构品，通过隐喻、象征或谐音等手法表示吉利祥瑞的意义，表达辟邪禳灾、迎福纳祥的主题。

② 世俗生活类：这类年画主要包括人们的生息劳作、节令风俗、时事趣闻等。

③ 娃娃美人类：这类年画在民间年画中占有很大比例，表达了人们对早生

贵子、夫妻和美的良好愿望。

④ 故事传说类：这一部分年画大多取材于历史事件、民间故事、神话传说、笔记小说以及戏曲等，其中戏曲题材比重最大。

2. 幼儿尝试进行分类。

幼儿将混合在一起的年画图片，选择分类的标准进行分类。

3. 交流分类的结果。

幼儿说一说自己是怎么分类的，并说出分类的理由。

四、拓展与延伸

教师将材料放在益智区，供幼儿继续练习分类。

活动五　大话西游（语言）

一、活动目标

1. 知道西游记是我国四大名著之一，喜爱我国的文学作品。

2. 了解西游记中的主要人物特征及简单的故事内容，能用连贯的语言讲述故事。

3. 能大胆地表达自己的见解并进行创作，体验和同伴共同协商、表演的乐趣。

活动重点：了解西游记中的主要人物特征及简单的故事内容，能用连贯的语言讲述故事。

活动难点：幼儿能够在活动中感受人物的心理变化，用自己的话评价人物的性格特点。

二、活动准备

1. 物质准备：视频、场景设置、《西游记》中主要人物的道具等。

2. 幼儿准备：幼儿熟悉《西游记》中的主要人物。

三、活动过程

（一）展示幼儿收集的资料

1. 请幼儿介绍自己收集的《西游记》资料。

2. 幼儿是通过哪些方式找来的？

3. 带领幼儿观看《西游记》片段。

（二）了解主要人物

1. 幼儿说说最喜欢的人物。

提问：小朋友发现在《西游记》里主要有唐僧、孙悟空、猪八戒、沙僧师徒四人，小朋友最喜欢谁？

2. 幼儿按喜欢的人物进行分组讨论，说说为什么喜欢。

3. 每组幼儿代表发言，教师小结人物的优点。

（三）了解故事情节

1. 说儿歌，激发幼儿的兴趣。

2. 幼儿讲故事。

提问：刚才儿歌中讲了师徒四人去西天取经，在路上遇到了许许多多的妖魔鬼怪，发生了许多的故事，你最喜欢《西游记》中的哪个故事？请给大家讲一讲。

3. 谁来演一演你喜欢的角色，要表现出人物的典型特征。

（四）结伴表演《大话西游》的故事

1. 教师提出要求。

（1）可以找好朋友一起表演，分配好各自的角色。

（2）要想办法让别人看明白你演的是谁。

2. 幼儿自由表演，教师巡回观察指导。

3. 请两组幼儿展示，全体幼儿交流分享。

提问：你们觉得他们演得怎么样？怎样才能把人物演好（演谁像谁）？

4. 教师小结：要想表演好，就要先和小朋友商量好角色，还要注意动作、表情、语言等。

四、拓展与延伸

将道具投放在表演区，幼儿可以在表演区继续排练《大话西游》的剧本。

活动六　认识年画（社会）

一、活动目标

1. 了解年画这一艺术形式，欣赏优秀的年画作品，激发幼儿对年画的热爱之情。

2. 了解年画的简单发展历史、主要产地等。

3. 欣赏年画艺术的美感，积极参与欣赏、讨论与分享的过程。

活动重点：了解年画的简单发展历史、主要产地等。

活动难点：尝试说出欣赏年画后的感受。

二、活动准备

1. 物质准备

（1）用优秀年画作品的复制品将活动室布置成年画展览馆。

（2）相关图片若干（如古老的木质门板上贴着一张年画等）。

2. 幼儿准备：

（1）幼儿具备一定的艺术鉴赏能力、理解能力等。

（2）幼儿愿意接触、了解新的艺术形式。

三、活动过程

（一）导入

向幼儿展示相关图片，介绍年画这一艺术形式和相关概念。

（二）参观

带领幼儿参观年画展览馆，介绍相关知识。

1. 给幼儿足够的时间，让他们自由参观布置好的年画展览馆。
2. 在展览馆中布置相关区角，展示年画的发展史。

教师可以向幼儿介绍相关的信息（年画的发展历史），激发幼儿对传统艺术的热爱和保护意识。

3. 在欣赏的过程中，教师要注意引导幼儿认识年画的类别、内容等。

（三）分享

幼儿与教师坐在年画展览馆中心，以交流、谈话等形式，分享"我最喜欢的年画""它们都画了什么""看了这些年画，我想到了什么"等内容。

四、拓展与延伸

在图书区投放关于年画的图片、书籍，供幼儿欣赏、阅读。

活动七 年画中的发现（美术）

一、活动目标

1. 了解古代年画的构图及其所要表现的含义。
2. 欣赏年画的主要色调，感受年画色彩所呈现的快乐、喜庆、吉祥的气氛。
3. 自由创作一幅具有某种含义或能表现自己美好祝愿的年画。

活动重点：感受年画色彩所呈现的快乐、喜庆、吉祥的气氛。

活动难点：创作一幅具有某种含义或能表现自己美好祝愿的年画。

二、活动准备

1. 物质准备：各类古代年画。
2. 幼儿准备：幼儿知道一些喜庆吉祥的问候语。

三、活动过程

（一）欣赏年画，了解年画的构图及要表现的含义

1. 欣赏年画的内容。

（1）引导幼儿自由讨论、欣赏。

提问：请幼儿和好朋友一起看看这些年画上画了些什么？

（教师引导幼儿欣赏年画中的主要内容）

（2）集中欣赏，请个别观察几幅典型年画并讲得较好的幼儿交流。

提问：你看了哪幅年画？画上画了些什么？

（根据幼儿的讲述出示相应的年画并展示在黑板上）

2. 通过讨论，使幼儿了解年画所表现的含义。

提问：刚才我们看了许多年画，每一幅年画上的内容都不一样，你知道画家为什么要画上这些东西呢？他要表示什么意思？你是怎么知道的？

小结：原来这些年画都有一定的含义，它可以表示一种祝愿，也可以表示一种希望。

（二）欣赏年画的色彩，感受色彩所带来的喜庆、吉祥、欢乐的气氛

提问：我们欣赏了这么多年画，你发现它们大都用了什么颜色？这些颜色给你什么感觉呢？

（三）交代要求，幼儿自由创作

提问：如果请你来设计一幅年画，你想在上面画些什么？为什么要画这些？

提问：我们也来设计一幅年画，先想想你的年画上要画些什么、表达什么愿望，然后想想用哪些颜色可以表现出过年时热闹、欢乐、喜庆、吉祥的气氛，看谁设计得和别人不一样。

（四）展示幼儿作品

1. 请你说说你的年画上画了些什么？表示什么意思？
2. 你觉得谁的年画看上去很热闹、很喜庆？为什么？

四、拓展与延伸

将幼儿的作品保存好，准备在年画展览会上用。

活动八　年画我知道（美术）

一、活动目标

1. 欣赏我国不同地区的民间年画，了解民间年画制作的工艺和艺术特色。
2. 了解民间年画的制作方法，初步尝试给年画涂色。
3. 通过欣赏和制作年画，建立对中国传统文化价值的认同感。

活动重点：了解民间年画制作的工艺和艺术特色。

活动难点：了解民间年画的制作方法，初步尝试给年画涂色。

二、活动准备

1. 物质准备：宣纸、中国画颜料、年画《五子爱莲》《五谷丰登》等。
2. 幼儿准备：幼儿对年画有初步的认识。

三、活动过程

（一）导入课题

1. 出示年画《五子爱莲》。

提问：小朋友，你们知道这是什么画吗？

2. 教师小结：早在清朝的时候，中国民间就开始制作年画了。

(二)欣赏了解

1. 教师介绍年画的发展史：年画在200多年前的清朝康熙乾隆年间十分流行。全国出现了天津杨柳青、河北武强、山东潍坊、苏州桃花坞、河南开封朱仙镇、四川绵竹、陕西凤翔和汉中等十几个大大小小的年画产地。

2. 欣赏年画。

天津杨柳青年画——多以仕女、娃娃、神话传说为题材，采用寓意写实等手法，构思巧妙别致，线条流畅清新，色彩古朴典雅，富于浓郁的生活气息。

苏州桃花坞年画——以木版雕刻，用一版一色传统水印法印刷。构图丰满，色彩明快，富有装饰性；多以民间故事、吉祥喜庆、神像、戏文、时事为题材，以象征、寓意、夸张手法，表达人们美好的愿望。

山东潍坊年画——题材广泛，表现内容丰富多彩，有神像类、门神类、美人类、金童子、山水花鸟、戏剧人物、神话传说等，寓意吉祥如意、欢乐新年、恭喜发财、富贵荣华、年年有余、安乐升平等，像亲人的祝福，似好友的问候，表达人们希望新春祥和欢乐、祈盼富贵平安的愿望。

四川绵竹年画——无论是门画还是斗方，大部分的构图都讲究高度的简练，构成了绵竹年画完整、饱满的艺术特色。从门画的武将文官到斗方中的仕女童子，多不设或少设背景，绵竹年画在色彩上的处理别具一格，其基本色有黄丹、佛青、桃红、草绿四色。

3. 提问：

(1) 民间年画给你们什么感受？

(2) 年画一般表现什么内容？

(3) 教师小结：年画的表现内容包含戏剧故事、民间传说、历史小说、世俗生活、时事趣闻、名胜风物、门灶诸神、仕女娃娃等，几乎涵盖了中国百姓生活题材的全部。它植根于民间，集中了劳动人民的艺术才能、纯朴的思想感情和对美好生活的强烈向往。

4. 学习年画的制作过程。

古代的年画都是先由画工设计画稿，再由雕工雕刻制版，最后才由印刷工上色印刷成画的。画、刻、印是各自分开的。

(1) 分析年画《五子爱莲》《五谷丰登》。

① 分析它们的用色特点。

年画的色彩鲜艳，对比强烈。提取自然形象的色彩并进行夸张和随心所欲的搭配，常采用互补色的对比关系，如红加绿的搭配。

② 分析它们的造型特征。

年画中的人物、动物的造型，都源自生活中的自然形象，由民间艺人提取并加以夸张。

(2) 初步尝试给年画涂色。

① 教师出示已经描绘好的年画。

② 教师边示范边讲解制作要点。

(三) 展示幼儿作品，幼儿互相交流自己的意见

四、拓展与延伸

幼儿尝试自己制作一幅年画。

活动九　年年有余话吉祥（语言）

一、活动目标

1. 了解年画丰富、吉祥的寓意，体会年画以象征、谐音等形式来表现寓意的艺术特点。

2. 能够考虑事物的特征、象征意义等内容，选择合适的形象，创作具有一定寓意的画作。

3. 用语言和姿态表现自己的感受，体验年画欢乐祥和的气氛和人们的美好愿望。

活动重点：体会年画以象征、谐音等形式来表现寓意的艺术特点。

活动难点：能够考虑事物的特征、象征意义等内容，选择合适的形象进行创作。

二、活动准备

1. 物质准备：年画图片（年年有余、吉祥如意、万事如意等），画纸，彩笔，欢快的音乐等。

2. 幼儿准备：（1）幼儿有过春节的经历，对春节欢乐、喜庆、祥和的气氛有基本的感受。

（2）幼儿对表现吉祥、欢乐、幸运等事物有基本的认识和理解。

（3）幼儿能够结合一定的经验，理解相关象征、谐音的内容。

三、活动过程

(一) 欣赏《年年有余》年画的内容

1. 提问：这幅画上有些什么？（让幼儿自由议论再发言）

2. 教师小结：画面上画了一个可爱的小男孩，手里抱着一条大鲤鱼，笑嘻嘻地盘腿坐在莲花座上，旁边还有大大的荷叶和结着桃子的桃树。

(二) 欣赏《年年有余》的构图和色彩，感受其快乐祥和的气氛

1. 提问：这幅画主要画的是什么？画家把它画在画面的什么地方？

2. 用白纸挡住旁边的荷叶和桃树，引导幼儿体会画面的饱满感，再分别露出左边的荷叶和右边的桃树，引导幼儿体会画面的均衡感。

3. 提问：看了这幅画，你有什么感觉？为什么你看了这幅画会感到心情很

愉快呢？
4. 启发幼儿从小男孩笑嘻嘻的表情及红、黄、绿鲜艳明快的色彩上形成了喜庆热闹的气氛。
5. 欣赏《金蛇狂舞》和《二泉映月》两段音乐（片段）。
提问：你觉得哪一段音乐与这幅画相配？
（三）展示其他年画图片
请幼儿描述年画内容，说一说自己的感受和理解。
（四）幼儿制作
幼儿根据自己的喜好和理解，运用象征、谐音的方法创作《我的吉祥物》。
（五）幼儿分享自己的作品，向大家讲解自己画作的寓意

四、拓展与延伸
将幼儿作品保存好，准备在年画展览会上用。

活动十 怎样让年画更漂亮（语言）

一、活动目标
1. 欣赏杨柳青年画，了解年画色彩鲜明、形象活泼的特点。
2. 学习配色技巧，用不同的颜色来表达吉祥、喜庆的情感。
活动重点：学习配色技巧。
活动难点：通过不同的颜色来表达吉祥、喜庆的情感。
二、活动准备
1. 物质准备：彩色杨柳青年画若干张、经处理的不同色调的杨柳青年画、欢快的音乐、画笔、画纸等。
2. 幼儿准备：幼儿具有一定的色彩体验和认知。
三、活动过程
（一）导入
请幼儿分享自己喜欢的颜色，并说说为什么喜欢这种颜色。
（二）了解配色的技巧
1. 展示杨柳青年画图片，介绍杨柳青年画的基本信息。
2. 引导幼儿欣赏年画，观察年画运用了哪些颜色？这些颜色是怎样搭配的？
3. 请幼儿说一说自己对色彩鲜明、形象活泼的年画的感受。
4. 展示经过处理的不同色调的年画（黑白色），进行对比欣赏，并请幼儿说一说自己的感受。
5. 请幼儿说一说两次欣赏的不同感受。

（三）幼儿运用丰富的色彩创作自己的年画作品

四、拓展与延伸

在图书区投放有关颜色的绘本，促进幼儿对色彩的情感表达的理解。

活动十一　可爱的吉祥物（美术）

一、活动目标

1. 观察年画中的吉祥物，按要求涂色。
2. 认识年画中的吉祥物，感受中国传统年画的独特风格。

活动重点：知道年画中的吉祥物有哪些。

活动难点：认识年画中的吉祥物，感受中国传统年画的独特风格。

二、活动准备

1. 物质准备：年画简笔画若干、水彩笔等。
2. 幼儿准备：幼儿对年画有了一定的理解。

三、活动过程

（一）谈话导入，激发兴趣

1. 在年画里，有一些吉祥物寓意吉祥的意思，这些吉祥物包括狮、虎、鹿、鹤、凤凰等瑞兽祥禽，莲花、牡丹等花卉，摇钱树、聚宝盆等虚构品，人们通过隐喻、象征或谐音等手法表示吉利祥瑞的意义，表达辟邪禳灾、迎福纳祥的主题。
2. 老师出示几幅年画的吉祥物，请幼儿说说喜欢哪一个？为什么？
3. 老师逐个讲解年画中的吉祥物，并请幼儿简单说说每个吉祥物的寓意。

（二）描画吉祥物

1. 小朋友已经认识了吉祥物，每个吉祥物都很可爱、漂亮。在书中已经画了吉祥物，小朋友现在把自己喜欢的吉祥物描画出来，并按照贴画给它涂上正确的颜色。
2. 请幼儿描画吉祥物。

（三）设计吉祥物

1. 通过上面的活动，小朋友已经认识了年画中的吉祥物，现在，小朋友按照自己的想法设计一个有吉祥物的年画吧。
2. 幼儿自由设计年画里的吉祥物。

（四）展示与交流

幼儿互相介绍自己设计的吉祥物。

四、拓展与延伸

幼儿可以在活动区继续设计吉祥物。

活动十二 我们的年画展计划（社会）

一、活动目标

1. 能围绕年画展览会的话题进行讨论，并做到轮流发言，理解并尊重别人的观点。

2. 主动参与策划内容，提出合理建议，利用表格、图画等形式，与同伴合作制订年画展计划。

3. 在协商、讨论、分工等过程中提高同伴间的相互合作能力。

活动难点：主动参与策划内容，提出合理建议。

活动难点：与同伴合作制订年画展计划。

二、活动准备

1. 物质准备：彩色水笔、油画棒、白纸等。

2. 幼儿准备：幼儿制订过其他活动的计划（如运动会计划、课间计划等）。

三、活动过程

（一）谈话引入

小朋友们提出，咱们班的年画作品很多，可以举办一次年画展览会，今天我们就来制订举办年画展览会的计划，然后小朋友们就可以按照计划准备了。

（二）讨论制订年画展计划

1. 讨论：

（1）什么时间开年画展览会？在哪开？

（2）开年画展览会需要准备什么？

（3）年画作品怎样摆放？

（4）参观路线怎样规划？

（5）开年画展览会需要注意什么？

2. 幼儿分组讨论并制订计划。

3. 各小组交流本组的计划。

4. 每组派出代表交流各自小组讨论的内容。

（三）确定计划

教师把幼儿制订的计划内容做记录和归类，大家一起为计划书出主意，确定出最佳的年画展计划。

四、拓展与延伸

幼儿结合年画展计划在区域活动或其他时间准备关于年画展览会的材料。

活动十三 制作年画展宣传海报（美术）

一、活动目标

1. 了解刻板印刷的主要过程、技法、工具等，学习用刻板印刷的方法制作年画展宣传海报。
2. 尝试用吹塑纸制作版画，体会版画特有的艺术美感。
3. 学会与同伴合作，体验合作的快乐。

活动重点：了解刻板印刷的主要过程、技法、工具等。

活动难点：用刻板印刷的方法制作年画展宣传海报。

二、活动准备

1. 物质准备：

（1）刻板印刷制作过程的视频课件。

（2）吹塑纸、颜料、印纸等材料。

（3）铅笔、滚筒、夹子、围裙、桌布、颜料盘、轻音乐等。

2. 幼儿准备：

（1）幼儿有一定的动手能力。

（2）幼儿对年画的主要特点有一定的了解。

三、活动过程

（一）谈话导入

在制订年画展计划时，大家说需要制作海报进行宣传，今天就一起来制作海报。

（二）确定海报的主要要素

1. 海报的主要内容有什么？

（画什么，举办的地点、日期等）

2. 要设计什么样的海报？

（三）引入刻板印刷的相关概念

1. 要让全园知道我们的年画展，需要在幼儿园里贴大量海报。因此，可以用刻板印刷的方法制作海报。

2. 播放刻板印刷制作方法的视频课件，了解刻板印刷的主要过程和方法。

（四）幼儿分组，制作海报

1. 用铅笔在吹塑纸上刻画主要内容。

2. 用滚筒蘸取颜料上色。

3. 将印纸覆盖在吹塑纸上面，两边用夹子夹好，用干净的滚筒拓印。

4. 可以多次拓印，将吹塑纸洗净后选取不同的颜色进行拓印，或选择不同颜色的印纸多次拓印。

（五）张贴海报

晾干拓印的海报，教师组织幼儿在幼儿园合适的位置张贴海报。

四、拓展与延伸

幼儿可以当讲解员，向其他幼儿讲解年画展览会的内容、寓意等。

【主题活动反思】

年画大多用于新年时装饰环境，寓意新年吉祥喜庆，同时也反映中国社会的历史、生活、信仰和风俗。年画线条单纯、色彩鲜明、气氛热烈愉快，包含一些典型的形象，比如娃娃、美人、鱼、莲花、四季花卉等。年画无论是题材内容、刻印技术，还是艺术风格，都具有自己鲜明的特色。这为幼儿理解年画这种独特的艺术形式提供了很好的途径。虽然现代社会贴年画这样的新春活动已经不多了，年画艺术也慢慢被现代社会所遗忘，但年画承载的文化价值和艺术价值仍然值得关注，也对幼儿具有很好的艺术教育意义。正如《纲要》所说："教师选择的教育活动应既贴近幼儿的生活，又有助于拓宽幼儿的视野。"年画就是符合此原则的教学内容。

年画的题材广泛，包含神话故事、历史典故、小说传奇、仕女、娃娃、戏剧、吉祥图案、山水花卉等诸多内容，涉及面广，蕴含着丰富的教育内容。因此，在主题活动前，我们依据我班幼儿的年龄特点和能力水平，对年画的内容进行了筛选，我们借鉴为幼儿筛选图书的经验，依据幼儿的年龄特点、能力水平等，对年画中的童趣人物及所表现的内容进行了认真细致的筛选，大班幼儿已初步具有抽象逻辑思维的特征，因此，我们重点筛选了人物多一些、所表现的内容较为丰富且能发挥幼儿想象力的《年年有余》《五谷丰登》《五子爱莲》《欢天喜地》《万事如意》等作为欣赏的内容，并将年画逐渐整合为语言活动、美术活动等教育内容。

随着主题活动的开展，孩子们对年画的兴趣、对年画内容的理解、对年画的欣赏能力都有了明显提高。在主题开展的过程中，孩子们知道了年画是我国的一种古老民间艺术，是中国特有的画种，是我国优秀的传统民间艺术，已传承千年；了解了古代年画的构图及主要色调，感受了中国传统年画的独特风格；了解了年画所表现的美好寓意。孩子们通过对年画的欣赏、感受与体验，通过观察比较、大胆探究、相互合作等方式，在语言表达、观察欣赏、合作交往等方面得到了全面发展，同时，养成了细心、专心、耐心等良好的品质。例如年画展览会的开展，从制订举办画展的计划、设计海报，到布置画展场地、环境，确定展出的作品，包括画展的参观路线、为参观者的讲解，等等，都是孩子们自主、自发地进行策划，所有展出的作品都是孩子们利用区域活动或放学后的时间自己创作的,他们自己又进行了反复的筛选,确定出他们认为最适合展出的作品展览。在整个活动过程中,幼儿是策划者、参与者、实施者,教师是支持者、促进者、激励者。幼儿自己动手,自己操作,不是被动地接受学习,而是在活动过程中主动、积极、愉快地学习,这对他们来说才是最重要的。当他们完成一项任务时,会兴奋地告诉老师:"我们设计好了,我们完成了。"我想幼儿这种经过自己的努力最终获得成功的喜悦是发自内心的,它将推动幼儿今后更加主动地参与操作。由于幼儿的发展存在个体差异,因此在探索过程中我们鼓励幼儿同伴间互相帮助、合作,共同解决问题。幼儿在发现问题、解决问题的过程中会找到自己的学习方式,获得自己的知识经验,从而在原有的基础上得以发展。幼儿自主参与画展的策划、举办,满足了幼儿表现的需要,也使幼儿的个性特点、想象力、创造力、审美能力等得以发展,使幼儿产生了成功感,提高了自信心。而作为教师,我们要为幼儿提供主动学习的基本条件,让幼儿自主选择、自主探索、自主表达,使之真正成为学习的主人。

  主题的开展,离不开与区域的融合。例如,在图书区,我们投放了孩子们自己搜集的关于年画的图书图片、《西游记》连环画,以及与家长一起制作的年画小书等,孩子们在图书区学习了一些年画的故事。

  在表演区,孩子们结合年画《西游记》的内容,在理解的基础上自己去发挥、去想象、去表现,自编自演《六话西游》,虽然刚开始有点难度,但孩子们都非常投入,兴趣很高。平时不爱发言、举手的幼儿也主动要求参与表演,在语言、动作、表情上极力模仿唐僧、孙悟空、猪八戒、沙和尚等每一个角色,表现他们的性格特征。通过表演游戏,孩子们不仅对故事传说有了进一步的理解,还大大提高了自信心,也在与其他角色协商、配合表演的过程中体会了集体的存在,充分调动了幼儿的积极性、主动性、创造性。从故事的表演中,幼儿学到了知识、明白了道理,同时也锻炼了创造性,提高了合作意识,促进了幼儿集体观念的形成,并受故事角色性格的感染,逐渐形成良好的个性品质。

  在美工区,我们为孩子们提供了各种年画图片、吹塑纸、印纸、不同材质的纸、颜料、铅笔、马克笔、滚筒、板刷、细彩带、打孔器、围裙等,引导孩子们大胆地进行年画的制作活动,如刮画制作年画、手绘年画、刻板印刷等,让孩子们用不同的形式展现出自己设计的年画,孩子们的作品构思奇妙,布局较为合理。我们还引导幼儿将年画的素材运用于周围的生活中,如制作年画书签、年画扇面、年画小书、年画小摆件,等等,以多种形式让幼儿感受年画独特的文化内涵。在观察中我们发现,孩子们能够表达清楚画面的布局,更加明确画面内容的主体性,每个人的画面内容都不一样,丰富而且思路很独特,但都没有脱离主题。这样，区域活动有了规整的目的性，变得更清晰，孩子们的活动热情也很高，效果非常明显。

随着年画活动的逐步深入，我们组织孩子们在年前和家中长辈购买年画、张贴年画，这是我们引导幼儿开展年画主题活动的最好契机，仿佛把孩子们带进了年画的世界。让家中长辈讲述年画的由来与寓意，让孩子们触摸年画，感知年画的喜庆和吉祥。通过亲身感受和体验，孩子们对年画的认识、理解更直接、更具体、更深刻，从而激发了孩子们喜欢年画的热情，并对年画产生浓厚的兴趣。同时，也激发了家长的参与性，许多家长帮助孩子上网查资料，耐心地解答孩子的问题，引导孩子获取适宜的信息。如家长在帮助孩子收集有关年画素材的时候，选择孩子能理解的一些故事。在与孩子一起进行亲子制作时，家长非常认真投入，完成了一幅幅精美的作品。同时，在布置班级环境时，我们处处展现年画作品，大的、小的随处可见，这成为孩子们随时欣赏的内容，起到了环境推动主题的作用，使幼儿园与家庭、环境与幼儿、教师与幼儿、幼儿与幼儿之间起到了有效的互动作用。

年画具有丰富的文化内涵和美术教育价值，将年画的审美价值与教育价值引入幼儿园活动中，可增强幼儿对传统民间艺术的感受力、表现力、创造力，同时也可提高教师的艺术素养及教师开展传统民间艺术教育的能力。教师在引导幼儿感受民间年画的形式美感和独特的色彩搭配的同时，可以弘扬传统民间艺术，提高幼儿的审美素养，激发幼儿的民族自豪感。作为幼儿教师，我们应该努力地把祖国悠久的民间文化——年画传承给我们的下一代，责无旁贷地把这种世界上独一无二的文化遗产继承下去。

放风筝

班级：大二班　　　　　　　　　　　　　教师：许海英、王琪、张景怡

【主题设计由来】

阳春三月，清新的空气中夹杂着青草味儿迎面扑来，在这样一个春暖花开的季节里，家长们利用闲暇时间带孩子们到户外去踏春，每当这个时候，天空中飞舞着的各式各样的风筝都深深地吸引着孩子们的目光。周一早上的谈话时间，孩子们叽叽喳喳地讨论着周末去了哪里、做了什么，更多的孩子讨论着各种各样有关风筝的话题："我的风筝是超级飞侠的。""我的风筝有长长的尾巴……""风筝为什么能飞起来？""风筝是用什么做的？""一会儿在美工区咱们画风筝吧……"面对孩子们提出的各种问题，以及那一双双想要探索、满是求知欲的眼睛，我和孩子们一起商讨，生成了这一次的主题活动——

放风筝。

【主题设计网络图】

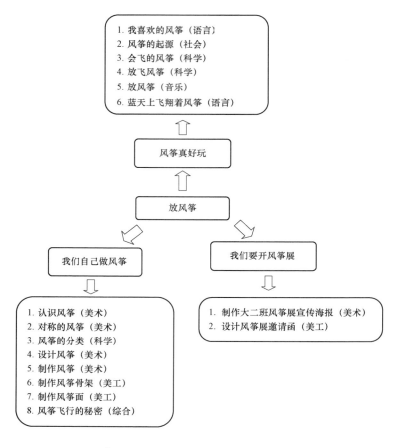

【主题活动总目标】

1. 有探究风筝的兴趣，在摆弄、制作的过程中感知风筝的结构特征。

2. 学会初步地选择和使用适宜的材料制作风筝，在反复操作试验中积极思考与尝试。

3. 能围绕风筝的话题进行讨论，主动发现问题、提出问题，积极回答问题，会轮流发言。

4. 感受风筝的美感特点，了解风筝的表现方法。

5. 了解多种美术工具材料的特性，大胆地组合、设计、制作风筝。

6. 明确自己的任务，做事认真、有始有终，养成合作学习的意识和能力。

【主题活动的区域创设】

一、美工区

区域目标：
1. 初步了解风筝的起源，感受我国民间艺术的魅力，增强民族自豪感。
2. 学习用对称的方法尝试表现出不同形状的风筝，体验成功的快乐。
3. 观察、探索风筝骨架的特点和扎制方法，学会用线打结。
4. 正确使用各种工具材料，养成分类、整理、存放的好习惯。

区域墙饰：
适合幼儿年龄特点的风筝展示墙、风筝结构图、风筝的制作步骤图、幼儿风筝作品展。

区域材料：
制作风筝的材料，如不同材质的纸、纸线圈、竹签、细竹篾、胶带、油画棒、水彩笔、环保袋、颜料、风筝线、打孔器。

重点指导：
1. 引导幼儿观察风筝的构造、色彩等，感受中国传统艺术的独特风格。
2. 支持、鼓励幼儿通过探索与尝试，自主选择绘制、剪纸、刮画、版画、手工制作等美术手段，大胆设计和制作不同风格的风筝作品。
3. 鼓励幼儿尝试运用多种方法，如剪、贴、画等方法，自主选择材料制作风筝书签。
4. 指导幼儿养成良好的美术活动习惯，活动结束后主动分类、整理、存放各种材料。

二、科学区

区域目标：
1. 通过对放风筝记录卡的交流、统计，让幼儿了解风筝飞上天与风、材料及技能的关系。
2. 能根据物体的不同特征设计标记卡，并为风筝分类。
3. 积极动脑，尝试用各种方法产生风，知道空气流动形成风。
4. 了解不同的风速，感受风力大小与物体的关系，并进行记录。

区域墙饰：
《风的秘密》，实验"风从哪里来""风能做什么""风力发电小实验"图片。

区域材料：

各种风筝图片、风车、小电扇、扇子、小电机、电池、打气筒、吹风机、风扇叶、碎纸片、羽毛、木块、石头、记录表等。

重点指导：

1. 注重幼儿自主能力以及探索能力的培养，活动前带领幼儿读懂记录表，方便幼儿顺利完成实验。

2. 引导幼儿根据自己的需求选择适宜的工具进行实验，并记录、分享。

3. 活动结束后注重总结经验成果，通过幼儿在活动中的感受、活动的成果展示总结经验。

三、图书区

区域目标：

1. 有自主阅读意识，能主动选择自己需要的图书阅读，并能专注地阅读图书。

2. 会讲故事，并能进行创造性讲述。

3. 能利用自制的风筝，自信、流畅地向他人介绍自己对风筝的认识，提高思维概括能力和语言表达能力。

4. 知道眼保健的重要性，并学做眼保健操，学会爱护眼睛。

区域墙饰：

故事《49只风筝和49只纸船》 排序墙饰、眼保健操的做法图解。

区域材料：

幼儿自制的风筝小书，幼儿收集的关于风筝和风的图片、书籍，修补图书用的工具（双面胶、透明胶、糨糊、剪刀、订书器、订书钉等）。

重点指导：

1. 尊重和接纳幼儿的说话方式，无论幼儿对风筝的感受表达水平如何，都认真地倾听并给予积极的回应。

2. 鼓励幼儿根据《49只风筝和49只纸船》 画面线索讲述故事，大胆推测、想象故事情节的发展，改编部分故事情节。

3. 学做眼保健操，知道眼保健操能缓解眼部疲劳。

【主题生活活动】

1. 晨间谈话时间或下午离园前与幼儿聊聊关于风筝的话题。

2. 饭前安静活动时，为幼儿讲有关风筝的小故事或说说关于风筝的儿歌；请幼儿说说自己知道的关于风筝的知识等。

3. 过渡环节时和幼儿聊聊关于开展风筝展的话题。

【主题家园共育】

1. 和幼儿一起利用休息时间放风筝,积攒放风筝的经验。
2. 搜集有关风筝的书籍、图片等,和幼儿一起欣赏,并给幼儿讲一讲风筝的内容。
3. 和幼儿一起收集有关风筝的资料,如风筝的起源、风筝可以做什么用、有哪些科技产物是由风筝联想到的等。
4. 和幼儿一起每天听天气预报,记录关于风的知识(风向、风力)。

【主题主要活动】

活动一 我喜欢的风筝(语言)

一、活动目标

1. 欣赏散文《放风筝》,感受散文优美的语言。
2. 喜欢风筝,有了解风筝造型的心愿。

活动重点:感受散文《放风筝》优美的语言。

活动难点:理解散文中"五彩缤纷""飘荡"等词的含义,了解风筝的各种造型。

二、活动准备

1. 物质准备:课件《风筝的外形》。
2. 幼儿准备:幼儿有欣赏散文的经验。

三、活动过程

(一)图片引入

1. 播放课件,欣赏风筝图片。
2. 提问:小朋友们,你们看,这是什么?你放过风筝吗?什么时候放风筝呢?
3. 教师小结:春天来啦,许多小朋友都喜欢放风筝,风筝很美丽,今天老师就带你们一起来欣赏散文《放风筝》。

(二)欣赏散文

1. 教师播放课件,让幼儿完整欣赏散文。
2. 理解散文。教师引导幼儿仿读和初步理解"五彩缤纷""飘荡"等词的含义。
3. 讨论:孩子们是怎么放风筝的?孩子们放了哪些风筝?风筝在春风中是怎么样的呢?
4. 教师播放课件,幼儿跟着课件朗读散文。

（三）了解风筝

1．提问：散文里说了这么多风筝的样子，你还见过什么样子的风筝？（鼓励幼儿用不同的形容词来描述）

2．了解风筝是对称的。

教师播放课件《风筝的外形》。

提问：小朋友有没有观察到风筝的左右两边是一样的呢？

3．幼儿之间分组讨论。

四、拓展与延伸

收集各种各样的风筝带到班里，为主题活动做准备。

活动二 风筝的起源（社会）

一、活动目标

1．初步了解风筝的起源。

2．感受我国民间艺术的魅力，增强民族自豪感。

活动重点：了解风筝的起源。

活动难点：知道风筝的起源，增加民族自豪感。

二、活动准备

1．物质准备：家长与幼儿共同制作的风筝、风筝幻灯片、有关风筝的音乐。

2．幼儿准备：幼儿有跟家长制作风筝的经验。

三、活动过程

（一）请幼儿介绍自己制作的风筝

1．幼儿和教师欣赏风筝展。

2．幼儿介绍自己和爸爸妈妈制作的风筝。

（二）了解风筝的起源

1．教师出示龙形风筝的幻灯片。

2．教师讲述故事《风筝的起源》。

提问：是谁发明了风筝？

（三）幼儿欣赏风筝幻灯片

幼儿欣赏完之后谈谈自己的感受。

（四）幼儿说说自己见过的风筝

四、拓展与延伸

幼儿回家和父母说一说风筝起源的故事，搜集关于风筝的图书带到班里图书角，供其他幼儿学习。

活动三　会飞的风筝（科学）

一、活动目标

1. 交流、统计放风筝记录卡（以下简称记录卡），知道风筝飞上天与风、材料、技能等有关系。

2. 喜欢参加户外活动，感受放风筝的愉快情绪。

活动重点：通过对放风筝记录卡的交流、统计，相互交流自己放风筝的感受。

活动难点：知道风筝飞上天与风、材料、技能等有关系。

二、活动准备

1. 物质准备：小记录卡人手一张、大记录卡一张、实物风筝若干。

2. 幼儿准备：幼儿与家人一起放风筝两次（一次有风的时候放，一次没有风的时候放）并做记录。

三、活动过程

（一）幼儿根据自己手中的小记录卡交流自己放风筝的感受

1. 幼儿之间相互介绍自己的记录卡。

2. 老师把幼儿的介绍汇总在大记录卡上，放风筝成功的，用红色笔打"√"，放风筝失败的，用黑色笔打"×"。

（二）幼儿间交流、讨论放风筝成败的原因

1. 观察大记录卡，统计全班幼儿放风筝成功的次数，了解放风筝与风的关系。

讨论：在有风的日子里和没有风的日子里放风筝，成功和失败有什么不同？

2. 放风筝与风筝构造、材料的关系。

（1）讨论：没有风，为什么有的风筝也飞上天了？

（2）出示两只风筝，观察、比较、讨论它们的构造、式样、材料、尾巴等不同之处。

3. 放风筝与放飞技能的关系。

（1）讨论：为什么有的风筝用的材料很好，尾巴又轻又长，风也有，但没有飞上天呢？

（2）比较在同样有风或无风的情况下放飞风筝成功的机会多和少。

四、拓展与延伸

在延伸区角为下次室外放风筝做准备。

活动四　放飞风筝（科学）

一、活动目标

1. 认识风筝各部分的名称，了解风筝的结构特点。

2. 探索发现风筝飞行的条件。

3. 对风筝感兴趣，喜欢与同伴分享快乐。

活动重点：知道风筝飞起来的基本条件是有风。

活动难点：探索发现风筝飞行的条件。

二、活动准备

1. 物质准备：风筝图片。
2. 幼儿准备：幼儿搜集各式各样的风筝、线轴。

三、活动过程

（一）欣赏风筝

今天小朋友们都带来了自己的风筝，请介绍一下你的风筝是什么样的（名称、形状、颜色等）。

（二）讨论

提问：大家还看见过什么样的风筝？

（三）放风筝

1. 带领幼儿到户外去放风筝。老师示范放飞过程，请幼儿自己尝试着放飞。
2. 幼儿分小组学习放飞风筝，三位老师分组指导。
3. 回班后与幼儿一起总结：风筝怎样才能飞起来？引导幼儿讨论放飞风筝的条件。
4. 幼儿自由讨论，大胆发言。引导幼儿说出要有风，要逆着风放，风筝才能飞起来。

四、拓展与延伸

再次到户外去放风筝，进行尝试。

活动五　放风筝（音乐）

一、活动目标

1. 学唱歌曲《放风筝》，能结合音乐旋律唱出歌词。
2. 能唱准歌曲中的顿音部分。
3. 愿意参加音乐活动。

活动重点：学唱歌曲《放风筝》。

活动难点：能结合音乐旋律唱出歌词，唱准歌曲中的顿音部分。

二、活动准备

1. 物质准备：风筝、黑板、《放风筝》的画、相关音乐。
2. 幼儿准备：幼儿有放风筝的经验。

三、活动过程

（一）出示风筝，了解放风筝的过程

1. 提问：看一看老师今天带来了什么？你放过风筝吗？风筝会飞到哪里？

风筝是怎么飞的？

2. 回忆歌词。

提问：谁还记得我们之前学过的那首关于风筝的儿歌？请小朋友来说一说，我们一起来回忆一下这首儿歌。

3. 完整欣赏歌曲。

教师播放完整的歌曲，幼儿欣赏，欣赏时引导幼儿注意歌词的位置。这首儿歌还有一首好听的歌曲，让我们来听一听。请仔细听一听歌曲中歌词的意思。

（二）幼儿尝试演唱歌曲

这首歌曲这么好听，我们一起来学一下吧。

1. 练声：教师弹琴引导幼儿练习发声。

2. 哼唱、熟悉旋律：教师弹琴引导幼儿用单音哼唱歌曲。

（三）加入歌词、练习演唱

1. 引导幼儿跟着原曲加歌词试唱。

2. 弹钢琴反复练习有问题的部分。

四、拓展与延伸

幼儿尝试不看图片演唱；在表演区把歌曲《放风筝》编排成小舞蹈。

活动六　蓝天上飞翔着风筝（语言）

一、活动目标

1. 能够发起关于风筝的谈话，并清楚连贯地表达自己玩风筝时的心理感受。

2. 动脑筋想象一种与众不同的风筝，激发幼儿的想象力和创造力。

3. 主动地与同伴交谈，乐意在集体面前谈话，体验谈论放风筝时的快乐。

活动重点：能够发起关于风筝的谈话。

活动难点：清楚连贯地表达自己玩风筝时的心理感受。

二、活动准备

1. 物质准备：各种图片。

2. 幼儿准备：幼儿放过风筝，会说1～2个关于风筝的谜语。

三、活动过程

（一）创设情境，引出话题

1. 请幼儿说说关于风筝的谜语，激起幼儿对谈论风筝的兴趣。当幼儿猜出谜底时，可以请幼儿讲讲是怎么猜出来的，归纳出风筝的主要特征。

提问：你们喜欢风筝吗？都玩过什么样的风筝？怎样玩的呢？玩风筝时感觉怎么样？

（二）引导幼儿围绕话题自由交谈

1. 请小朋友自由结伴，相互交流关于放风筝的所见所闻所感。

2. 分组讨论。

幼儿分组讨论关于风筝的话题，每组选一名代表在分享环节说说自己的想法，可以说平日看见的或在电视、画报上见过的风筝，也可以说玩风筝时的一些感受等。

四、拓展与延伸

用提问方式拓展话题，为下次活动做准备。

提问：

1. 你想发明一种什么样的风筝？
2. 这种风筝有什么特别的本领？
3. 这只风筝飞翔在蓝天会怎样呢？

活动七 认识风筝（美术）

一、活动目标

1. 认识形态各异的风筝，丰富幼儿的生活经验，提高幼儿的审美素养。
2. 探索风筝的构造，激发幼儿进一步制作风筝的兴趣。

活动重点：认识形态各异的风筝。

活动难点：探索风筝的构造，为制作风筝做准备。

二、活动准备

1. 物质准备：各种形态的风筝、相机、投影。
2. 幼儿准备：幼儿和家长一起搜集各种形态的风筝。

三、活动过程

（一）照片导入

教师带领幼儿到活动室欣赏放风筝的照片。

（二）认识风筝

1. 教师和幼儿一起玩风筝。
2. 认识风筝的外形和图案。
3. （1）提问：你手里的风筝外形和图案分别是什么样子的？

（2）提问：在生活中，你还见过什么样的风筝？

（3）小结：风筝有各种各样的形态，不但有三角形、长方形的，还有梯形、五角星等形状，随着工艺的发展，人们制作出了更多美丽的风筝，如燕子、老鹰、凤凰、蝴蝶等鸟类风筝，还制作出了飞机、降落伞、孙悟空、猪八戒等人们喜欢的风筝，现在的风筝越来越美丽了。

4. 欣赏更多美丽的风筝。

提问：小朋友还记得哪儿的风筝最有名、做得最好吗？

（三）探索风筝的构造

1. 提问：小朋友看到了这么多美丽的风筝，那么，风筝是怎么做成的呢？大家一起探索风筝每部分（骨架、布、线轮、尾巴）的组成及作用。

2. 拆装风筝。

请小朋友把风筝拆开然后组合，教师拍照。小朋友一起欣赏自己组装完成后的照片，感受成功的喜悦。

四、拓展与延伸

教师出示自己亲手制作的风筝，激发幼儿制作风筝的兴趣。

活动八　对称的风筝（美术）

一、活动目标

1. 初步理解对称的概念，知道对称一般分为点对称和轴对称两种形式。
2. 初步感受蕴含在大自然以及工艺美术作品中的对称美。

活动重点：理解对称的概念，知道对称一般分为点对称和轴对称两种形式。

活动难点：正确区分点对称和轴对称的图案。

二、活动准备

1. 物质准备：具有对称图案的风筝、两对纸制蝴蝶翅膀（其纹样相似，色彩、大小有所不同）。
2. 幼儿准备：幼儿有放风筝的经验。

三、活动过程

（一）初步感受对称美

1. 把两对纸制蝴蝶翅膀分散布置在黑板上。

提问：哪两只蝴蝶是一对？请小朋友帮老师找一找。

2. 请个别幼儿为黑板上的蝴蝶翅膀配对，并说明理由。

3. 小结：蝴蝶翅膀左右两边的花纹和颜色完全相同，只是方向相反，我们把这种形式叫作对称。（学说"对称"一词）

（二）学习区分点对称和轴对称的图案

1. 让幼儿自由说说生活中的对称图案，说说哪些东西的图案是对称的？为什么？

2. 学习区分点对称和轴对称的图案。

引导幼儿观察各种风筝的对称图案有什么不同，让幼儿分析、观察其不同点。

3. 引导幼儿用绘画的方式表达自己所见的点对称和轴对称图案。

（三）欣赏对称美

四、拓展与延伸

投放材料到科学区，分类点对称和轴对称图案。

活动九 设计风筝（美术）

一、活动目标

1. 在绘画等操作活动中感知风筝的结构特点。
2. 喜欢参加艺术活动，对绘画风筝的活动感兴趣。

活动重点：用绘画的方式设计风筝。

活动难点：风筝面的合理布局。

二、活动准备

1. 物质准备：实物风筝、画笔、纸；教师事先录制好的《风筝专集》视频。
2. 幼儿准备：幼儿会说1~2首有关风筝的儿歌。

三、活动过程

（一）欣赏《风筝专集》，激发幼儿的创作兴趣

1. 提问：录像中出现了什么风筝？

（蝴蝶风筝、飞机风筝、蜜蜂风筝、鲤鱼风筝、机器风筝、猫风筝、老鹰风筝等）

2. 提问：如果你是一名小小设计师，能设计出什么样的风筝？

3. 现在就请小朋友当一个小小设计师，用你手中的画笔设计出与众不同的风筝。看看谁的风筝最漂亮，谁的风筝最有特点。

（二）幼儿自由创作，教师引导幼儿画风筝

1. 将幼儿的作品放在事先布置好的"天空"中，同时引导幼儿自评和互评。
2. 幼儿边欣赏"天空"中的风筝，边唱有关风筝的歌曲。

四、拓展与延伸

请幼儿和家长共同搜集可以制作风筝的材料，下次活动时拿来。

活动十 制作风筝（美术）

一、活动目标

1. 积极讨论和探索，培养合作学习的意识和能力，学习用多种方式表现、交流、分享探索的过程和方法。
2. 能够用自己喜欢的方式大胆地进行艺术表现和创造，富有个性地表达自己的情感和体验。
3. 喜欢参与制作活动，提高动手操作能力及小肌肉的协调性。

活动重点：制作风筝。

活动难点：风筝骨架与风筝面的固定。

二、活动准备

1. 物质准备：幼儿和家长共同搜集的制作风筝的材料，包括线、线轴、各

种纸张、塑料管、竹坯、胶水、剪刀、小棍等。

2. 幼儿准备：幼儿有观看制作风筝的经验。

三、活动过程

（一）观看制作风筝视频

提问：制作风筝需要哪些材料？制作风筝需要注意什么？

（二）制作风筝

引导幼儿在感知风筝的基础上，利用从家中带来的材料动手制作风筝。

1. 提制作要求：

（1）使用剪刀时注意安全。

（2）制作过程中注意风筝面和骨架的连接处一定要固定结实。

（3）垃圾放到垃圾桶里；材料从哪里拿，用完后收回到哪里。

（4）分组制作，小朋友之间要分好工。

2. 幼儿分组制作风筝，教师巡回指导。

3. 提问：小朋友做的风筝选择了哪些材料？怎么做的？和其他小朋友说一说。

四、拓展与延伸

让幼儿带上本小组制作的风筝到户外去放风筝，看风筝是否能飞起来，总结经验，引导幼儿感知风筝飞行的条件。

活动十一 风筝飞行的秘密（综合）

一、活动目标

1. 尝试自主选择材料动手制作自己感兴趣的风筝。

2. 初步了解放飞风筝的科学原理，激发幼儿的好奇心和探索欲望。

3. 体验大自然的无穷魅力，激发幼儿亲近自然的美好情感。

活动重点：自主选择材料动手制作自己感兴趣的风筝。

活动难点：初步了解放飞风筝的科学原理。

二、活动准备

1. 物质准备：

（1）塑料、环保袋、广告纸、颜料、细竹篾、风筝线等材料。

（2）课件《风筝》、音乐《三月三》等。

2. 幼儿准备：幼儿欣赏过古代和现代风筝，以及外国有代表性的风筝。

三、活动过程

（一）回忆欣赏过的风筝

1. 幼儿欣赏视频《潍坊国际风筝节盛典》。

2. 教师介绍中国的四大风筝产地：北京、天津、潍坊、南通。

（二）欣赏风筝的制作过程
1. 观看《风筝》课件，了解风筝的制作步骤。
2. 讨论风筝的图案以及选用的材料。
3. 教师提示幼儿在制作中注意安全。
4. 幼儿分小组合作一起自制风筝（每组一名教师）。
5. 相互欣赏自制的风筝，鼓励幼儿相互点评。

（三）放飞风筝，体验成功的喜悦
1. 师幼一起到幼儿园的操场上尝试放风筝。
2. 风筝能飞起来的，幼儿交流经验。
3. 讨论：为什么有的风筝飞不高或者飞不起来？
（寻找原因：材料太重；提线时没有注意左右平衡；放飞时的方法不正确）
4. 小组成员调整风筝。
5. 再次放飞风筝，体验成功的快乐。

四、拓展与延伸
将孩子制作的风筝展示在幼儿园的手工坊。

活动十二　制作大二班风筝展宣传海报（美术）

一、活动目标
1. 尝试运用绘画等美术手段制作大二班风筝展的宣传海报。
2. 正确使用各种工具材料，养成分类、整理、存放的良好习惯。
3. 学会与同伴合作完成一件事，体验合作成功带来的喜悦。

活动重点：制作大二班风筝展宣传海报。
活动难点：对海报有合理的规划和整体布局。

二、活动准备
1. 物质准备：海报一张、屏风式展板2块、油画棒、剪刀、胶水、双面胶、超轻黏土、废旧材料等。
2. 幼儿准备：幼儿知道海报的用途、知道海报中的主要内容。

三、活动过程
（一）引出海报的主题
1. 提问：咱们班做了这么多漂亮风筝，有没有办法让其他班的小朋友都来看看咱们的风筝呢？
2. 提问：开风筝展请谁来做观众？有什么好办法让大家知道咱们班要开风筝展了？

（二）讨论设计海报
1. 提问：一张海报中，最重要的要素是什么？谁还记得什么海报？

（观察海报《麦兜响当当》，回忆海报的主要要素）

2. 提问：如果全班小朋友分组制作一张海报，我们要怎么分组？

（制作组、装饰组、字幕组）

3. 提问：海报放到哪里才能让全园的小朋友都看见？

（三）制作宣传海报

1. 教师提制作要求。

2. 幼儿制作海报，教师巡回指导。

（四）介绍海报

提问：海报做好了，谁来介绍海报？

四、拓展与延伸

选出介绍海报的小朋友，并把宣传海报放到幼儿园大门口。

【主题活动反思】

"放风筝"这一主题活动虽然已经进行完了，但是风筝这一古老的民间工艺给幼儿留下的印象是深刻的，幼儿从这次主题活动中也学到了很多。这次活动不仅发展了幼儿的动手能力、社交能力、合作能力，还激发了幼儿对科学活动的探究兴趣。

在观察、探索风筝的过程中，幼儿能够认真观察、大胆探索、积极思考、得出结论、验证结论，最后知道风筝的飞行条件和风速、风向、风力等诸多因素都有关系，在这一过程中，幼儿特别喜欢到科学区研究有关风的知识，做各种科学小实验。

在制作风筝的过程中，幼儿通过各种渠道收集废旧材料，并且在制作过程中，勇于尝试各种材料，发现问题后更是积极动脑筋思考，想出各种解决问题的办法。

根据大班幼儿的年龄特点，我们设计了很多观察、欣赏活动，因为观察、欣赏风筝是制作风筝的关键环节，不仅能让幼儿细致地了解风筝的各组成部分、特点与结构，更能通过欣赏、感受风筝的美，调动幼儿主动操作的积极性，激发幼儿对制作风筝的兴趣和欲望。这对于幼儿制作风筝做了较好的铺垫，也有助于培养幼儿的观察力、审美力。

在活动中，我们更加注重引导幼儿与同伴讨论交流想法、共同设计，使幼儿在自由、轻松的环境中了解同伴的想法，更好地培养了幼儿之间的合作能力，同时使幼儿逐步形成乐于表达、乐于交流的语言能力，培养了幼儿良好的倾听习惯。

剪纸探秘

班级：中四班　　　　　　　　　　　教师：王继松、赵丽彤、晋长爽

【主题设计由来】

甜甜从家里带来了几幅十二生肖的剪纸作品，作品上的生肖惟妙惟肖，很是动人，我和甜甜一起把它们粘贴到了美工区的墙上，美工区一下子就热闹起来了。孩子们纷纷来到美工区，找来纸和剪刀，照着作品上的生肖剪起来。聪聪拿着剪好的小老鼠着急地说："我的小老鼠没有爪子，我剪不出来！"圆圆盯着小老虎的作品："我想剪小老虎，从哪儿开始剪啊？"以后的几天里，孩子们都保持着这种剪纸的热情，但依然没剪出来什么。幼儿的剪纸需求反映了幼儿对剪纸活动的积极性、主动性，以及强烈的求知欲望。结合孩子们的兴趣需求，我们开展了"剪纸探秘"主题活动，希望通过一系列的主题活动，和孩子们在剪纸活动中探索剪纸的奥秘，提高幼儿的剪纸技能，满足幼儿的兴趣需求，同时提高幼儿的动手能力、审美能力、创造能力，在互助互学、相互欣赏中，使我国的传统文化艺术——剪纸，在孩子们的指尖上闪耀出智慧的光芒。

【主题设计网络图】

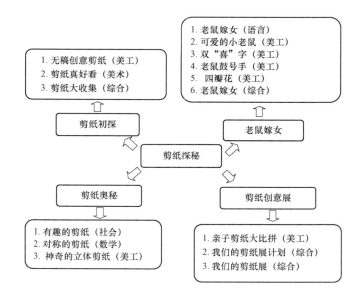

【主题活动总目标】

1. 认识剪纸作品所表现的事物，感受丰富多样的作品中所体现的不同美感，初步了解剪纸表现的方法。
2. 尝试用剪纸的美术手段表达自己对故事的理解，能大胆地表现与创造。
3. 愿意表达自己对剪纸作品、剪纸故事的各种感受和想法，喜欢提问，积极回答问题。
4. 喜欢利用纸、剪刀等常见材料进行简单的尝试和探索，能与同伴分享交流探索与发现的过程与方法。
5. 在剪纸活动中学会保护自己不受伤害，也不伤害到他人。
6. 能专心、细心、耐心地完成剪纸作品，不怕困难，有始有终。

【主题活动的区域创设】

一、美工区

区域目标：

1. 欣赏不同的剪纸作品，感受民间剪纸作品的独特魅力。
2. 大胆探索剪纸的多种方法，尝试对称剪、二方连续剪、四瓣花折剪、镂空剪、无稿剪纸、立体剪纸等剪法，体验合作剪纸、剪纸添画等不同形式，享受剪纸所带来的乐趣。
3. 正确使用各种工具材料，养成分类、整理、存放的好习惯。
4. 安全使用剪刀，正确递剪刀和收放剪刀，提高自身安全意识和自我保护能力。

区域墙饰：

对称剪、二方连续剪、四瓣花折剪、镂空剪、立体剪纸等剪法图示；幼儿剪纸展示墙。

区域材料：

不同风格的剪纸作品图片、剪刀、各色彩纸、水彩笔、打孔器等。

重点指导：

1. 引导幼儿通过欣赏精美别致的剪纸作品进入丰富多彩的剪纸世界。
2. 引导幼儿自由讨论、分析、思考折剪的具体过程，以及剪挖时的注意事项，等等。
3. 引导幼儿大胆地摸索折剪的规律，能够主动通过独立的尝试巩固原有的经验，在此基础上进一步获取新经验，提高剪纸的技能。
4. 指导幼儿养成良好的美术活动习惯，活动结束后主动分类、整理、存放各种材料。

5. 展示幼儿作品，鼓励幼儿用自己的作品布置环境。

二、图书区

区域目标：

1. 有自主阅读的意识，能主动选择自己需要的图书阅读，并能专注地阅读图书。

2. 对看过的图书、图片，听过的故事，能说出自己的看法。

3. 能用美工区剪纸作品做成剪纸画册，自信、流畅地向他人介绍自己对剪纸作品的感受，提高思维概括能力和语言表达能力。

4. 乐意主动探索、动手尝试，用不同的方法修补图书，学会爱护图书，和图书交朋友。

区域墙饰：

剪纸故事《老鼠嫁女》排序墙饰、修补图书的方法图。

区域材料：

关于剪纸的故事书，幼儿自制的剪纸画册，幼儿收集的剪纸图片，剪纸《老鼠嫁女》故事分页图片，以及双面胶、透明胶、糨糊、剪刀、订书器、订书钉等工具。

重点指导：

1. 鼓励幼儿根据剪纸故事《老鼠嫁女》的画面线索讲述故事，大胆推测、想象故事情节的发展，改编部分故事情节或续编故事结尾。

2. 提供丰富的可操作的材料，为幼儿运用多种感官、多种方式探索修补图书的方法提供活动的条件。

【主题生活活动】

1. 饭前安静活动时，和幼儿一起欣赏优秀的民间剪纸作品和名家剪纸作品。

2. 过渡环节时和幼儿说说剪纸儿歌。

3. 幼儿介绍自己的剪纸作品。

【主题家园共育】

1. 协助幼儿收集与主题相关的材料。

2. 利用休息时间与幼儿一起搜集有关剪纸的书籍、图片等，和幼儿一起欣赏，并给幼儿讲一讲剪纸的内容。

3. 和幼儿一起创作不同风格的剪纸作品。

【主题主要活动】

活动一　剪纸真好看（美术）

一、活动目标

1. 欣赏不同的剪纸作品，感受民间剪纸作品的独特魅力。
2. 初步了解剪纸的特点、生动的形象和夸张变形的造型等。
3. 能将纸屑放在指定的地方，养成整洁有序的好习惯。

活动重点：了解剪纸的特点、生动的形象和夸张变形的造型。

活动难点：探索、尝试剪纸方法。

二、活动准备

1. 物质准备：课件《剪纸艺术欣赏》，各种彩色纸、蜡光纸、剪刀、胶水、铅笔等。
2. 幼儿准备：幼儿能正确使用剪刀。

三、活动过程

（一）导入活动

1. 播放课件《剪纸艺术欣赏》。
2. 和幼儿一起欣赏各种民间剪纸作品，观察作品的色彩和图案，感受民间剪纸作品的独特魅力。

（二）探索尝试剪纸

1. 提问：用这些漂亮的彩色纸都剪成了什么图案？

鼓励幼儿说出欣赏剪纸作品的感受。

2. 提问：你还在哪些地方见过漂亮的剪纸？
3. 探索、尝试剪纸方法。

为幼儿提供连续纹样折剪和四瓣花折剪的作品，引导幼儿根据已有的经验探索剪纸的两种基本折法，并尝试剪出简单的作品。

4. 在幼儿探索折剪的基础上，教师示范两种基本的剪纸方法。

（1）分别将长方形彩色纸对边折四折，用铅笔画出简单的图形，再剪出来。

（2）将正方形彩色纸对角折两折，用铅笔画出简单的图形，再剪出来。

5. 观看剪纸作品，引导幼儿发现对称关系，学习辨认对称图形，了解对称的美。

6. 幼儿进行剪纸活动，鼓励幼儿大胆地进行自由创作，引导幼儿完成作品。

提醒幼儿：

（1）注意安全使用剪刀；

（2）剪纸时要仔细、有耐心；
（3）剪掉的纸屑要放在指定位置，不乱扔纸屑。
7. 幼儿尝试剪纸作画。

四、拓展与延伸

展示幼儿的作品，鼓励幼儿继续创作剪出更多的作品。

活动二　老鼠嫁女（语言）

一、活动目标

1. 通过观察讨论，逐步了解故事中各形象之间的关系，理解故事内容。
2. 尝试用语言、动作、表情大胆地表达自己对故事的理解。
3. 能用剪纸的艺术形式表现故事内容，对剪纸作品感兴趣。

活动重点：了解故事中各形象之间的关系，理解故事内容。

活动难点：能大胆地表达自己对故事的理解。

二、活动准备

1. 物质准备：《老鼠嫁女》剪纸作品一套，单色剪纸、套色剪纸、染色剪纸作品。
2. 幼儿准备：幼儿对单色剪纸有一定了解。

三、活动过程

（一）导入新课

在我国北方，有一些地区在农历正月初七的晚上是不掌灯的，你们知道这是为什么吗？因为传说这一天是老鼠嫁女的日子，你们想不想听这个故事呢？

（二）欣赏故事，介绍剪纸的种类，讲授剪纸的技巧和方法

1. 出示剪纸作品，讲故事。（边讲边出示作品）
2. 理解故事内容。
（1）鼠爸爸第一个找的是谁？太阳是怎么说的？
（2）鼠爸爸接着又找了谁？乌云是怎么说的？
（3）鼠爸爸接着又找了谁？大风是怎么说的？
（4）鼠爸爸接着又找了谁？围墙是怎么说的？
（5）太阳怕乌云，乌云怕大风，大风怕围墙，围墙怕老鼠，老鼠怕谁呀？
（6）鼠新娘到了猫咪家后会发生什么事情呢？（幼儿回答）它们的做法对不对啊？为什么？

3. 了解剪纸的种类。
（1）故事中的小老鼠（鼠新娘）这么可爱，你们喜欢它吗？
（2）故事是用什么艺术形式来表现的？
（3）欣赏单色剪纸、套色剪纸、染色剪纸作品。

（4）故事中的剪纸作品属于哪一种剪纸？

四、拓展与延伸

幼儿可以在家中或美工区尝试剪自己喜欢的形象。

活动三　可爱的小老鼠（美工）

一、活动目标

1. 回忆并生动描述动画片中老鼠的不同姿态和表情，体验生动的造型和色彩所带来的美感。
2. 在欣赏的基础上，尝试用目测剪的方法表现生动的老鼠形象。
3. 能用辅助材料自主、独立、创造性地丰富作品内容。

活动重点：剪老鼠的方法。

活动难点：发现老鼠的不同姿态。

二、活动准备

1. 物质准备：动画片《老鼠嫁女》，幼儿剪纸作品若干，以及剪刀、笔、颜料、海绵球等。
2. 幼儿准备：幼儿了解《老鼠嫁女》的故事。

三、活动过程

（一）回忆故事内容

播放动画片，引导幼儿重点观察老鼠的不同姿态和表情。

老鼠在娶亲的过程中做了哪些事？是怎么做的？你能用动作表现吗？

（二）欣赏剪纸作品，讨论剪老鼠的方法

（1）它们在做什么？怎么做的？做这些动作时，身体的哪些部位发生了变化？

（2）猜猜老鼠是怎么剪出来的？先怎么做？后怎么做？

（三）幼儿进行创作

幼儿自由剪老鼠，教师巡视，指导能力弱的幼儿。

（四）展示幼儿作品，集体交流、评价

四、拓展与延伸

1. 幼儿和同伴交流自己的剪纸经验。
2. 在美工区练习运用开天窗、折叠等方法剪人物和动物。

活动四　双"喜"字（美工）

一、活动目标

1. 欣赏剪纸作品"喜"字，知道它是中国传统的民间艺术之一。
2. 感知对称及对称剪纸的折剪法，能独立完成双"喜"字的折剪。

3. 欣赏剪纸的艺术美。

活动重点：学习折剪双"喜"字的方法。

活动难点：运用对称折剪方法剪双"喜"字。

二、活动准备

1. 物质准备：剪纸作品若干、剪好的"喜"字若干、剪刀、纸、磁力板等。

2. 幼儿准备：幼儿有一定的剪纸基础。

三、活动过程

（一）欣赏剪纸作品

1. 欣赏作品，幼儿交流讨论，教师参与。

2. 教师小结剪纸作品的特点。

我们刚看到的剪纸作品有的是对称的，有的是不对称的，它们的颜色都很鲜艳，有红的、绿的、黄的、紫的……各种各样的颜色，但是一幅剪纸作品只有一种颜色，它们的形象都很夸张。

（二）欣赏各种"喜"字

1. 出示"喜"字。

2. 幼儿在教室各处找"喜"字，找到后和好朋友说一说它是什么样的。

3. 每组请一个小朋友讲讲找到的"喜"字，讲完后贴在磁力板上。

4. 贴"喜"字。

各组将自己组的"喜"字贴在磁力板上。

5. 比较"喜"字图案，看看它们有什么地方是相同的？又有什么地方不一样呢？

6. 了解"喜"字的使用范围以及作用。

教师小结："喜"字是结婚的时候贴的剪纸，它们是红色的，有的"喜"字旁边有漂亮的吉祥图案，有的就是一个"喜"字，贴了"喜"字，就可以增加喜庆、热闹的气氛。

（三）幼儿尝试制作剪纸

1. 教师简单示范。

2. 幼儿操作，之后将幼儿作品展示出来。

四、拓展与延伸

1. 幼儿和同伴交流自己的剪纸经验。

2. 幼儿在美工区练习运用对称折剪的方法剪自己喜欢的东西。

活动五　老鼠鼓号手（美工）

一、活动目标

1. 了解二方连续纹样的特点，尝试学习二方连续纹样的折剪方法（以下简称二方连续剪）。

2. 通过设计老鼠的连续图案，培养想象力、创造力。

3. 感受创造学习的快乐，体验剪纸活动带来的乐趣。

活动重点：学习二方连续纹样的折剪方法。

活动难点：掌握二方连续纹样的折剪方法。

二、活动准备

1. 物质准备：长条形白纸、彩色纸、折叠好的白纸、画好圆的白纸各一张，红、黑水彩笔各一支，剪刀一把，大篮子两只，小篮子四只。

2. 幼儿准备：幼儿有剪纸基础，对故事《老鼠嫁女》有了解。

三、活动过程

（一）回忆故事内容

播放动画片，引导幼儿重点观察老鼠的队伍。

（二）欣赏剪纸作品，讨论剪老鼠的方法

（1）很多的老鼠，要一只一只地剪，要剪很久，那么，怎么一下就可以剪出来呢？

（2）猜猜，老鼠是怎么剪出来的？先怎么做？后怎么做？

（三）探索学习二方连续纹样的折剪方法

1. 怎样剪出四只连着的老鼠？

（1）出示长方形白纸，教师示范剪一只老鼠和四只连着的老鼠。

提问：为什么第一次只剪了1只老鼠，第二次却剪了4只老鼠？

老师是怎样折的？谁来试一试？（请1~2个幼儿示范折的方法）

（2）幼儿折好后，老师当场画老鼠、剪老鼠加以验证。

（3）引导幼儿观察4只老鼠。

提问：这4只老鼠是怎样的？

（一只一只手拉手连着的，而且是一模一样的）

2. 幼儿自由探索，剪出四只连着的老鼠。

3. 解决疑问。

（1）小朋友们剪成功了吗？为什么没成功？请剪成功的幼儿介绍方法。

（2）教师以小结方式解决难点。

4. 第二次尝试操作。

5. 揭示二方连续的概念及特点。

（四）幼儿操作

幼儿自由设计，教师巡回指导。

（五）作品展示

请个别幼儿介绍自己的作品。

四、拓展与延伸

在美工区介绍制作二方连续纹样的其他方法。

活动六 四瓣花（美工）

一、活动目标

1. 欣赏剪纸艺术，知道剪纸是中国特有的民间艺术。
2. 学习四瓣花折剪的方法，能发现剪纸作品中的对称关系。
3. 能将纸屑放在指定的地方，养成整洁有序的好习惯。

活动重点：学习四瓣花的折剪方法。

活动难点：掌握四瓣花的折剪方法。

二、活动准备

1. 物质准备：步骤图、各种彩色纸、剪刀、胶水、铅笔、各种民间剪纸作品。
2. 幼儿准备：幼儿有剪纸的基础。

三、活动过程

（一）欣赏民间剪纸作品，观察作品的色彩和图案

1. 在欣赏民间剪纸作品的过程中，引导幼儿说一说这些彩色纸都剪成了什么图案。
2. 鼓励幼儿说出自己看完作品后的感受。

（二）幼儿探索、尝试剪纸方法

教师为幼儿提供连续纹样折剪和四瓣花折剪的作品，引导幼儿根据已有的经验探索剪纸的两种基本折法，并尝试剪出简单的作品。

（三）在幼儿探索剪纸的基础上，教师示范两种基本的剪纸方法

1. 分别将长方形彩色纸对边折四折，用铅笔画出简单的图形，再剪出来。
2. 将正方形彩色纸对角折两折，用铅笔画出简单的图形，再剪出来。
3. 观看剪纸作品，引导幼儿发现对称关系，学习辨认对称图形，了解对称的美。
4. 幼儿再次进行剪纸活动，教师鼓励幼儿大胆创作，指导幼儿完成作品。

教师提醒幼儿：安全使用剪刀；剪纸时要仔细、有耐心；剪掉的纸要放在指定位置，不乱扔纸屑。

（四）展示幼儿作品

展示欣赏幼儿的作品，请幼儿说一说自己是怎样剪的。

四、拓展与延伸

幼儿可以在美工区继续探索尝试四瓣花折剪法。

活动七　老鼠嫁女（综合）

一、活动目标
1. 能结合自己已有的剪纸经验及剪纸技能，初步尝试合作剪纸。
2. 通过分组讨论，运用已有的经验改编故事结尾。
3. 乐于参与剪纸活动，享受剪纸成功后的快乐。

活动重点：用剪纸的形式表现《老鼠嫁女》的故事。
活动难点：改编故事结尾。

二、活动准备
1. 物质准备：《老鼠嫁女》（剪纸）课件，《老鼠嫁女》图卡每组一份，剪刀、各色纸、铅笔、水彩笔、胶棒等工具。
2. 幼儿准备：幼儿会对称折剪、镂空剪、二方连续剪的技能。

三、活动过程
（一）回顾《老鼠嫁女》（剪纸）的故事
1. 观看《老鼠嫁女》（剪纸）课件，故事里都有谁？
2. 看《老鼠嫁女》剪纸，想一想，里面的形象用了哪种剪纸的方法？
（二）分组合作
1. 每组幼儿自由选择《老鼠嫁女》中的某一场景，用剪纸的形式表现出老鼠、花轿、太阳、乌云等。
2. 幼儿将创造的内容粘贴在空白卡纸上，使其丰富多彩。
（三）分享交流
幼儿将本组的作品介绍给其他组，并讲出故事内容。

四、拓展与延伸
幼儿可以在美工区将《老鼠嫁女》的故事用剪纸的形式完整地表现出来，装订成册，放在图书区。

活动八　有趣的剪纸（社会）

一、活动目标
1. 知道剪纸是中国的民间艺术，在日常生活中应用广泛，感知剪纸艺术的魅力。
2. 敢于结合自身的经验大胆创作剪纸作品，制作剪纸册子，送给自己喜欢的人。
3. 喜欢剪纸，乐意运用剪纸的方式表达自己的感想。

活动重点：自制剪纸册子。
活动难点：自制剪纸册子。

二、活动准备

1. 物质准备：自制剪纸工艺品、自制剪纸礼品盒、自制贺卡若干、剪纸舞蹈视频、人们剪纸的照片。

2. 幼儿准备：幼儿有对称折剪、镂空剪、二方连续剪、四瓣花折剪等经验、技能。

三、活动过程

（一）导入活动

在音乐声中参观剪纸作品展览，发现剪纸在生活中广泛应用的现象。

1. 幼儿参观剪纸作品展览。
2. 幼儿交流看到的剪纸作品。
3. 幼儿分享自己看到剪纸作品的感受。

提问：平时在什么地方见过它？你知道它是什么意思吗？谁来分享一下？

4. 教师小结：剪纸作品在生活中应用非常广泛，既可以作为平时装饰，也可以作为礼品赠送，还可以变成好看的舞蹈、动画片，作为手工游戏，还可以让我们心灵手巧。

（二）观察讨论

了解剪纸源于中国，激发幼儿的自豪感。

1. 讨论剪纸的起源。

提问：你们知道剪纸最早出现在哪个国家吗？

2. 出示人们剪纸的照片，激发幼儿的自豪感。

他们都在干什么？还有谁也在学剪纸呢？小朋友心里感觉怎样？

（三）幼儿用剪纸制作纪念册

1. 出示老师做的剪纸册子，幼儿欣赏，激发幼儿运用已有经验制作剪纸作品。
2. 幼儿设计、制作剪纸纪念册。
3. 幼儿将自己的剪纸纪念册送给好朋友。

四、拓展与延伸

鼓励幼儿在家中与家长继续玩一玩剪纸手工活动。

活动九　对称的剪纸（数学）

一、活动目标

1. 认识镜像式对称图形。
2. 能以部分图形为依据辨认出整体图形。

活动重点：能以部分图形为依据辨认出整体图形。

活动难点：能以部分图形为依据辨认出整体图形。

二、活动准备

1. 物质准备：操作纸、复印纸、剪刀、画笔。
2. 幼儿准备：幼儿认识对称图形。

三、活动过程

（一）导入活动

教师用剪刀剪出多个对称图形，请幼儿对比图形和对折纸上留下的图形。

1. 首先把纸对折，从折线处开始剪，剪出来的图形是什么样子的？
2. 这些图形都以对折线为中线，两边对称。
3. 原来纸上留下的图形是这个对称图形的一半。

（二）幼儿创作

1. 请幼儿打开操作纸，观察书中4个剪纸，找到正确的图形，同时看一看其他图形可以怎样剪出来，用手里的剪刀和纸试一试。
2. 请幼儿自己用画笔仿画出书中的图案，再用剪刀剪出来，将剪出的图形打开，并和原纸上留下的图形进行比对，找到两者的相关之处。

四、拓展与延伸

在美工区提供多种对称剪纸的图示和纹样，供幼儿学习和模仿，鼓励幼儿设计和剪出多种多样的对称剪纸作品。

活动十　神奇的立体剪纸（美工）

一、活动目标

1. 初步学习立体剪纸，乐意在活动中自主探索立体剪纸的方法并大胆表现各事物形象。
2. 对剪纸活动感兴趣，喜欢剪纸活动。

活动重点：立体剪纸的方法。

活动难点：剪纸各部分的组合连接。

二、活动准备

1. 物质准备：立体剪纸方法视频、各色手工纸、勾线笔、胶水、白纸、剪刀、各种立体剪纸作品等。
2. 幼儿准备：幼儿对剪纸有一定的基础。

三、活动过程

（一）欣赏立体剪纸作品

1. 幼儿欣赏，自由讨论这些作品的剪法。
2. 请个别幼儿交流自己的想法。

（二）探索立体剪纸方法

1. 幼儿分组讨论立体剪纸的方法。

2. 在小组内尝试剪一剪。
3. 播放立体剪纸方法视频，幼儿学习。
4. 幼儿再次在小组内尝试立体剪纸。
（三）幼儿交流、展示作品
幼儿展示自己的剪纸作品，并说一说是怎么剪的。
四、拓展与延伸
在美工区提供立体剪纸的图示和成品，供幼儿学习和模仿，鼓励幼儿设计和剪出多种多样的立体剪纸作品。

活动十一　我们的剪纸展计划（综合）

一、活动目标
1. 能围绕剪纸展的话题进行讨论，并做到轮流发言，理解并尊重别人的观点。
2. 主动参与策划内容，提出合理建议，与同伴合作制定剪纸展计划。
3. 在协商、讨论、分工等过程中提高同伴间的相互合作能力。
活动难点：主动参与策划内容，提出合理建议，与同伴合作制定剪纸展计划。
活动难点：与同伴合作制定剪纸展计划。
二、活动准备
1. 物质准备：彩色水笔、油画棒、白纸、剪刀等。
2. 幼儿准备：幼儿了解展览会的相关内容。
三、活动过程
（一）谈话引入
咱们班的剪纸作品很多，有的小朋友提出可以办一个剪纸展，今天我们来一起制定计划，看看怎样准备。
（二）讨论制定剪纸展览会计划
1. 讨论：
（1）什么时间开剪纸展览会？在哪开？
（2）开剪纸展览会需要准备什么？
（3）剪纸作品怎样摆放？
（4）参观路线怎样规划？
（5）开剪纸展览会需要注意什么？
2. 幼儿分组讨论制定计划。
3. 各小组交流本组的计划。
4. 每组派出代表交流各自小组讨论的内容。
（三）确定计划
教师对幼儿制定的计划进行记录和归类，大家一起为计划书出主意，确定出最佳的剪纸展览会计划。

四、拓展与延伸

幼儿结合剪纸展览会计划在区域活动时间或其他时间准备关于剪纸展览会的材料。

活动十二 我们的剪纸展（综合）

一、活动目标

1. 通过开剪纸展览会，感受丰富多样的剪纸作品体现的不同美感。
2. 能大胆、连贯地向别人介绍自己的作品，并从中感到快乐。
3. 懂得珍惜别人的作品，不随意破坏。

活动重点：能大胆、连贯地向别人介绍自己的作品。

活动难点：感受丰富多样的剪纸作品体现的不同美感。

二、活动准备

1. 物质准备：幼儿的剪纸作品若干。
2. 幼儿准备：幼儿对自己的剪纸作品能完整地进行介绍。

三、活动过程

（一）组织幼儿布置剪纸展的场地

幼儿在老师的引导下分组布置，注意展品柜的摆放形式等。

（二）分组展览

1. 把幼儿分为两组：一组参观，一组负责介绍作品，然后交换。
2. 对参观组的要求：
（1）有序参观。
（2）珍惜别人的成果，不破坏作品。
3. 对介绍组的要求：
（1）大方介绍自己的作品。
（2）声音要能让参观者听清楚。

（三）交流感受

两组都参观完后，教师和幼儿围坐在一起，交流分享自己看完剪纸展的感受。

四、拓展与延伸

幼儿可以和同伴、家长一起探讨尝试更多的剪纸方法。

【主题活动反思】

幼儿剪纸是艺术领域的美工活动之一，是一种较为综合的趣味活动，它除了本身有较高的艺术性外，还能够更好地促进幼儿的全面发展。在科技日新月异的今天，让这种古老的中华民族艺术与幼儿艺术教育相结合，既符合幼儿生理和心理发展的需要，又能够提高幼儿的实际操作能力，发挥幼儿的想象力和创造力。

中班幼儿处在幼儿学前教育中承上启下的阶段，这个阶段也是幼儿身心发展的重要时期，动手能力、思维能力、语言表达能力、想象力、同伴交往能力等较小班幼儿都有了一定的发展。他们正处于人生求知欲望最强的启蒙阶段，剪纸活动既可以促进幼儿手、眼、脑协调能力的发展，又可以发展幼儿的智力，培养幼儿的爱美情操和审美观念，丰富幼儿的想象力并激发幼儿的创造力。

我国儿童教育家陈鹤琴先生说："小孩应该有剪纸的机会。"他认为剪纸有两方面的好处：一是可以养成自我专注学习的好习惯；二是可以锻炼身体的协调能力。也就是说，剪纸可以使孩子安静下来专心致志地干一件事，还可以使他们练出一双灵巧的手，而手巧往往意味着心灵，这是因为手部肌肉群的训练有利于大脑的开发。

在开展剪纸活动初期，我们从幼儿对剪纸活动的兴趣入手，引导幼儿主动探索、创造性地学习剪纸，为幼儿提供自我表现的机会，不断地鼓励、表扬幼儿。

在活动中，无论幼儿使用何种方法来表达，都会得到教师的认可。我们通过积极、肯定的评价消除幼儿因为不会剪或剪不好而对剪纸活动产生恐惧的心理，使幼儿感到剪纸对于自己来说不是一种负担，而是一件轻松愉快的事情。当剪纸成功后，幼儿都兴致勃勃地给作品起了名字。我们给他们的作品衬上漂亮的背景，布置在墙上，使幼儿对剪纸的兴趣以及剪纸的欲望更加强烈了。在以后剪纸时，注意力更加集中且身心都处于积极主动的状态，同时，幼儿的探究意识、自主学习能力以及创造能力都得到了发展。

《纲要》中明确指出："要为幼儿的探究活动创造宽松的环境，让每个幼儿都有机会参与尝试，支持、鼓励他们大胆提出问题，发表不同意见，学会尊重别人的观点和经验。"在具体的活动中，我们不要为孩子设计、规划好所有的活动细节，不要嘲笑孩子在活动中所表现出来的幼稚，不要为孩子在活动过程中出现的暂时停顿而焦虑，更不要在孩子剪得兴高采烈时生硬地打断他的剪纸活动。要多鼓励、多肯定、多赞扬孩子的异想天开，引导他们敢于想他人之未想、做他人之未做，这样，孩子的问题意识就会被肯定与激发，并会努力寻找答案。

这个主题的深入开展，证明了幼儿是有能力的学习者，只要成人视幼儿为创造者、发明者和发现者，与他们共同享受探究过程与探究结果的乐趣，幼儿的能力就会在具有一定挑战性的情境中，在利用自己的自然语言表达看待事物的独特角度和独特认识时显示出来。

幼儿的主动学习绝不是不需要教师的参与，幼儿形式上的"主动"学习也绝非实质上的主动学习，更难成为有效学习，这其中需要教师的指导作用。幼儿主动性的建构和发展需要教师主导作用的帮助，幼儿是以自身主动地学习来积极地建构自己这一"建筑物"的,而教师的教则是"建筑物"不可缺少的"支架"。正是在教师这一"支架"的支持下,幼儿逐渐发展并逐步独立,其主体的建构和发展才成为现实和可能。

例如,在分析幼儿作品时,我们发现在幼儿作品中出现了简单的情节,随着幼儿剪纸能力的不断提高、作品内容的不断丰富,幼儿已经不满足于剪一个单独的纹样,而是向有情节的方向发展。通过和幼儿讨论,我们共同确立了剪故事的活动,幼儿对《老鼠嫁女》的故事情节以及剪纸图案都非常喜爱,所以我们决定剪《老鼠嫁女》的故事,在活动初,幼儿只是从故事中选取一个情节作为自己表达的主要内容,以幼儿的个体活动为主,随着活动的深入,幼儿渴望剪出完整的故事,但这又是幼儿个人很难完成的,结合幼儿的问题,我们又一次引导幼儿展开讨论,最终选择以小组合作的形式剪故事,通过小组协商确定故事情节、设计故事插图,幼儿承担力所能及的纹样,分工合作共同剪出完整的故事。

我们通过幼儿的问题,生成了剪故事的系列活动,在活动中,不仅满足了幼儿的发展需要,而且引领幼儿学会有计划地做事,在与同伴的合作中,体验分享合作、成功的快乐。

此外,除了剪纸技能的培养,我们还引导幼儿了解一些剪纸的知识,比如剪纸的由来、种类、用途,等等,在剪纸的用途上,我们和孩子们一起讨论剪纸有什么用,孩子们想到了很多的用途,最后,我们和孩子们通过调查、搜集,一起总结出剪纸的几种用途,孩子们在活动中丰富了剪纸的知识。

在主题活动中离不开家长的支持与配合,每个环节我们都与家长沟通,幼儿与家长共同学习,在日常活动中不断复习巩固,正因如此,这一次的主题活动见到了实效。

总之,通过这次剪纸活动,我班幼儿对自己充满了自信,他们乐于在学习的过程中发现问题、提出问题,他们会运用观察、讨论、分析、问题展示等方法,在与同伴互学、小组合作中自主探究解决问题。幼儿在学会剪纸的同时,还学会了如何学习,并将学习的方法迁移到其他的学习活动中去。

事实向我们证明,任何形式的活动,只要教师的指导方法和策略得当,都可以成为开发幼儿主动学习的有效途径。

快乐皮影戏

班级:大三班　　　　　　　　　　　　　教师:安小盼、柳楠、李菁

【主题设计由来】

一天早上,大妞带来一套唐僧师徒四人的皮影人,孩子们看到之后,都兴

奋地围过来，大妞自豪地说："昨天妈妈带我去看皮影戏了，皮影戏可好看了！这是妈妈给我买的《西游记》的皮影。"王康旭说："我也看过皮影戏，我看的是《哪吒闹海》。"姜美美好奇地问："这个皮影怎么才能动呢？"有的小朋友拿起皮影人试着让它动起来。该吃早饭了，我让大妞先把皮影人放在表演区。到该活动的时候，杨洋、旭旭几个小朋友一起拿着皮影人表演起来。旭旭说："我看人家表演的时候是在一个幕布的后面，可是我们却没有幕布。"大妞说："我看表演的时候，看不见拿皮影的人。"接下来的几天，很多孩子都来表演区尝试表演皮影戏，他们也遇到了各种问题，于是"快乐皮影戏"的主题活动便在班里开展起来了。

【主题设计网络图】

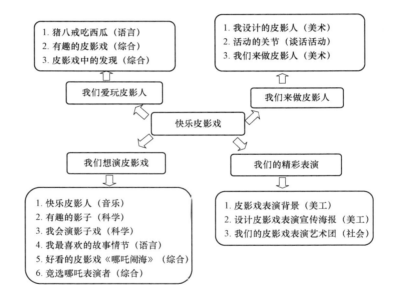

【主题活动总目标】

1. 初步了解中国民间艺术——皮影戏的表演形式，对皮影戏产生兴趣，喜爱皮影戏艺术，感受皮影戏的独特美。

2. 主动探究光与影这一简单的物理现象，提出问题，大胆猜想，尝试在实验操作中解决问题。

3. 欣赏各种皮影人，感受其形象、造型、色彩等特点，了解皮影人简单的制作方法，并尝试使用各种工具、材料制作皮影人。

4. 能围绕一个话题组织讨论，鼓励幼儿主动发现问题，积极回答问题，并能轮流发言，理解并尊重别人的观点和想法。

5. 积极参与皮影戏剧本创编活动，能用自己的语言创编新剧本，会用手工或绘画的形式表现剧本。

6. 能积极参加小组讨论和探究，在说一说、玩一玩、做一做的过程中积累知识经验，在共同制作、表演中体验合作的快乐，并从中获得成功的体验。

【主题活动的区域创设】

一、美工区

区域目标：
1. 欣赏皮影人的造型、色彩等特点，感受中国传统艺术皮影戏的独特风格。
2. 在画正面人的基础上学画侧面人，能够用绘画的方式创作皮影人。
3. 探索合理使用多种工具，收集各种材料，找到适合做皮影人的材料，能够制作简单的皮影人。
4. 尝试制作皮影人书签、皮影人故事小书等，体验创作活动带来的乐趣。
5. 能够主动对工具材料进行分类、整理与存放，养成良好的习惯。

区域墙饰：
学画侧面人的方法提示、工具的使用方法与注意事项、制作皮影人的步骤图。

区域材料：
水粉纸、马克笔、水彩笔、两脚钉、打孔器、剪刀、塑封膜、塑料袋、白纸、纸质购物袋、毛根、筷子、吸管、线绳、废旧台历等。

重点指导：
1. 引导幼儿在观察的基础上，感受皮影人的造型、色彩。
2. 指导幼儿掌握侧面人的绘画技巧，学画侧面人。
3. 支持、鼓励幼儿在探索与尝试中找到适合做皮影人的材料，探索各种工具的使用方法并能安全使用，尝试制作皮影人。
4. 引导幼儿用绘画或其他手工形式制作皮影人书签，创编新剧本。

二、表演区

区域目标：
1. 熟悉皮影故事《哪吒闹海》，尝试根据故事内容创编故事台词，丰富故事情节。
2. 能够与同伴合作分工，相互配合，共同表演皮影戏《哪吒闹海》。
3. 积极主动地参与《哪吒闹海》的表演，在活动中获得愉快、丰富的情绪体验。

区域墙饰：
《哪吒闹海》主要故事情节图。
区域材料：
《哪吒闹海》主要人物皮影人、灯光幕布。
重点指导：
1. 鼓励幼儿在熟悉故事内容的基础上创编故事台词，丰富故事情节。
2. 引导幼儿与同伴相互协商，自主分配角色，表演故事。

三、科学区

区域目标：
1. 愿意参加光影小实验及光影游戏，喜欢猜想并动手操作尝试。
2. 在实验操作及光影游戏等多种形式中感知光与影的变化规律，发现光与影之间的关系。
3. 在尝试与探索中，找到适合做皮影戏表演幕布的材料。
区域墙饰：
好玩的光影游戏流程图、哪种布更适合做幕布的证明图。
区域材料：
和光影相关的玩具及自制的玩具、手电筒、幼儿收集到的认为可以做幕布的布等。
重点指导：
1. 引导幼儿在光影游戏及实验操作中感知光与影之间的变化规律，发现光与影的关系。
2. 鼓励幼儿探索收集各种布，找到适宜做皮影幕布的材料。

【主题生活活动】

1. 晨间谈话时结合幼儿的兴趣及问题和幼儿聊聊关于皮影人的相关话题。
2. 饭前安静活动时，和幼儿一起读一读看一看关于皮影戏的故事书、关于皮影戏的相关知识，说说关于皮影戏的儿歌；请幼儿说说自己知道的关于皮影戏的相关知识等。
3. 过渡环节时鼓励支持幼儿用自己喜欢的方式（如观察、摆弄等）感受皮影人及皮影戏。
4. 过渡环节时支持幼儿为同伴表演皮影戏，共同感受皮影戏的独特魅力。

【主题家园共育】

1. 鼓励家长在条件允许的情况下，带领幼儿去看真正的皮影戏演出，让幼儿感受皮影戏的魅力。

2. 和幼儿聊一聊幼儿对皮影戏感兴趣或有困惑的问题，帮助幼儿丰富关于皮影戏的相关认识。

3. 鼓励家长利用双休日或者其他空闲时间和幼儿一起寻找、搜集可以制作皮影人及皮影幕布的材料，让幼儿带到幼儿园，在和同伴探索、尝试、交流的过程中不断改进，找到适宜的材料。

4. 在睡前故事时间和幼儿讲一讲《哪吒闹海》的故事，鼓励并帮助幼儿尝试结合故事内容合理创编台词，丰富故事情节。

【主题主要活动】

活动一　猪八戒吃西瓜（语言）

一、活动目标

1. 认真观察和理解画面内容，了解《猪八戒吃西瓜》的主要故事内容。
2. 能够围绕故事积极回答问题，能清楚地表达自我。
3. 感受以皮影戏形式呈现的绘本故事的独特魅力。

活动重点：围绕故事清楚积极地回答问题。

活动难点：感受皮影戏的独特魅力。

二、活动准备

1. 物质准备：皮影绘本故事《猪八戒吃西瓜》、投影展示台。
2. 幼儿准备：幼儿知道《西游记》的故事。

三、活动过程

（一）导入活动

出示皮影绘本故事《猪八戒吃西瓜》，激发幼儿阅读的兴趣。

（二）欣赏故事

引导幼儿边看图片边欣赏故事，理解故事内容，感知猪八戒、孙悟空等主要角色的性格特点。

提问：

1. 八戒和悟空一起去摘果子，但是最后八戒去了吗？为什么？
2. 悟空走了之后，八戒发现了什么？他是怎么分西瓜的？
3. 悟空回来后发现八戒在吃西瓜，他是怎么说的？怎么做的？为什么？
4. 八戒四次绊倒，他分别都说了什么？
5. 后来大家知道真相了吗？八戒是怎么说的？
6. 你喜欢故事中的谁？为什么？

（三）表演故事
请幼儿自由选择故事中的角色和场景，夸张幽默地表演。
四、拓展与延伸
观看《西游记》中的其他故事情节。

活动二　有趣的皮影戏（综合）

一、活动目标
1. 欣赏皮影戏录像，感知皮影戏独特的艺术魅力。
2. 细心观察，能用语言表达出自己对皮影戏的认识。
3. 对皮影人感兴趣，有进一步尝试、探究的欲望。
活动重点：感受皮影戏的独特之处。
活动难点：发现皮影戏特有的典型特点。
二、活动准备
1. 物质准备：白板课件、皮影戏影像资料（例如《哪吒闹海》的角色剪影）、幕布。
2. 幼儿准备：幼儿有过简单操作皮影人的游戏经验。
三、活动过程
（一）初步感知皮影戏的独特艺术魅力
1. 播放皮影戏《哪吒闹海》的视频，教师和幼儿认真欣赏，自由表达。
2. 教师介绍：刚刚我们看到的视频内容是《哪吒闹海》，它的表现形式和我们之前看到的动画片不一样，它是用皮影戏来表演的。皮影戏也叫影子戏，是一种古老的传统艺术。
3. 提问：看过《哪吒闹海》的皮影戏后，你有什么感受？
（二）幼儿在感受的基础上大胆表达自己对皮影戏的认识
1. 回忆皮影戏《哪吒闹海》的视频。
提问：
（1）《哪吒闹海》的皮影戏和我们平时看到的动画片有什么不一样的地方？
（引导幼儿发现：皮影戏里的人物动起来没有动画片里的人灵活，皮影戏的画面颜色没有动画片的颜色鲜艳）
（2）皮影人是怎么动起来的？一个人能不能表演皮影戏？
（引导幼儿发现皮影人需要人为操作才能动起来，表演皮影戏需要很多人合作）
（3）你看到的皮影戏除了需要皮影人外，还需要什么东西才能进行表演？
（引导幼儿发现，需要灯光、幕布等道具才能进行表演）

（三）表演故事

幼儿尝试表演皮影戏，在感受皮影戏乐趣的同时，萌发对皮影戏做进一步探究的兴趣及欲望。

1. 出示皮影人，幼儿自由选择自己喜欢的皮影人，在玩一玩中感受皮影戏的乐趣。
2. 请幼儿说一说玩皮影戏的感受。

四、拓展与延伸

在表演区投放幼儿带来的皮影人，供幼儿尝试表演。

活动三　皮影戏中的发现（综合）

一、活动目标

1. 通过欣赏，初步了解皮影戏，感受皮影戏的艺术特色。
2. 利用皮影人，了解皮影的影子出现的原理。

活动重点：感受皮影戏的艺术特色。

活动难点：利用皮影人，了解皮影的影子出现的原理。

二、活动准备

1. 物质准备：春节联欢晚会节目《俏夕阳》的视频、手电。
2. 幼儿准备：幼儿对皮影戏有初步认知。

三、活动过程

（一）以手影导出活动

1. 孩子们，看老师给你们做一个手影游戏。
2. 教师站在表演皮影戏的幕后，边表演边问：这是什么？
3. 教师表演两三个手影让孩子们猜，激发孩子们对影子的兴趣。
4. 教师小结，引出皮影戏表演。

（二）欣赏皮影戏

请皮影戏艺人表演皮影戏《孙悟空三打白骨精》，幼儿欣赏。

1. 提问：谁能告诉老师，你们刚才看到的是什么表演？
2. 幼儿回答后教师小结：这是我国的一种民间戏剧，叫皮影戏。表演时，表演者站在白色幕布后面，在很强的灯光映照下，一边操纵手中的戏曲人物，一边用当地流传的曲调唱出故事情节。

（三）表演皮影戏

1. 请出表演者，示意幼儿欢迎表演者。
2. 孩子们向表演者提出各种想知道的关于皮影戏的问题，皮影戏艺人回答孩子们的问题，让孩子们目睹表演者的表演。
3. 幼儿尝试表演皮影戏，表演者教幼儿怎样使皮影动起来，并模仿学一两句唱曲。

4. 幼儿到幕后尝试表演皮影戏。

5. 欣赏春节联欢晚会节目《俏夕阳》，尝试模仿表演者使自己的身体关节动起来。

6. 幼儿在欢快的乐曲伴奏下，边活动关节边走出活动室。

四、拓展与延伸

将视频投放在表演区，供幼儿观看欣赏。

活动四 我设计的皮影人（美术）

一、活动目标

1. 学习基本的印染技巧与方法。
2. 了解民间皮影人的特点，对印染活动感兴趣。

活动重点：学习基本的印染技巧与方法。

活动难点：了解一些有关民间皮影人的知识。

二、活动准备

1. 物质准备：浅色的卡纸、记号笔、颜料、剪刀、固体胶以及用硬纸板做好的三角灯笼若干。
2. 幼儿准备：幼儿有初步印染的经验。

三、活动过程

（一）了解民间皮影人

1. 出示民间皮影人的图片，引起幼儿的兴趣。
2. 观察民间皮影人的主要特点。

（二）教师讲解示范

1. 抓住民间皮影人的特点作画，人物动作可以是各种各样的。
2. 用各种线条和图形来装饰皮影人。
3. 选择颜料印染，重点讲解印染的技巧和方法。
4. 将印染好的皮影人剪下，装饰在三角灯笼上。

（三）幼儿制作，教师指导

1. 鼓励幼儿创作出不同动作的皮影人，并能用各种线条来装饰。
2. 重点指导印染的技巧和方法。

（四）展示幼儿作品，幼儿互相观赏评价

四、拓展与延伸

将材料投放在美工区，可供幼儿制作皮影人。

活动五　我们来做皮影人（美术）

一、活动目标

1. 大胆表现皮影人的动态，感受表演皮影戏的乐趣。
2. 知道皮影戏是我国传统民间艺术的一种，产生喜爱民间艺术的情感。

活动重点：鼓励幼儿大胆表现皮影人四肢的特征。

活动难点：引导幼儿产生喜爱民间艺术的情感。

二、活动准备

1. 物质准备：皮影戏的视频、PPT、皮影道具、剪刀、记号笔、炫彩棒等。
2. 幼儿准备：幼儿对皮影戏有初步的认知。

三、活动过程

（一）欣赏皮影

1. 请小朋友来猜一个谜语：说话不用自己的嘴，几根木棍撑筋骨，关节能够动一动，扁扁身体会表演。谜底是中国人发明的一种传统文化。
2. 师：小朋友，前几天我们一起在电脑上看了皮影戏，你们觉得皮影戏好看吗？

小结：皮影戏是我国古老的剧种之一。演员用木棍或者用线拎着皮影就可以演出精彩的故事。演出皮影戏很方便，连外国人也很喜欢呢！

3. 师：今天老师带来了一些皮影的图片，这些图片上的动作都是不一样的，一起来看看吧！

4. 欣赏PPT1～3：请幼儿来模仿动作。

师：你们模仿得都很像，这些皮影人的每个关节都可以活动，这样表演起来才生动，大家才爱看。（幼儿跟着音乐做动作）

5. 欣赏PPT4：皮影人非常特别，是我们中国人的骄傲。你觉得皮影人哪里最特别？

小结：皮影人衣服的线条非常优美，都穿着大大的袖子，舞动起来很好看。

（二）制作皮影

1. 师：今天我们班的皮影戏剧场开幕了，但小小皮影戏剧场还缺很多的演员，我们一起来做皮影人吧。

师：我已经帮你们准备好了皮影的头和身体，还缺什么？（四肢）

师：皮影人的四肢都是什么形状的呢？

2. 欣赏PPT5～6。

师：皮影人的手臂和腿都有点像梯形。

师：现在开始做手臂了，先拿一块云彩纸，然后用记号笔在纸的最上面画出梯形的手臂，还有关节，再用剪刀沿着轮廓把它剪下来，剪的时候要将手臂分成两部分。手臂已经做好了，用回形针把它连起来。

师：谁来试一试做另外一只手臂。

（教师将事先准备好的两条腿连接到身体上）

师：我的皮影人已经做好了，可以开始表演了，你们也去试试吧！

师：这些皮影人的五官都是侧面的，你们自己画一画，然后将衣服装扮好，画好四肢，装饰一下，再剪下来和身体连接。

（三）表演皮影

师：皮影戏表演开始了，你的皮影人做了什么动作呀？

四、拓展与延伸

幼儿在表演区借助自制皮影人进行表演。

活动六　快乐皮影人（音乐）

一、活动目标

1. 理解并能用动作表现作品的ABA[①]结构。
2. 能变化方位创编音乐中皮影人的各种造型动作。

活动重点：能够根据音乐旋律迅速控制自己的身体并做出有创意的造型。

活动难点：初步了解皮影戏的特点，产生喜爱民间艺术的情感。

二、活动准备

1. 物质准备：皮影人、音乐、一块长白布、一盏太阳灯。
2. 幼儿准备：幼儿观看过皮影戏或者皮影动画片，观看过舞蹈《俏夕阳》，知道A段音乐并探索过A段乐曲中皮影人入场的各种动作。

三、活动过程

（一）音乐导入

幼儿随A段音乐扮做皮影人，排队进入活动室。

（二）自主探索皮影人的造型动作

1. 欣赏B段音乐，引导幼儿表现皮影人的造型动作。

（1）欣赏B段音乐。

师：听，喇叭吹起来了。皮影人要干什么了呢？仔细听。你觉得在这段乐曲中皮影人在干什么？

（幼儿随着音乐自由表演，有的幼儿挥动双手表演皮影人在跳舞；有的幼儿双手十指上下摆动表演皮影人在敲鼓；有的幼儿滑稽地表演皮影人的头和手向前一伸一缩的样子，并在音乐出现"噔"声时停住，摆出一个造型）

2. 教师引导大家分析某一个幼儿的造型。

师：刚才老师看到有个小朋友的动作特别合拍，我们请他上来表演给大家

---

① ABA：音平分A、B、A三个段落，第一段（A）和第三段（A）是重复的。

看看。

师：这位皮影人在表演什么？

师：我们再来看看他是在乐曲的什么时候停住摆造型的？

师：现在请大家来试试，在乐曲出现"噔"的一声的时候停住并摆造型。

师：现在谁来表演给大家看看？

3. 变化方位创编各种皮影人的造型动作。

师：大家看这位小朋友是站着造型的。除了站着造型，皮影人还可以怎么造型？

请每个小朋友找个空位摆出自己喜欢的造型动作，注意运用身体的各个关节向不同方向造型。

4. 随乐创编各种皮影人的造型动作。

师：现在我们跟着音乐来试一试，注意要利用各个关节变出各种各样的造型动作。

四、拓展与延伸

在表演区鼓励幼儿大胆尝试表演皮影戏。

活动七　有趣的影子（科学）

一、活动目标

1. 引导幼儿获得有关光和影子的感性经验。
2. 初步了解影子的作用，引发幼儿对这一自然现象产生兴趣。
3. 引导幼儿主动参与活动，激发幼儿的探索兴趣、求知欲望。

活动重点：获得有关光和影子的感性经验。

活动难点：了解影子的作用，引发幼儿对这一自然现象产生兴趣。

二、活动准备

1. 物质准备：彩色纸剪的各种物体形象，立体玩具和影子棋盘，白纸、手电筒、胶水若干，记录纸人手一份，无影灯图片制作的白板课件。

2. 幼儿准备：幼儿在科学课上玩过光与影的游戏。

三、活动过程

（一）导入活动

以谈话活动"我知道的影子"，引起幼儿探索的欲望。

师：你知道影子是什么样的吗？

师：今天我们准备了四组材料玩影子，而且这四组材料都不一样，你可以选择喜欢的材料玩一玩、画一画，看看有什么发现？

（二）幼儿玩影子，了解影子与光线的关系

师：你们发现了什么？

（个别幼儿演示并介绍记录结果）

师：（整理记录）当光线位置变化了，影子就会变；当物体位置变化了，影子同样会变。

（示图一）当光线位置较高时，影子就短。这是因为物体阻挡了较少的光线。

（示图二）当光线低斜时，影子就长。这是因为物体阻挡了更多的光线。

（三）利用光和影子的关系，玩"影子棋盘"

玩法：幼儿两人一组，分别选择红方、蓝方。轮流把中间水彩笔的影子照在对方的棋盘标志上，影子的最远处停在不同的标志上，可以得到不同的星数，比一比谁得的星最多。

（四）讨论日常生活中的影子

师：影子在我们的生活中无处不在，它对我们的生活有什么作用？我们什么时候不需要影子？

四、拓展与延伸

将材料投放在科学区，供幼儿体验、探究。

活动八　我会演影子戏（科学）

一、活动目标

1. 初步感受剪影（剪纸）艺术的美，并对这种表现形式感兴趣。
2. 在掌握一定剪纸技能的基础上，大胆想象、积极创作，充分体现活动的自主性和合作性。

活动重点：感受剪影艺术的美，对这种表现形式感兴趣。

活动难点：体现活动的自主性和合作性。

二、活动准备

1. 物质准备：白板、黑卡纸、剪刀、双面胶、吸管、塑料筐若干个。
2. 幼儿准备：幼儿具备一定的直接剪出物体外形的经验。

三、活动过程

（一）表演导入

老师边讲述故事边操作《哪吒闹海》影子。

1. 组织讨论：

（1）老师是怎样表演的？

（是用剪纸表演的，有的直接贴在白板上，有的贴在棒上表演）

（2）老师采用了哪些材料？

（黑卡纸、白色吸管、台灯、双面胶等）

（3）为什么要选用这些材料？

（二）引导创作
1. 激发幼儿的创作欲望。
2. 组织讨论：怎样才能完成得又快又好？
3. 鼓励幼儿自由组合，合作编故事、剪纸、表演。
4. 组织幼儿分组上台交流。

四、拓展与延伸
1. 鼓励幼儿剪出各种形象，编出不同的故事，表演给同伴欣赏或自娱自乐。
2. 可给小班、中班的弟弟妹妹们巡回表演。

活动九 我最喜欢的故事情节（语言）

一、活动目标
1. 能大胆地说出自己喜欢的动画片以及动画片里的人物，并能安静地倾听别人谈话。
2. 能大胆地表现动画片里角色的神态、动作，对动画片产生兴趣。

活动重点：能大胆地说出自己喜欢的动画片。

活动难点：能大胆地表现动画片里角色的神态、动作。

二、活动准备
1. 物质准备：动画片。
2. 幼儿准备：幼儿对自己喜欢的动画片很熟悉。

三、活动过程
（一）观看动画片
1. 根据幼儿的提议，播放幼儿喜欢的动画片。
2. 引导幼儿说出动画片里的角色。
（1）刚才你们看了这些动画片，你们还记得这些动画片的名字吗？
（2）我们再看一遍好不好，一边看一边说出它们的名字，好吗？
（3）教师逐一播放，幼儿回答所看到的画面是哪一部动画片。
3. 引导幼儿说出自己最喜欢的动画片。
小朋友看了这么多好看的动画片，你最喜欢哪一部动画片？你能告诉大家你为什么喜欢它吗？
4. 引导幼儿说说还看过哪些动画片。
（二）游戏：我来当演员
1. 现在你们想不想当小演员，来扮演动画片里的角色呢？
2. 根据动画片故事情节，幼儿自己决定要扮演的角色，播放动画片音乐，幼儿表演相应的角色。

（三）结束

大家在一起看了这么多好看的动画片，还唱了动画片里的歌曲，今天的天气也很好，大家出去放松一下心情，好吗？

四、拓展与延伸

家园共育，请家长在家和幼儿一起有意识地观看幼儿喜欢的动画片。

活动十 好看的皮影戏《哪吒闹海》（综合）

一、活动目标

1. 欣赏《哪吒闹海》皮影戏表演视频，感受皮影戏表演的艺术魅力。
2. 分小组表演《哪吒闹海》皮影戏，发展幼儿合作、交往、操作的能力。

活动重点：感受皮影戏表演的艺术魅力。

活动难点：分小组表演《哪吒闹海》皮影戏。

二、活动准备

1. 物质准备：《哪吒闹海》皮影戏表演视频，《哪吒闹海》故事中配套的自制的皮影人。
2. 幼儿准备：幼儿特别熟悉《哪吒闹海》故事内容。

三、活动过程

（一）欣赏皮影戏

欣赏《哪吒闹海》皮影戏，感受皮影戏表演的艺术魅力。

各小组选择自己喜欢的剧情，展开讨论，分工合作，进行《哪吒闹海》皮影戏情节排练。

（二）小组交流，集体评价

各小组合作完成《哪吒闹海》皮影戏表演。

四、拓展与延伸

将表演活动带到中、小班，让其他班的老师和幼儿了解皮影戏表演的形式，感受皮影戏表演的艺术魅力。

活动十一 皮影戏表演背景（美工）

一、活动目标

1. 能利用不同的材料、方法制作表演背景。
2. 通过为表演区的小朋友制作表演背景，获得愉快的情绪情感体验。

活动重点：为表演区的小朋友制作表演背景。

活动难点：能利用不同的材料、方法制作表演背景。

二、活动准备

1. 物质准备：皮影戏表演视频，各种纸、剪刀、塑封膜等工具。

2. 幼儿准备：幼儿有画背景的经验。

三、活动过程

（一）欣赏皮影戏表演视频

提问：在皮影戏表演中，你都看到了什么？（操作的皮影人、背景……）

（二）小组讨论

找到制作背景的不同的材料与方法。

1. 哪些纸可以用来制作皮影戏表演背景？
2. 制作好的表演背景如何投入到表演中？

（三）制作表演背景

独立制作皮影人表演背景，遇到问题，小组共同商量解决。

（四）小组展示交流

1. 用彩色卡纸剪出背景，画上装饰，再粘贴在筷子上，像操纵皮影人一样操作，并且能随时更换背景。
2. 用硫酸纸画出背景，用塑封膜封上，插入表演盒中，随时抽取更换。
3. 直接将画、剪好的背景粘贴在幕布上。
4. 将制作好的背景用于皮影戏表演中，根据使用情况进行调整，找到最适宜的材料与方法。

四、拓展与延伸

将材料投放在美工区，幼儿可以继续创作、布置。

活动十二　设计皮影戏表演宣传海报（美工）

一、活动目标

1. 通过观察图片，了解宣传海报主要包括哪些内容。
2. 独立设计宣传海报，提高幼儿的绘画能力、想象力。

活动重点：了解宣传海报主要包括哪些内容。

活动难点：独立设计宣传海报。

二、活动准备

1. 物质准备：白板课件、纸、彩色马克笔、油画棒等。
2. 幼儿准备：幼儿去电影院、超市等地方，见到过一些宣传海报。

三、活动过程

（一）谈话导入

提问：小朋友们在哪里看到过宣传海报？宣传海报上都有什么？

（二）观看白板课件

1. 集体讨论，了解宣传海报都包括哪些内容。

小结：宣传海报包括名称、时间、地点、主要角色人物及背景图片。

2. 我们想要给小朋友们表演皮影戏《哪吒闹海》，需要小朋友设计海报，你想设计成什么样的？海报上要有哪些内容？

（三）幼儿独立设计海报，教师巡回指导

1. 提示幼儿注意握笔及坐姿要正确。
2. 提示幼儿注意布局及画面内容要合理。

（四）幼儿展示交流，集体评价

四、拓展与延伸

将宣传海报展示在班级作品栏，为艺术团活动做好准备。

活动十三　我们的皮影戏表演艺术团（社会）

一、活动目标

1. 在协商、讨论的基础上，用自己的方式做简单的记录。
2. 努力做好力所能及的事，不怕困难，解决问题，有初步的责任感。

活动重点：用自己的方式做简单的记录。

活动难点：有初步的责任感。

二、活动准备

1. 物质准备：记录纸、笔等。
2. 幼儿准备：幼儿有参与小组讨论的经验。

三、活动过程

（一）师幼共同讨论皮影戏表演艺术团人员分工

提问：六一儿童节，我们要给全园小朋友表演皮影戏，我们要成立皮影戏表演艺术团，请小朋友们想一想表演艺术团都需要哪些人？他们分别做什么？

小结：演员、发票员、音响师、灯光师、后勤人员（收拾整理材料等）、设计师（设计海报及门票）等。

（二）确定艺术团人员

以自我推荐和小组讨论的形式产生各部分负责人及成员，并记录在记录纸上。

1. 在小组内通过自荐和小组投票的方式，进行人员分工，并简单记录。
2. 小组推荐本组最适合的人选。
3. 同一部分负责人竞选，大家投票选出最终负责人。

四、拓展与延伸

幼儿在表演区可以反复练习如何成立艺术团，幼儿回家后，可以和家长谈谈竞选过程。

【主题活动反思】

"快乐皮影戏"这一主题活动开展了一个多月，孩子们一直保持着浓厚的兴趣，积极参与到活动的观察、探索、讨论、交流、互助、合作中来。同时，我们巧用家长资源。家长不仅和幼儿一起收集相关的资料，还积极参与到幼儿自制皮影人的活动中来，和幼儿一起尝试、寻找适合的材料，用自己投入活动的热情去感染幼儿，也正是因为家长的大力支持与配合，使得活动效果显著，幼儿发展明显，回顾整个主题活动开展的过程，主要有以下几点收获：

1. 通过观看演出视频、调查与访问、交流与讨论、共同制作、合作表演等多种活动，幼儿获得了关于民间皮影戏较为丰富的知识和经验，大大激发了幼儿对民间艺术的热爱之情，初步让幼儿萌发了民族精神和民族自豪感。幼儿在不断地发现问题、解决问题的过程中，语言表达能力得到提高，勇于探索、不怕失败的品质得到进一步提升，充分体验到成功的快乐。在整个活动中，幼儿的社会性也得到了很好的发展，幼儿能愉快地和同伴交流、分享自己的知识和经验；能积极发表自己的见解并认真倾听同伴的不同意见；能与同伴分工合作进行表演、制作等活动。

2. 这个主题活动体现了教师的创造性。皮影戏是一种民间综合艺术，皮影戏剧目繁多、唱腔多样，而且皮影制作的工序复杂。教师选择把皮影戏作为教学内容，是经历了对其进行学习、分析和再创造的过程。

① 教师根据幼儿的年龄、学习特点，从众多的皮影戏知识中，筛选出制作材料、制作工序和表演方法三个方面作为幼儿学习、研究的重点内容。

② 在幼儿尝试制作皮影的过程中，教师根据幼儿的特点、需要，对皮影的制作材料和制作过程进行了再创造。如利用生活中比较容易收集到的材料（制作幻灯片的塑料膜、过塑膜等）替代制作皮影的羊皮、牛皮；用纽扣、两脚钉替代用针线缝接皮影等。从这些活动可以看到，教师的这些创造性改进，使皮影更加适合幼儿操作，让幼儿通过动手操作获得了更直接的经验。

3. 这个主题活动注重整合性。教师整合多个领域的教育内容，充分运用多种教育资源和教育手段，促进幼儿多种能力的综合发展，使幼儿的语言表达能力、探究能力、动手操作能力、分工合作能力及文学欣赏能力等都得到了提高。

4. 在这个主题活动中，教师注意激发幼儿对皮影戏的兴趣，引导幼儿自觉、主动地参与多种形式的活动，让幼儿在活动中不断建构知识体系，获得积极的情绪情感体验，促进幼儿探究能力的发展。

① 教师能够从幼儿感兴趣的问题出发，引导幼儿积极、主动地探究、解决问题。在解决问题的过程中，教师十分注意保护并不断激发幼儿的学习兴趣以及兴趣的持续性，循序渐进，引导幼儿参与活动。

② 在主题活动中大量采取了项目活动的方式，使主题活动的进程更加具有开放性、自主性和探究性，使幼儿活动的积极性、参与度大大提高。

总之，通过"快乐皮影戏"主题活动的开展，幼儿不仅了解了中国传统民间艺术皮影戏的相关知识，还了解了皮影制作的相关材料、皮影的制作程序，并尝试使用各种工具、替代材料制作皮影，用多种替代材料搭建表演皮影戏的舞台。在共同制作、共同表演中体验了合作的快乐，获得了成功的乐趣。

我们一起做戏服

班级：大二班　　　　　　　　　　　　　教师：徐洋、闫奥辰、陈义恩

【主题设计由来】

在我园开展传统文化课程的过程中，为传承优秀文化，培养幼儿的文化认同感和民族自豪感，我园围绕京剧主题，开展了丰富多彩的活动，如"咿咿呀呀唱京剧""我们的京剧大舞台"等，孩子们积极参与到各项活动中。我班就在京剧大舞台旁边，在区域活动或过渡环节中，孩子们喜欢到大舞台里看看、转转、玩玩。同时也切身参与了大舞台海报制作、舞台背景设计、筹备服装道具等活动。孩子们最感兴趣的是京剧大舞台（以下简称大舞台）里那一件件漂亮的戏服，他们经常把戏服拿出来穿在自己身上，在镜子前转来转去，随之也发现了各种各样的问题。有的幼儿发现戏服穿在自己身上不合适，有的幼儿发现戏服没有头饰和鞋子。因此，从孩子们的兴趣、问题及需要出发，"我们一起做戏服"的主题活动便应运而生。

【主题设计网络图】

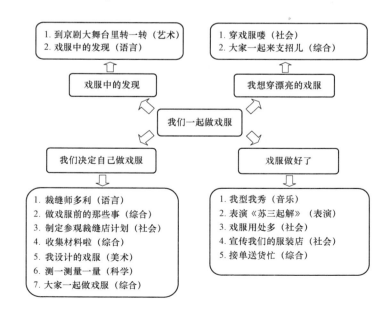

【主题活动总目标】

1. 探索了解多种材料及工具的特性，尝试选择并利用多种材料及工具制作戏服。
2. 主动提出问题，能围绕一个话题进行讨论，大胆表达，理解尊重别人的观点。
3. 学习用多种方法对感兴趣的事物进行记录、统计和自然测量。
4. 积极参加小组讨论和探究，培养幼儿合作学习的意识和能力，学习用多种形式表现、交流。
5. 能够积极面对活动过程中遇到的问题，并努力想办法尝试解决。
6. 明确自己的任务，做事认真，有始有终，体验合作的快乐和意义，有初步的责任感。

【主题活动的区域创设】

一、美工区

区域目标：
1. 尝试结合已有的经验大胆设计戏服、靴子的样式及纹样。
2. 能够根据各种废旧材料的特点，运用画、剪、拼接等方式装饰自制的京剧服装。
3. 尝试制作戏服书签、戏服小书、戏服小摆件等，体验创作带来的乐趣。
4. 能够正确使用各种工具、材料，养成有序分类、整理、存放的好习惯。

区域墙饰：
戏服基本样式、基本纹样展示墙；戏服书签、戏服小书等的制作步骤图；幼儿设计的作品展示墙。

区域材料：
各种可以装饰戏服的废旧材料以及剪刀、胶棒、双面胶、胶条、订书器、彩笔、油画棒等工具。

重点指导：
1. 指导幼儿在了解戏服样式的基础上，运用多种纹样大胆设计戏服样式。
2. 鼓励幼儿在探索了解所收集材料特点的基础上，尝试用多种方式装饰自制的戏服。
3. 鼓励幼儿尝试运用多种方法，如剪、贴、折、画等，自主选择材料制作戏服书签、戏服小书、戏服小摆件等美工作品。
4. 帮助幼儿养成良好的美术活动习惯，提示幼儿活动结束后主动分类、整理、存放各种材料。

二、社会交往区

区域目标：

1. 探索了解多种工具及材料的特性及使用方法，能够安全合理地使用工具、材料。
2. 学习用多种方法在制作戏服的过程中进行记录、统计和自然测量。
3. 能够与同伴合作分工，明确自己的任务，共同完成戏服的相关制作。
4. 尝试与平行班级的小朋友积极互动，进行按订单制作戏服、租售戏服等游戏活动。
5. 能够尝试解决活动中遇到的困难，不轻易放弃，有始有终地完成一件事。

区域墙饰：

给裁缝店起的名字；裁缝店里的工具有哪些；裁缝店里都有谁，他们要做哪些事；业务价目表等。

区域材料：

各种适宜的制作工具，如剪刀、尺子、双面胶、订书器、量尺等；各种材料，如报纸、皱纹纸、牛皮纸、塑料袋、纸袋、彩色纱布、长吸管、彩坠等。

重点指导：

1. 引导幼儿大胆地探索了解多种工具的使用方法，并能够安全使用。
2. 指导幼儿学习用简单测量的方法测量胸围、腰围及衣长等。
3. 指导幼儿进行按订单制作戏服、租售戏服的游戏活动。
4. 鼓励幼儿遇到困难不轻易放弃，积极寻找解决的办法并尝试解决困难。

三、表演区

区域目标：

1. 在了解《苏三起解》故事内容的基础上，对主要人物的性格特点有较准确合理的认识。
2. 尝试根据故事内容，大胆创编故事台词及相应动作。
3. 能够根据创编内容与同伴合作，共同表演。
4. 能够积极主动地参与《苏三起解》的表演，在活动中获得愉快、丰富的情绪情感体验。

区域墙饰：

我眼中的《苏三起解》，幼儿对主要人物性格特点的分析理解；我想参演谁；角色分配的解决办法等。

区域材料：

《苏三起解》的相关音乐，各主要人物的服饰、手铐链、棍棒等道具，衙门场景布置等。

重点指导：
1. 帮助幼儿记录创编的故事台词，引导幼儿根据对故事内容的理解丰富台词内容。
2. 引导幼儿自主商量、分配角色，表演故事。
3. 尊重幼儿的兴趣和独特感受，对幼儿的合理需求及时帮助与指导。

【主题生活活动】

1. 过渡环节时和幼儿一起到京剧大舞台里转转、看看、玩玩，为幼儿提供感受、发现与体验的机会。
2. 饭前、饭后安静活动时，和幼儿一起欣赏京剧表演，看一看和戏服有关的书籍；请幼儿说说自己知道的关于京剧戏服的相关知识等。
3. 过渡环节时根据幼儿的兴趣及问题和幼儿聊聊关于京剧戏服的相关话题。

【主题家园共育】

1. 请家长利用休息时间与幼儿一起，通过观看视频或查阅资料等方式，收集整理幼儿感兴趣或有困惑的问题，围绕幼儿的需求及问题进行谈话聊天活动。
2. 带幼儿到附近的裁缝店或洗衣店进行有目的的参观活动。
3. 和幼儿一同收集幼儿认为可以制作戏服的废旧材料。
4. 请有制作服装经验的家长来园参与助教活动。

【主题主要活动】

活动一 到京剧大舞台里转一转（艺术）

一、活动目标
1. 欣赏京剧大舞台里的服饰和道具，大胆表达自己的感受。
2. 初步了解京剧服饰在样式、图案等方面特有的独特魅力。

活动重点： 在观察欣赏的基础上表达自己对京剧服饰的具体感受。
活动难点： 感受京剧服饰所特有的独特魅力。

二、活动准备
1. 物质准备：和京剧有关的各种服饰及道具。
2. 幼儿准备：幼儿对京剧感兴趣，对京剧服饰有简单的了解。

三、活动过程
（一）开始部分，谈话导入

今天，老师要带小朋友们到你们一直都想去的京剧大舞台里转一转，从现在开始，我就是你们的导游，请小游客们参观时注意旅游文明，认真听、仔细看，别掉队。

京剧是我国特有的一种艺术形式，是我们的国粹。京剧服饰可以分为六大类：第一类是长袍类，也可以叫袍服类；第二类是短衣类，包括短衣裳、短褂子、裤子、裙子等；第三类是铠甲类；第四类是盔帽类；第五类是靴鞋类；第六类是装饰类（附属于服装范畴的，辅助性的、装饰性的东西）。到时候请小游客从我们的大舞台中找一找、分一分。我们一会儿有互动小游戏，希望大家积极参与。

（二）基本部分，欣赏各个展馆

1. 长袍馆。

首先请小游客们观赏的是长袍馆，小游客们在观赏的过程中，可以找一找哪些服装是长袍类的，仔细地看一看、摸一摸，可以自由交谈，欢迎大家分享自己的感受。

（1）注意事项：

① 观赏完后要按照原位放回。

② 自由观赏结束后，回到这里集合，我们再去下一站短衣馆。

（2）举例介绍长袍类服饰的典型特点。

2. 短衣馆。

接下来请小游客们参观短衣馆，请大家跟我一起来。

（1）自由观赏短衣馆，可以轻声交谈，说一说感受。

（2）结束时迅速集合，参观下一站。

（3）互动游戏：小游客们，互动游戏开始。谁知道短衣类服饰有什么特点？举手回答，答对有奖。

3. 盔帽馆。

接下来小游客们请随我去参观盔帽馆。请小游客们看一看、说一说京剧盔帽和我们平时的帽子有什么不同之处。

（三）结束部分：共同欣赏京剧《卖水》，自然结束

四、拓展与延伸

和幼儿聊一聊在京剧大舞台中还有哪些展馆没有去，为下次活动做准备。

活动二　戏服中的发现（语言）

一、活动目标

1. 能够结合已有的经验，大胆表达出自己在戏服中的发现。

2. 在观察比较的基础上，了解戏服的典型特点与各戏服的不同之处。

3. 感受戏服独特的艺术魅力。

活动重点：结合已有的生活经验，说一说自己在戏服中的发现。

活动难点：了解不同种类戏服的典型特点。
二、活动准备
1. 物质准备：京剧大舞台教室、戏服。
2. 幼儿准备：幼儿对大舞台和戏服有过接触。
三、活动过程
（一）谈话导入
最近小朋友们都喜欢到京剧大舞台里去看戏服，关于戏服，你们有很多话题，谁愿意来和我们分享一下在大舞台中你对戏服有哪些发现？
（二）引导幼儿结合实际经验分享自己对戏服的各种认识
1. 请幼儿说一说在大舞台中都看到了哪些和京剧有关的东西？（戏服、帽子、兵器等）
2. 鼓励幼儿发现戏服与日常服饰的不同之处。
（1）戏服和我们平时穿的衣服有什么不一样的地方？（款式、花纹、图案等）
（2）帽子和我们平时戴的哪里不一样？
出示戏服实物，帮助幼儿和日常衣物进行直观比较。
3. 引导幼儿结合生活经验发现更多和戏服有关的事物。
你在平时的生活中见没见过大舞台里面没有的和京剧有关的东西？
根据幼儿经验出示相应图片，帮助幼儿初步了解。
（三）播放短片
播放短片，帮助幼儿简单了解京剧服装中各种服饰的独特之处。
四、拓展与延伸
鼓励幼儿在生活中继续寻找发现，丰富关于戏服的相关经验。

活动三　穿戏服喽（社会）

一、活动目标
1. 在穿戏服的过程中能够相互谦让，学会轮流和等待。
2. 能够主动将穿戴过的戏服整理好，放回原位，养成良好的整理习惯。
3. 能够根据自己的兴趣自主选择服饰，在穿穿戴戴的过程中感受其中的乐趣。
活动重点：根据自己的兴趣自主选择戏服穿穿戴戴，感受其中的乐趣。
活动难点：能够较合理地搭配穿戴戏服。
二、活动准备
1. 物质准备：各种京剧服饰。
2. 幼儿准备：幼儿简单了解京剧服饰的相关搭配。

三、活动过程
（一）谈话导入
1. 今天我们就要到大舞台去穿戏服了，在去之前，你想好自己要穿什么样的戏服了吗？穿好戏服后你想做什么？
2. 我们这么多小朋友一起到大舞台去，需要注意些什么？
（二）体验尝试
1. 鼓励幼儿自主选择服饰穿戴。
2. 鼓励幼儿间相互欣赏，结合已有经验为同伴的穿戴提出合理性建议。
3. 引导幼儿根据所穿戴的服饰尝试进行创造性表现。
（三）结束部分
1. 引导幼儿相互帮助，对穿戴的服饰进行有序收拾整理。
2. 请幼儿谈一谈自己在穿戏服的过程中遇到的问题及感受。
四、拓展与延伸
幼儿回家和家长聊一聊自己在穿戏服的过程中遇到的问题，并寻找解决办法，为下次活动做准备。

活动四　大家一起来支招儿（综合）

一、活动目标
1. 乐于结合已有经验，总结出自己在穿戏服的过程中遇到的问题。
2. 学习用分类统计的方法，对遇到的问题进行分类统计。
3. 在小组协商和共同投票中，寻找到可行的解决问题的办法。
活动重点：在小组协商和共同投票中，寻找解决问题的办法。
活动难点：学习用分类统计的方法，对遇到的问题进行分类统计。
二、活动准备
1. 物质准备：笔、记录纸。
2. 幼儿准备：幼儿在穿戏服的过程中遇到过困难或问题，参加过统计投票的相关活动。
三、活动过程
（一）谈话导入
前几天我们到大舞台穿戏服了，好多小朋友在穿戏服的过程中都遇到了这样或是那样的问题，谁愿意和我们说一说你遇到了什么问题或麻烦？
1. 鼓励幼儿结合已有经验，大胆表达。
2. 教师将幼儿遇到的问题以表格形式记录下来。
（二）小组协商
1. 这些就是我们总结出的大家在穿戏服的过程中遇到的问题。大家有什么办法解决这些问题吗？
2. 请个别幼儿说一说自己想到的办法。
3. 幼儿以小组的形式，共同商讨解决问题的办法。
看来大家都有很多想法，现在我们以小组的形式讨论如何解决这些问题。一会儿我们还要分享，每个小组先商量好谁负责记录，谁负责介绍。
（三）分享交流
1. 请各小组向大家介绍想到的解决方案。
2. 其他小组补充自己的方案。
3. 师幼共同边整理边讨论方法的可行性。
（四）投票统计出最终方案
在商讨出的可行性方案中，通过举手表决的方式决定出最后的解决办法。
四、拓展与延伸
尝试将解决办法在区域活动中实施。

活动五　裁缝师多利（语言）

一、活动目标
1. 能够安静倾听故事，在观察画面的基础上大胆猜测故事内容。
2. 能围绕一个话题进行讨论，在积极回答问题的同时，尊重理解别人的观点。
3. 在理解故事内容的基础上，感受故事幽默风趣的风格。
活动重点：在观察画面的基础上大胆猜测故事内容。
活动难点：围绕故事内容，用较完整的话表达出自己的想法。
二、活动准备
1. 物质准备：故事PPT。
2. 幼儿准备：幼儿知道裁缝师的职业。
三、活动过程
（一）导入部分
出示故事封面，请幼儿观察画面内容。
1. 在书的封面上你看到了什么？
2. 你觉得他的职业是什么？
3. 他的工作顺利吗？你是怎么知道的？
（二）师幼共同阅读理解故事内容
1. 幼儿带着问题完整观看静音无字版故事PPT后，教师提问：
（1）你都看到了哪些情节？
（2）故事讲了一件什么事？

2. 完整播放故事，回忆故事情节。
（1）多利的职业是什么？你是怎么知道的？
（2）身为裁缝师的多利，都要做哪些事情？
（3）开始的时候，多利是一个好的裁缝师吗？他都遇到了哪些问题？
（4）后来又有了什么变化？为什么有这些变化？
3. 再次播放故事，帮助幼儿理解故事内容。
（1）多利是如何成为一名受朋友们喜欢的裁缝师的？
（2）当他忙不过来的时候，是用什么办法按时给小动物们做完衣服的？
（三）完整播放视频，幼儿再次欣赏故事

四、拓展与延伸
迁移故事经验，运用到裁缝店的游戏中。

活动六 做戏服前的那些事（综合）

一、活动目标
1. 能够结合生活经验，围绕做戏服前的准备工作，清楚连贯地表达出自己的想法。
2. 尝试在与同伴合作、协商、分工的过程中讨论出合理可行的准备事项。
3. 感受与同伴共同合作完成一件事的快乐与成就感。
活动重点：结合生活经验讨论做戏服前要先做的事都有哪些。
活动难点：在与同伴合作、协商、分工的过程中讨论出合理可行的准备事项。

二、活动准备
1. 物质准备：记录纸、笔、分享板。
2. 幼儿准备：幼儿了解做衣服时都需要哪些材料。

三、活动过程
（一）谈话导入
教师通过提问引导幼儿发现做戏服之前都要做哪些事。
提问：上次我们通过讨论决定自己做戏服，解决大家穿戏服的需求。我们现在能做戏服吗？（为什么做不了？）
（二）分组讨论
1. 鼓励幼儿结合已有的生活经验说一说在做戏服前都要先做哪些准备。
提问：你觉得做戏服前我们还应该先做哪些准备？
2. 幼儿分组讨论，用表格形式记录下自己想到的做戏服前的准备事项。
每组要合理分工，商量好谁来记录，谁来分享。

（三）分享交流

1. 幼儿以小组为单位和同伴分享所想到的做戏服前的准备事项都有哪些，并给出简单理由。

2. 师幼共同分类整理大家分享的合理的准备事项，再次明确做戏服前要做的准备事情都有哪些。

四、拓展与延伸

尝试实施和同伴共同商讨出的计划表中的内容。

活动七 制定参观裁缝店计划（社会）

一、活动目标

1. 能够与同伴合作分工，共同商讨制定出自己的参观计划。

2. 乐于和同伴分享自己的计划，并简单说明自己制定计划的原因。

3. 能够认真倾听他人讲话，在理解并尊重他人观点的基础上，适当调整自己的参观计划。

活动重点：与同伴合作分工，共同制定参观计划。

活动难点：制定出合理的参观计划书。

二、活动准备

1. 物质准备：记录纸、笔。

2. 幼儿准备：幼儿有制定过计划的经验。

三、活动过程

（一）问题导入，引出活动内容

最近我们也想要像裁缝师多利一样做衣服，解决我们在穿戏服的过程中遇到的问题。在我们班的裁缝店开业之前，大家都想到真正的裁缝店去看一看。那么如何才能把在裁缝店看到的东西记录下来，让自己不会忘呢？

（二）讨论制定参观裁缝店计划书

1. 引导幼儿说一说自己到裁缝店后想要知道些什么。

（1）你打算和谁去参观裁缝店？什么时间去？

（2）到了裁缝店，你都想看些什么？

（3）裁缝店里都有谁？他们都做哪些事情？

（4）裁缝店里都有哪些工具？它们是干什么用的？

2. 小组合作分工，商讨制定出参观裁缝店计划书。

（三）交流分享

1. 幼儿以小组的形式和同伴分享自己小组制定的参观计划书。

2. 小组间相互借鉴学习，完善自己制定的计划书。

四、拓展与延伸
鼓励家长带着幼儿按照计划书的内容有目的地参观裁缝店。

活动八 我设计的戏服（美术）

一、活动目标
1. 能够在了解京剧服装的基础上大胆设计自己喜欢的戏服。
2. 能够大胆想象并运用多种纹样合理布局装饰戏服。
3. 乐于向同伴介绍自己的作品，能够倾听并接纳他人给出的合理意见。

活动重点：在了解京剧服装的基础上大胆设计戏服。
活动难点：能够大胆想象并运用多种纹样合理布局装饰戏服。

二、活动准备
1. 物质准备：画笔、纸。
2. 幼儿准备：幼儿对戏服有一定的了解。

三、活动过程
（一）导入部分

教师出示图片，引出幼儿试穿京剧服装时的问题，激发幼儿制作戏服的愿望。

1. 小朋友们再次穿京剧服装的时候遇到了哪些问题？
2. 我们能够用什么办法解决这些问题？

（二）基本部分

帮助幼儿丰富想法，为设计戏服做准备。出示各种京剧服装实物，引导幼儿说一说京剧服装都有哪些？并发现服装上的纹样都有哪些？是什么样的？

1. 你还见过什么样的京剧服装纹样？
2. 你想设计什么样的京剧服装？在衣服上面都想画些什么？

（三）幼儿设计自己喜欢的京剧服装

1. 教师鼓励幼儿大胆创作出与众不同的京剧服装纹样。
2. 教师关注幼儿用笔的方法及坐姿。

（四）同伴间分享交流

1. 教师请幼儿将自己设计的京剧服装和大家分享，并介绍服装的特点。
2. 引导同伴间相互欣赏交流。

四、拓展与延伸
幼儿将自己设计的京剧服装投放到裁缝店，为下一步制作京剧服装做准备。

活动九 测一测量一量（科学）

一、活动目标

1. 学习用自然物对物体进行测量，初步掌握自然测量的基本方法。

2. 尝试用自然测量的方法解决在制作戏服中遇到的问题，感受测量在生活中的应用。

3. 知道测量的结果与量具的长短有关，体验测量活动带来的乐趣与成就感。

活动重点：学习用自然物对物体进行测量，初步掌握自然测量的基本方法。

活动难点：尝试用自然测量的方法解决在制作戏服中遇到的问题。

二、活动准备

1. 物质准备：记录纸、笔、皮尺、绳子、软尺、纸卡段、吸管等。

2. 幼儿准备：幼儿有自然测量的经验。

三、活动过程

（一）导入活动

提出问题，激发幼儿自然测量的欲望，知道测量需要使用相关的工具。

1. 出示收集到的幼儿在制作戏服中遇到的问题图片，请个别幼儿结合经验说一说自己遇到了什么样的困难。

2. 讨论：用什么办法解决这些问题？要怎么测量？

（二）尝试测量

以小组为单位尝试测量，初步探索自然测量的基本方法。

1. 幼儿自由选择测量工具，以小组为单位尝试给客人测量衣服的长短及宽窄。

2. 幼儿介绍自己的测量方法，教师引导幼儿发现其中的问题。

提问：

（1）你是用什么工具测量的？

（2）你是怎么测量的？

（3）你觉得他在测量的时候哪里有问题？

（三）学习首尾相接的自然测量方法

教师示范首尾相接的自然测量方法，重点强调在自然测量中需要注意的关键点。

1. 用吸管、纸卡段等测量时，吸管和纸卡段要首尾相接，不能有缝儿，要沿直线测量。

2. 用绳子测量时，要将绳子拉直，绕圈的时候要在绳子的末端做上标记。

（四）幼儿结合相关经验，再次测量

四、拓展与延伸

在区域活动中运用自然测量法解决在做戏服的过程中遇到的问题。

活动十　大家一起做戏服（综合）

一、活动目标

1. 尝试按照设计图利用多种材料制作京剧服装。
2. 能够和同伴协商分工，共同解决制作过程中遇到的问题。
3. 体验同伴共同制作戏服的快乐。

活动重点：同伴间协商分工，共同制作京剧服装。

活动难点：按照设计图合理利用材料制作京剧服装。

二、活动准备

1. 物质准备：幼儿画好的服装设计图、各种制作工具及材料。
2. 幼儿准备：幼儿有制作服装的简单经验。

三、活动过程

（一）谈话导入

1. 昨天我们说好今天要做一件什么事？
2. 做戏服之前我们还要做哪些事？

（二）制作戏服

幼儿自由分组，利用多种材料合作制作戏服。

1. 你们组打算做一件什么样子的戏服？想用什么材料做？用哪些材料装饰？
2. 做衣服有很多步骤，小朋友们谁当模特？谁负责画画？谁来进行裁剪？谁来进行装饰？（引导幼儿进行分工）
3. 幼儿以小组为单位制作戏服。（教师引导幼儿协商分工，充分利用多种材料）
4. 鼓励幼儿共同想办法协商解决在制作过程中遇到的各种问题。

（三）分享交流

1. 幼儿以小组为单位向同伴介绍并分享自己的作品。
2. 鼓励幼儿说一说在制作过程中遇到了哪些问题、是如何解决的。

四、拓展与延伸

幼儿在区域活动中继续完善自己制作的戏服，并投放到表演区作为表演服装。

活动十一　我型我秀（音乐）

一、活动目标
1. 在熟悉音乐节奏的基础上，大胆创编各种适宜的动作。
2. 尝试与同伴分工合作，以小组为单位设计T台秀。
3. 积极面对并尝试解决编排过程中遇到的问题，获得愉悦的情绪体验。
活动重点：在熟悉音乐节奏的基础上，大胆创编各种适宜的动作。
活动难点：在与同伴分工合作的基础上，以小组为单位设计出T台秀。
二、活动准备
1. 物质准备：音乐及各种自制京剧服装。
2. 幼儿准备：幼儿有模特T台秀的经验、熟悉音乐节奏。
三、活动过程
（一）开始部分
幼儿跟随音乐节奏自由做动作，感受音乐节奏。
（二）基本部分
幼儿以小组为单位设计自己的T台秀。
1. 你觉得这段音乐配上我们的戏服怎么样？你想穿什么样的戏服来表演？
2. 幼儿以小组为单位挑选自己喜欢的服装，分组讨论并设计动作。
3. 你觉得能有哪些动作？每组的出场顺序是怎样的？
（引导幼儿围绕问题进行表演设计）
4. 小组间根据讨论结果彩排。
（三）分享展示
1. 幼儿以小组为单位分享彩排结果。
2. 请幼儿说一说最喜欢的动作是什么。
四、拓展与延伸
幼儿利用区域活动或过渡环节到表演区或大舞台进行T台表演。

活动十二　戏服用处多（社会）

一、活动目标
1. 乐于结合生活经验说一说在幼儿园戏服都可以做什么用。
2. 能够与同伴协商以图表或文字的形式表达自己的想法。
3. 遇到困难能够主动想办法解决，不轻易放弃。
活动重点：大胆想象戏服的更多用处。
活动难点：结合生活经验统计出戏服在幼儿园还可以有哪些用处。

二、活动准备

1. 物质准备：笔、记录纸。

2. 幼儿准备：幼儿了解其他班级在社会交往区开展的活动及年级组的各种活动。

三、活动过程

（一）导入活动

教师以照片形式导入，引导幼儿说一说戏服做好后遇到了哪些问题。

（二）基本部分

发现问题，并尝试解决问题。

1. 你有什么办法解决戏服做完了用不上的问题？
2. 你觉得在幼儿园戏服都能做什么用？
3. 你知道其他大班都有哪些活动区吗？
4. 教师鼓励幼儿充分讨论，大胆表达自己的想法。
5. 幼儿以小组的形式进行讨论，将想到的主意以图表或文字的形式记录下来。

（三）分享交流

1. 教师鼓励幼儿以小组为单位将自己小组总结的方法与同伴分享。引导幼儿说出为什么要这么做。
2. 引导幼儿认真倾听他人的想法。

四、拓展与延伸

鼓励支持幼儿将戏服应用到更多的地方。

活动十三　宣传我们的服装店（社会）

一、活动目标

1. 能够发现并说出服装店的问题，并大胆寻找解决问题的办法。
2. 尝试与同伴分工合作，设计出宣传服装店的形式。

活动重点：结合已有问题，寻找解决服装店问题的办法。

活动难点：尝试利用多种形式宣传服装店。

二、活动准备

1. 物质准备：画笔、纸、照片。
2. 幼儿准备：幼儿有在服装店游戏的相关经验。

三、活动过程

（一）导入活动

教师出示图片，幼儿回忆并说一说最近几天服装店的生意情况怎么样？引导幼儿发现并说出客人少、生意不好的问题。

（二）基本部分

1. 教师通过问题，引导幼儿寻求解决服装店客人少的办法。

（1）客人少怎么办？能从哪里找到更多的客人？

（2）用什么方法能让别人知道我们班的服装店？

（3）服装店都能为客人做哪些事？

（4）怎样才能让别人愿意到我们的服装店来？

2. 幼儿分组协商讨论方法，如制作邀请卡、制作宣传海报、举办服装秀等。

3. 幼儿以小组的形式设计自己的方案。

（三）结束部分

幼儿间相互介绍自己组的设计方案。

四、拓展与延伸

幼儿在园内实施小组的宣传方案。

【主题活动反思】

"我们一起做戏服"主题活动，充分发挥了幼儿的主体地位及主观能动性。我们从幼儿的兴趣点入手，跟随幼儿的步伐，根据大班幼儿合作学习的方式，注重幼儿在活动过程中对事物的探究、对问题的解决，细心培养幼儿的学习品质。

另外，我们充分利用家长资源及周边环境资源，注重家园合作，将各领域教育目标及活动内容有机整合，促进幼儿的全面发展。但是，本次主题活动还有许多不足之处，在今后的工作中需要我们不断学习、不断反思。

我们一起来舞龙

班级：大一班　　　　　　　　　　　　教师：任效群、温薇、晋长爽

【主题设计由来】

户外活动时，孩子们对玩具柜里的舞龙格外感兴趣，周墨初、孙宇谦和郝俊博几位小朋友跑到我跟前对我说："老师，我们想舞龙？可以帮我们拿下来吗？"当我拿下舞龙时，他们高兴得不得了。其他幼儿看到后，也纷纷表示："老师，我们也想舞龙。"几次户外活动，我都发现孩子们对舞龙这个游戏兴趣不减，常在一起商量怎样舞龙，可幼儿园只有一个舞龙工具，孩子们有时因为谁先玩会发生争执，而且舞龙的棍子也松动了，舞动的时候会掉下来，孙宇谦说："老师，我们再做几条舞龙吧，这样我们就能在一起玩了。"其他幼儿也纷

纷响应。于是带着孩子们对舞龙的兴趣和期待，"我们一起来舞龙"的主题活动开始了。

【主题设计网络图】

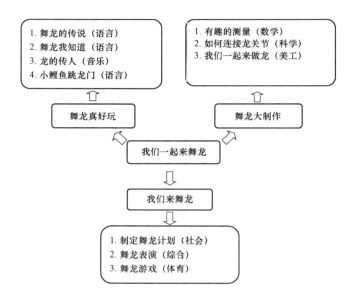

【主题活动总目标】

1. 能尝试自主选择、利用废旧材料和工具，大胆设计制作舞龙（以下简称龙）。
2. 能积极主动地参加舞龙活动，积极体验并有创意地表达美好的情感。
3. 积极参加小组讨论和探索，能和同伴共同探究多种连接方式，学习用不同的方式交流、分享探究的过程。
4. 能围绕舞龙的话题开展讨论，主动发现问题、提出问题、回答问题，理解并尊重别人的观点。
5. 通过简单的舞龙动作、队形变换，增强团队协作的能力。
6. 通过讨论明确自己的任务，做事认真，有始有终。

【主题活动的区域创设】

一、美工区

区域目标：
1. 通过观看舞龙表演，感受中国传统艺术舞龙的独特魅力。

2. 大胆尝试利用身边的废旧材料制作龙。
3. 尝试制作龙、彩球，体验创作带来的乐趣。
4. 正确使用各种工具、材料，养成分类、整理、存放的好习惯。

区域墙饰：

幼儿利用废旧材料捏、剪、画、折制作龙的图示，并将幼儿完成的作品展示在墙上；创设"舞龙设计展"，将幼儿的设计图展示出来。

区域材料：

各种龙的图片、不同质地的布、大小不一的纸盒以及细彩带、颜料、流苏、乳胶、剪刀、尺子、彩笔、马克笔、棍子等工具。

重点指导：

1. 引导幼儿观察龙的神态、画龙头时的色彩，感受中国龙的独特风格。
2. 支持、鼓励幼儿通过探索与尝试，自主选择绘制、剪、捏等美术手段，大胆设计和制作龙和彩球。
3. 指导幼儿养成良好的美术活动习惯，活动结束后主动分类、整理、存放各种材料。

二、表演区

区域目标：

1. 欣赏有关龙的艺术作品，初步了解祖国文化的博大精深。
2. 通过欣赏并学唱歌曲《龙的传人》，尝试理解歌词内容。
3. 根据小组制定的舞龙计划，尝试舞龙游戏。
4. 理解角色的职责，按角色的规定、要求进行活动。

区域墙饰：

制定舞龙游戏的规则墙饰、如何配合舞龙的互动墙饰。

区域材料：

舞龙的视频、鼓、舞龙道具（龙头、龙身、龙尾）、彩球、音乐等。

重点指导：

1. 引导幼儿自主商量、分配合作。
2. 尊重幼儿的兴趣和独特感受，理解他们欣赏舞龙时的行为。
3. 在幼儿自主表达创作的过程中，不做过多干预，也不把自己的意愿强加给幼儿，在幼儿需要时再给予具体的帮助。

【主题生活活动】

1. 与幼儿讨论制作龙需要哪些材料，并收集材料。
2. 带领幼儿去其他班级收集所需材料。

3. 与幼儿讨论如何邀请其他小朋友参加舞龙表演，并宣讲舞龙海报。
4. 与幼儿讨论舞龙表演前需做哪些准备，如准备服装、场地、音乐等。

【主题家园共育】

1. 为了让孩子们了解更多有关龙、舞龙的文化，在家长的帮助下，通过家园共育的方式，进行舞龙大调查。
2. 在家长的协助下孩子们收集了各类材料，如纸箱、可乐瓶、布等废旧材料。

【主题主要活动】

活动一　舞龙的传说（语言）

一、活动目标
1. 喜欢听故事，并能清楚地讲述故事的主要内容。
2. 了解民间舞龙的来历，培养乐于助人的情感。

活动重点：了解民间舞龙的来历，能清楚地讲述故事的主要内容。
活动难点：培养幼儿乐于助人的情感。

二、活动准备
1. 物质准备：《耍龙》故事书、舞龙图片及视频、舞龙玩具。
2. 幼儿准备：幼儿对舞龙有一定的认知。

三、活动过程
（一）导入活动
出示舞龙玩具，激发幼儿的兴趣。
提问：在户外活动的时候，小朋友们发现了有趣的玩具，你们看这是什么？（舞龙）
提问：小朋友们知道为什么要舞龙吗？
（二）讲述故事
讲述故事《耍龙》，了解中国民间舞龙的来历。
提问：人们为什么要记住青龙？（因为青龙帮助他们过上了好日子）
人们用什么方式记住青龙呢？（用纸、竹篾做成青龙敲锣打鼓、游街串巷）
（三）欣赏舞龙图片和视频
1. 讲解龙的构成（龙头、龙身、龙尾）、舞龙的动作（左右摆臂、上下抖动、后面的人紧跟着龙头做动作）。
2. 现在人们不光在过年的时候舞龙，还在重大节日搞庆祝活动的时候也舞龙。我们一起来看看人们是怎么舞龙的。

四、拓展与延伸
利用户外活动，让幼儿体验舞龙的乐趣。

活动二　舞龙我知道（语言）

一、活动目标
1. 能够大胆地在集体面前表达自己的想法。
2. 能够做到轮流发言，认真倾听。

活动重点：能够大胆地表达自己的想法。

活动难点：轮流发言，认真倾听。

二、活动准备
1. 物质准备：舞龙调查表、舞龙视频。
2. 幼儿准备：幼儿在家长的协助下，查阅并了解了一些有关龙或舞龙的文化。

三、活动过程
（一）观看视频，引出主题

提问：在视频中，你们看到了什么？（舞龙）

提问：你知道有关舞龙的故事吗？

（二）分享交流

利用白板，请幼儿拿着自己完成的舞龙调查表分享。

1. 分小组分享、讨论。
2. 集体分享。
3. 教师重点引导幼儿尊重他人，学会认真倾听。
4. 教师针对幼儿课前提出的重点加以解释，如为什么要舞龙？除了过年舞龙，还有哪些时候舞龙？

四、拓展与延伸
请幼儿到户外分小组尝试舞龙。

活动三　龙的传人（音乐）

一、活动目标
1. 通过欣赏并学唱歌曲《龙的传人》，尝试理解歌词内容。
2. 欣赏有关龙的艺术作品，初步了解祖国传统文化的博大精深。

活动重点：学唱歌曲《龙的传人》，尝试理解歌词内容。

活动难点：初步了解祖国传统文化的博大精深。

二、活动准备
1. 物质准备：音乐《龙的传人》、课件《龙的传人》。

2. 幼儿准备：幼儿有学唱歌曲的经验。

三、活动过程

（一）欣赏歌曲

1. 初听：今天我们一起来欣赏一首歌，请小朋友们仔细聆听。

2. 你们听过这首歌吗？谁能告诉老师，这首歌曲的名字叫什么？

3. 复听：你听到歌曲中都唱到了什么？换了演唱者，歌曲给你带来了什么不同的感觉？（播放王力宏演唱的《龙的传人》）

（二）学唱歌曲

1. 你们喜欢这首歌吗？我们今天就来学唱一下。（听唱法）

2. 教师与幼儿一起探索和了解龙的故事、文化。

3. 跟随录音演唱《龙的传人》。

四、拓展与延伸

将歌曲音频表投放在表演区，供幼儿学唱，过渡环节时可以陪幼儿学唱。

活动四 小鲤鱼跳龙门（语言）

一、活动目标

1. 回忆故事，能够大概讲述故事的主要内容。

2. 理解故事内容，体会小鲤鱼历经千难万险跳龙门终获成功的秘诀。

3. 学习小鲤鱼知难而上、不怕困难、团结协作的精神，初步萌发幼儿的爱国主义情感。

活动重点：体会小鲤鱼历经千难万险跳龙门终获成功的秘诀。

活动难点：萌发幼儿的爱国主义情感。

二、活动准备

1. 物质准备：《小鲤鱼跳龙门》图书。

2. 幼儿准备：幼儿前期对故事有一定的了解。

三、活动过程

（一）谈话导入

《小鲤鱼跳龙门》的故事小朋友都知道了，谁能说说这个故事讲了哪些内容？

（二）理解故事内容

1. 结合PPT再次回忆故事内容，加深了解。

2. 提问：鲤鱼奶奶给小鲤鱼讲故事时告诉他们，谁曾经试着去跳过龙门？他们成功了吗？

3. 小组讨论：

（1）五条小鲤鱼听说后尝试跳龙门顺利吗？遇到了哪些困难？（根据作业

单内容填写）

（2）当小红鱼被水草缠住时，谁帮助了他们？螃蟹怎么看待跳龙门这件事？

（3）五条小鲤鱼是怎么跳过龙门的？为什么他们能够成功？

（4）五彩祥龙是由什么变成的？他们为人类做了哪些事情？

（三）总结

今天我们对五彩祥龙的传说有了更多的了解，我们作为龙的传人，也要继承和发扬这种团结协作、不怕困难、知难而上的精神。

四、拓展与延伸

在图书区投放《小鲤鱼跳龙门》的图片、书籍，供幼儿欣赏、阅读。

活动五　有趣的测量（数学）

一、活动目标

1. 认识测量工具皮卷尺。
2. 能使用皮卷尺测量物体的长短，并会用表格的形式进行记录。

活动重点：认识测量工具皮卷尺。

活动难点：能使用皮卷尺测量物体的长短。

二、活动准备

1. 物质准备：一个玩具龙、3个皮卷尺、测量记录表、笔。
2. 幼儿准备：幼儿有测量的经验。

三、活动过程

（一）导入活动

1. 上次小朋友们说要做一条一米长的龙，一米有多长呢？我们用什么工具可以测量呢？

2. 认识皮卷尺，知道皮卷尺中的单位米（m）。

3. 学习正确的测量方法。

（二）集体测量龙，并讨论出正确的测量方法

1. 测量时，使用的工具头要和起点对齐，然后测下一段时，工具的头和上次的尾要紧接住，就是首尾相接，这样才能测得比较准确些。

2. 运用正确的测量方法进行测量，体验测量工具的长短与测量结果的关系。

（1）出示记录表。

（2）小组测量并记录。

（3）讨论交流测量结果。

（三）幼儿自主体验测量练习

四、拓展与延伸

在数学区投放测量工具、材料，供幼儿操作。

活动六　如何连接龙关节（科学）

一、活动目标

1. 积极参加小组讨论和探索，增强合作学习的能力。
2. 能够大胆地分享、交流探索的过程和结果。

活动重点：探讨连接龙关节的方法。

活动难点：连接龙关节。

二、活动准备

1. 物质准备：胶带、布、双面胶、线、可乐瓶、龙关节的图片。
2. 幼儿准备：幼儿对龙的形象有前期经验。

三、活动过程

（一）谈话，引出龙的主题

观看龙关节照片，说一说龙的关节是什么样子的？请幼儿大胆猜想制作龙时，应该如何连接龙关节呢？

（二）连接龙关节

幼儿自由分组，使用可乐瓶等工具尝试连接龙关节。

（三）集体交流分享

各小组交流结果以及存在的问题。

1. 说一说，哪组的材料最合适？为什么？
2. 哪组的材料不合适？为什么？

（四）教师小结

四、拓展与延伸

在美工区投放制作材料，供幼儿尝试、探究。

活动七　我们一起来做龙（美工）

一、活动目标

1. 与同伴分工合作，利用废旧材料制作舞龙。
2. 通过活动体验制作舞龙的乐趣。

活动重点：利用废旧材料制作舞龙。

活动难点：体验同伴间分工合作的好处。

二、活动准备

1. 物质准备：幼儿收集的关于制作舞龙的废旧材料、三组设计图、歌曲《金狮狂舞》。

2. 幼儿准备：幼儿前期有手工制作的经验。

三、活动过程

（一）出示园内的舞龙玩具，引发幼儿讨论

1. 舞龙玩具只有一个，大家都想玩，怎么办？

2. 这个舞龙太小了，小朋友怎么办？

（二）分工合作，制作舞龙

1. 幼儿分成三组，选出组长，分配任务（制作龙头、龙身、龙尾）。

2. 说明制作中需要注意的问题。

（1）制作的舞龙要足够结实牢固。

（2）注意使用工具的安全。

（3）时间要把控好。

3. 幼儿根据计划图制作并装饰舞龙。

小组：	组员：	日期：
我们设计的舞龙：		
龙头：	龙身：	龙尾：

（三）幼儿展示舞龙作品，改进不足

四、拓展与延伸

在美工区、刺绣区投放相关材料，鼓励幼儿继续尝试制作舞龙。

活动八　制定舞龙计划（社会）

一、活动目标

1. 结合自己的生活经验，尝试制定舞龙计划。

2. 通过小组活动，增强幼儿的合作能力。

活动重点：结合自己的生活经验，制定舞龙计划。

活动难点：增强幼儿的合作能力。

二、活动准备

1. 物质准备：舞龙视频、舞龙计划表、笔。

2. 幼儿准备：幼儿有制定计划的经验。

三、活动过程
（一）看舞龙视频
让幼儿说说自己舞龙时存在哪些问题。
（二）小组设计
1. 为了让舞龙表演更精彩，今天小朋友们要一起设计舞龙的动作和队形的变化。
2. 小朋友自由分组，制定舞龙计划。（注意人员分配、动作以及队形的变化、音乐等）
（三）小组讲解
1. 请幼儿说一说本组的舞龙计划，都设计了哪些动作和队形的变换？人员是怎样安排的？
2. 小组其他成员可加以补充。
四、拓展与延伸
鼓励幼儿互相分享交流自己制定的舞龙计划。

活动九　舞龙表演（综合）

一、活动目标
1. 能根据小组制定的舞龙计划，尝试舞龙。
2. 在舞龙的过程中，增强同伴间相互合作的能力。
活动重点：尝试按计划小组合作舞龙。
活动难点：增强同伴间相互合作的能力。
二、活动准备
1. 物质准备：已制定好的舞龙计划表、音乐《金蛇狂舞》、舞龙道具4套、笔4根。
2. 幼儿准备：幼儿观看过舞龙的相关视频；户外活动时，幼儿玩过舞龙游戏。
三、活动过程
（一）导入活动
为了让我们的舞龙表演更精彩，上节课，小朋友们一起制定了自己小组的舞龙计划，今天，老师要请小朋友们根据舞龙计划舞龙。
（二）舞龙表演
1. 幼儿尝试按舞龙计划表演舞龙。
2. 当幼儿已完成自己小组的舞龙计划时，可尝试其他小组的舞龙计划。
3. 当音乐停止、舞龙结束时，请小朋友们根据小组制定的舞龙计划，每完成一个动作，在计划表上画"√"，若未完成，画"×"。

（三）集体讨论

1. 请幼儿谈一谈哪组的计划都成功了？为什么都成功了？
2. 请幼儿谈一谈哪组的计划没成功？没成功的原因是什么？
3. 小结：舞龙是个集体游戏，需要小朋友们一起配合，才能完成好。

四、拓展与延伸

在户外活动时，让幼儿尝试按计划舞龙。

活动十　舞龙游戏（体育）

一、活动目标

1. 学习舞龙的技巧与方法，练习听信号交替走、跑，发展动作的协调性和灵活性。
2. 能够与同伴合作，根据信号球的方向变化创编简单的舞龙动作。
3. 体验传统舞龙游戏的乐趣，感受与同伴合作舞龙的快乐。

活动重点：练习听信号交替走、跑，发展动作的协调性和灵活性。

活动难点：能够与同伴合作，根据信号球的方向变化创编简单的舞龙动作。

二、活动准备

1. 物质准备：舞龙道具4套、花球4个、音乐《金蛇狂舞》。
2. 幼儿准备：幼儿自己见过舞龙表演。

三、活动过程

（一）开展舞龙游戏

1. 幼儿先自由尝试合作舞龙。
2. 教师做舞龙人，请幼儿仔细观察教师手上的花球，随花球的位置高低作出相应的动作。如花球举得高，龙头就举得高；花球放低，小朋友就蹲下来舞龙。
3. 教师指导幼儿进行舞龙游戏。引导幼儿根据花球方向的变化，看信号舞龙——慢走、小跑、左倾、右斜等。
4. 请幼儿做舞龙人，分组游戏，教师提示舞龙人举花球的动作。
5. 幼儿交换角色进行舞龙游戏。

（二）引导全班幼儿连成一条长龙，随音乐表演舞龙

四、拓展与延伸

在户外活动中，引导幼儿进一步练习多人合作舞龙。

【主题活动反思】

这个主题活动的开展由教师预设，由孩子发起生成，再结合家长资源，悄无声息地自然融于幼儿一日活动的各个环节之中。家长们给予了极大支持，

推动着主题活动的进程。所以，这次主题活动体现了家、园、社会的一体化。这次主题活动极大地激发了幼儿的兴趣，幼儿在动手制作、观察、探索和领悟中，五大领域的能力都得到了充分发展。这是因为这个主题活动是孩子关注的，组成主题的各种活动是孩子自己能够探索的，更是可以不断延伸展开的。在整个主题活动中，孩子占主体地位，在主题活动内容的选择上，我们依据幼儿的兴趣，支持幼儿主动学习，这符合幼儿认知发展的特点以及年龄特点。

主题活动虽然结束了，但孩子们的兴趣依然高涨。通过参与这次的主题活动，幼儿的积极性提高了，同时幼儿获得了新经验、新方法。

第二节　民间工艺区域

区域游戏活动是幼儿园一日活动中重要的教育形式之一，是幼儿重要的一种自主活动形式，幼儿园良好的区域环境能为幼儿提供自我学习、自我探索、自我发现、自我完善的空间，相对宽松的活动氛围，能满足幼儿发展的需要，区域中的各类游戏都是幼儿最喜欢的活动。将民间艺术教育与幼儿喜欢的各类游戏活动相结合，可以使幼儿在愉快的游戏活动中获得对中华传统文化的经验，同时还能丰富各类游戏活动的内涵，使各类游戏活动最大限度地发挥传统文化的教育功能。如在美工区，老师和小朋友共同制作玩具，开展《舞龙舞狮》的游戏；在表演游戏中，幼儿穿戴上自制的戏服、头饰、脸谱等进行表演；在结构游戏中，幼儿运用大型积木和各种辅材搭建具有传统特色的建筑。

在课题研究的初级阶段，我们仅限于主题范围，在班级内小范围地开展民间艺术活动。研究一段时间之后，我们发现，在课题研究中，我们对民间艺术的教育价值挖掘不够，教师缺乏指导幼儿活动的策略。为此，我们依托园本教研活动，开展了"在区域活动中开展民间工艺活动指导策略的研究"的教研活动，每个班根据幼儿的兴趣及教师特长调整、创新，开展了剪纸、泥塑、扎染、绳编、刺绣、皮影、版画、水墨画等具有我园特色的民间工艺公共游戏区，中大班在自己班开设游戏的基础上，采用区域联合的形式，使班班有交流、人人齐参与，所以，通过民间工艺区域游戏，我们不但发展了幼儿沟通协商、合作分享的能力，而且促进了幼儿整体的发展，同时也提升了教师的专业素养。

区域名称：刺绣

【设计意图】

　　刺绣是我国民族文化百花园中的一朵奇葩，它是用针和线把人们的设计和制作添加在各种织物上的一种艺术。它经历千余年沧桑不变，仍深深地扎根在我们这块土地上，它以鲜明的民族特色和顽强的艺术生命向世人展示着它的风采。刺绣是非常好的教育资源，它可以培养幼儿动手操作的能力，可以激发幼儿感受美、表现美、创造美的情趣，丰富幼儿的审美经验，还可以让幼儿从小了解我国特有的民间手工艺术，激发幼儿对民间艺术的兴趣，萌发幼儿对中华传统艺术的认同感。因此，我们在大班开展了刺绣活动，从穿线、打结、用针的规则开始，逐步让幼儿体验刺绣活动的乐趣。

【区域活动总目标】

1. 感受刺绣作品的美，愿意参与刺绣活动，体验其中的乐趣。
2. 了解刺绣的基本工具，初步掌握刺绣的基本方法。
3. 尝试用语言生动地描述刺绣作品。

【活动设计】

活动一　美丽的刺绣

一、活动目标

1. 幼儿能收集材料，能与同伴一起共同制定区域规则。
2. 激发幼儿对刺绣活动的兴趣。

二、活动过程

1. 教师同幼儿一起收集不同风格的刺绣作品，布置在刺绣区。
2. 幼儿收集刺绣用的工具材料，如不同粗细的针、各种线、不同织物等，教师指导幼儿分类摆放在区域中。
3. 教师和幼儿一起制定刺绣区规则，展示在墙面上。

活动二　画一画、绣一绣

一、活动目标

1. 幼儿学习穿针、打结、上下针、变换方向、锁针的基本技能。
2. 锻炼幼儿手部的精细动作，让幼儿养成良好的行为习惯。

二、活动材料

棉布、麻片布、环保袋、剪刀、粗毛线、针（塑料针）、笔等。

三、活动过程

1. 运用儿歌形式（小线头手中拿，绕个圈儿过个洞）学习穿线、打结等基本技能。

2. 选择不同的织物，用笔在布上画出自己喜欢的图案，依据图案用上下针的方法绣出来。

3. 引导幼儿用锁针将绣好图案的布锁边，重点引导幼儿观察针与布面接触的方向。

四、活动建议

1. 绣的时候针脚要整齐，针距要尽量一样长。

2. 拿针的时候要注意用针安全，避免扎伤自己或者别人。

3. 活动结束后，请幼儿对使用的针进行点数检查，避免丢失针后引起安全隐患。

活动三 我为班里做沙包

一、活动目标

1. 初步尝试运用多种底布材料，根据底布的不同选择大小不同的针开展刺绣活动。

2. 能够养成做事认真耐心的良好品质。

3. 能与同伴合作共同完成一幅作品。

二、活动材料

粗毛线、麻袋、不织布、无纺布、记号笔、剪刀、花片、木珠。

三、活动过程

1. 引导幼儿 3 人一组，商量选出一种底布（麻布袋、不织布、无纺布等），将布剪成六块一样大的正方形，画上自己喜爱的图案。

2. 共同用平针绣的方法在六块布上绣出图案。

3. 用平针绣的方法在图案上填色。

4. 将绣好图案的布组合在一起，做成沙包。

四、活动建议

1. 幼儿较难掌握的是填色，因为填色时线距较长，幼儿的感知能力较差，经常把线拉得过紧，以致把布弄皱；根据这个情况，教师提示幼儿每绣一针就把布拉一下，保持布的平直。

2. 指导幼儿要清楚上下针法的走向，不能乱。

3. 还可以引导幼儿共同缝制多种形状的沙包。

活动四　好玩儿的绷子绣

一、活动目标

1. 尝试用绷子进行刺绣。
2. 在刺绣过程中能利用不同辅材，完成自己的作品。

二、活动材料

绷子、针线、剪刀、绣布、珠子、纽扣、笔等。

三、活动过程

1. 选择好自己使用的布，引导幼儿选择素色的布。
2. 将绣布与绷子一起固定好。
3. 在布料上设计好自己想绣的图案，如花朵、房子、大树等。
4. 选择不同颜色的线绣图案的轮廓，轮廓绣法：设 A、B、C 三个点，从 A 点引针出来，再从 C 点穿入，最后从 B 点引针出来，这样是完成一针，一般 B 在 AC 距离的中点，AC 之间的针迹不要太远，这样绣出来的才好看。
5. 绣完轮廓线，可以把珠子、纽扣等装饰在图案里。

四、活动建议

1. 绣的时候针脚要整齐，针距要一样长。
2. 线的松紧要合适，用力不能太大。
3. 注意用针的安全。
4. 由于幼儿年龄小，在上下针时还对不齐针脚，要鼓励幼儿多多练习。

活动五　我的刺绣 DIY[①]

一、活动目标

1. 运用多种工具和材料进行刺绣活动，创造性地表现简单的情节。
2. 主动探索新的刺绣技能，体验表现和创作的快乐。

二、活动材料

细针细线、粗针粗线、剪刀、绷子、手绢、书包、毛衣、围巾、牛仔布、大绣架等。

三、活动过程

1. 引导幼儿有目的地绣，幼儿从装饰绣迁移到班级环境创设，为美工区小围裙绣上小图标，为照相馆服装做装饰，为纸巾盒绣上标识，方便小朋友使用。
2. 幼儿尝试绣自己的名字、绣数字，为幼小衔接做好准备。
3. 引导幼儿利用刺绣区域中的材料，在毛衣上绣、在围巾上绣，绣靠枕、

---

① DIY：Do it yourself，译为自己动手做。

绣坐垫等。幼儿可以发挥自己的想象力大胆表现。

4. 为幼儿提供大绣架，设计刺绣主题，比如"我的幼儿园"，让幼儿把自己对幼儿园的喜爱通过刺绣表现出来。

四、活动建议

1. 分层次投放材料，有简单、大的图案绣，也有精细的图案绣，给不同需求的幼儿提供相应的材料支持。

2. 增加材料的趣味性、实用性，为幼儿排除刺绣活动枯燥的影响。

3. 要保护幼儿的好奇心，多鼓励幼儿对刺绣图案进行探索，大胆尝试。

区域名称：版画

【设计意图】

版画是视觉艺术的一个重要门类。新兴版画从它诞生那天起，便和中华民族的解放事业紧密相关，与广大人民群众的命运血肉相连，它是中国革命文艺的一个重要组成部分。版画巧妙利用"留黑"手法，对刻画的形体做特殊处理，获得版画特有的艺术效果。版画通过发挥刻版水印的特性，让大块阳刻产生强烈的艺术效果。通过巧妙构图，以丰满密集和萧疏简淡等不同风格来衬托表现主题风格。幼儿通过欣赏版画间接性的艺术表现过程，可感受印痕艺术的审美特征，在创作版画的过程中，还可发展幼儿的动手能力，提高幼儿的创新意识。

【区域活动总目标】

1. 感受版画作品中的美，积极参与版画创作活动，体验其中的乐趣。
2. 了解版画的基本工具，初步掌握创作版画的基本步骤。
3. 能在制作版画的活动中大胆地自我创意，根据主题制作版画，体会活动带来的乐趣。

【活动设计】

活动一 神奇的版画

一、活动目标

1. 通过欣赏版画作品激发幼儿制作版画的兴趣。
2. 幼儿认识制作版画需要的基本工具、材料，愿意参加制作版画的活动。

二、活动过程

1. 同幼儿一起收集不同风格的版画作品，布置在版画工艺区。
2. 收集版画用的工具材料，如吹塑板、胶滚、毛笔、木刻刀等，指导幼儿分类摆放在工艺区中。

活动二　水果宝宝

一、活动目标

1. 学习使用木刻刀，掌握使用木刻刀的方法。
2. 尝试制作版画，学习制作单色版画的方法。

二、活动材料

吹塑板、胶滚、毛笔、木刻刀、丙烯颜料、纸、喷壶、简单的水果图案。

三、活动过程

1. 幼儿练习怎样使用木刻刀刻直线、曲线、弧线，帮助幼儿在自由、宽松的氛围中练习使用木刻刀，同时要保护幼儿在活动中使用木刻刀的安全。
2. 选择自己喜欢的水果图案，并贴在吹塑板上，幼儿依据图案用木刻刀在吹塑板上刻出水果的形状。
3. 选择丙烯颜料，用毛笔或者胶滚为模板上色，完成版画。

四、活动建议

1. 刻的时候要注意深度均匀。
2. 拿木刻刀的时候要注意用刀安全，避免扎伤自己或者别人。
3. 活动结束后，请幼儿整理工具，养成良好的常规习惯。

活动三　春天的花

一、活动目标

1. 尝试制作多色版画。
2. 能够养成做事认真耐心的良好品质。

二、活动材料

吹塑板、胶滚、毛笔、木刻刀、丙烯颜料、纸、喷壶、花的图案。

三、活动过程

1. 引导幼儿挑选自己喜爱的花朵图案，并贴在吹塑板上，幼儿依据图案用木刻刀在吹塑板上刻出花朵的形状。
2. 选择丙烯颜料，用毛笔或者胶滚为模板上色，在上色过程中，指导幼儿运用多种颜色上色，完成版画。

四、活动建议

1. 尝试选择几种不同颜色的丙烯颜料上色，在上色过程中，指导幼儿注意上色时颜色的分区。

2. 探索怎样才能让模板上的颜色不要干得那么快,怎样才能更快更好地制作出多色版画。

活动四 我的版画展

一、活动目标

1. 尝试自主进行版画创作。
2. 在创作过程中有耐心,坚持完成自己的作品。

二、活动材料

吹塑板、胶滚、毛笔、木刻刀、丙烯颜料、纸、喷壶、卡纸等。

三、活动过程

1. 设计自己的版画图案。
2. 将设计好的图案纸与吹塑纸粘贴好,用木刻刀进行创作。
3. 选择丙烯颜料,用毛笔或者胶滚为模板上色,在上色过程中,幼儿自主选择运用单色或多种颜色上色,完成版画。
4. 将自己完成的版画作品粘贴在版画工艺区,互相欣赏、交流。

四、活动建议

1. 在设计图案时,幼儿根据自己的能力水平进行创设,教师不要过多干预。
2. 请幼儿自己选择单色或多种颜色。
3. 注意使用工具的安全。

区域名称:剪纸

【设计意图】

剪纸是一种用剪刀或刻刀在纸上剪刻花纹,用于装点生活或配合其他民俗活动的民间艺术。在中国,剪纸具有广泛的群众基础,交融于各族人民的社会生活中,是各种民俗活动的重要组成部分。其传统的视觉形象和造型格式,蕴涵了丰富的文化历史信息,表达了广大民众的社会认识、道德观念、实践经验、生活理想和审美情趣,具有认知、教化、表意、抒情、娱乐、交往等多重社会价值。剪纸是非常好的教育资源,它可以培养幼儿的动手操作能力,可以激发幼儿感受美、表现美、创造美的情趣,丰富幼儿的想象力,还可以让幼儿从小了解我国特有的民间手工艺术,激发幼儿对民间艺术的兴趣,萌发幼儿对中华传统的认同感。因此,我们在中班开展了剪纸活动,从剪各种线、形状、镂空花纹开始,逐步让幼儿体验剪纸活动的乐趣。

【区域活动总目标】

1. 感受剪纸作品的美，愿意参与剪纸活动，体验其中的乐趣。
2. 了解剪纸的基本工具，初步掌握剪纸的基本方法。
3. 尝试用语言生动地描述自己的剪纸作品。

【活动设计】

活动一　美丽的剪纸

一、活动目标

1. 幼儿愿意参与剪纸活动，能遵守区域规则。
2. 激发幼儿对剪纸活动的兴趣。

二、活动过程

1. 教师同幼儿一起收集不同风格的剪纸作品，布置在剪纸区。
2. 幼儿熟悉剪刀、笔、胶棒等工具的使用方式及收纳方式，熟悉剪纸区的区域规则，包括安全拿取、使用剪刀，作品的收纳，把碎纸扔进桌面垃圾桶等，学习借助笤帚等工具把区域打扫干净。
3. 教师和幼儿一起讨论剪纸区的注意事项，展示在墙面上。

活动二　剪一剪、试一试

一、活动目标

1. 幼儿学习利用剪刀进行剪纸的基本技能。
2. 锻炼幼儿手部的精细动作，养成良好的行为习惯。

二、活动材料

剪刀、各种大小的彩纸、废旧杂志、胶棒、笔。

三、活动过程

1. 运用游戏的形式让幼儿用剪刀剪各种线，顺序是直线、斜线、弧线、封闭的图形。
2. 尝试根据纸张的基本形状剪方形、三角形（A4 纸剪下一个角就是三角形）。
3. 初步尝试剪镂空形状装饰自己的作品。

四、活动建议

1. 幼儿掌握剪纸的技能有较大的差异性，教师要注意分不同层次进行指导。
2. 拿剪刀的时候要注意使用安全，不要伤到自己或者别人。
3. 最早创作的作品可以是简单形状组成的小鱼、房子、冰棍等。

活动三　大恐龙

一、活动目标

1. 初步尝试剪恐龙，尝试表现出恐龙的各种身体形态。
2. 能够养成做事认真、遇到问题坚持不退缩的好品质。
3. 可以主动给同伴介绍自己的经验。

二、活动材料

剪刀、各种大小的彩纸、废旧杂志、胶棒、笔。

三、活动过程

1. 观察恐龙的身体形态，挑选喜欢的恐龙尝试画一画，观察恐龙的头、脖子、身体、四肢、尾巴是什么形状的？线条是怎样变化的？
2. 用剪刀在纸上剪恐龙，如果直接剪不出来，可以先剪大形状，最后拼贴一些细节部分，要敢尝试，剪错了没有关系，学着把作品修成自己喜欢的样子。
3. 尝试用镂空法剪花纹装饰自己的恐龙。
4. 恐龙的五官可以用笔来画，也可以尝试着剪出来。

四、活动建议

1. 幼儿一开始会比较紧张，怕剪错和剪得不像，首先要让幼儿放松下来，学习接受不完美的作品，学习一点点用形状修出自己的作品。
2. 面对幼儿的作品要充分尊重，老师可以帮助幼儿一起来修作品，作品可能变换，有可能打算剪恐龙，但是修出一个别的动物，老师要接纳和欣赏幼儿的作品，可以给每一个幼儿展示自己作品的机会。
3. 欣赏作品时，要让幼儿共同欣赏作品好在哪里，用欣赏的眼光看待自己和他人的作品。

活动四　小　鱼

一、活动目标

1. 尝试自己剪小鱼。
2. 在剪纸过程中能利用镂空法装饰小鱼。

二、活动材料

剪刀、各种大小的彩纸、废旧杂志、胶棒、笔。

三、活动过程

1. 分析鱼的身体形态和特点。形状随意，有尾有嘴有眼睛有鳍。
2. 选择好自己使用的彩纸。
3. 尝试剪出自己的小鱼。
4. 镂空花纹，剪出细节，如嘴巴、眼睛等。

5. 作品完成后，把作品放在桌布下压平。
6. 作品压膜后展示在楼道剪纸区小鱼作品中。

四、活动建议

1. 剪纸时要鼓励幼儿自己剪，也可以模仿别人的作品。
2. 对个别遇到困难的幼儿，教师可以边示范边帮忙修作品。
3. 注意剪刀使用安全。
4. 幼儿使用剪刀的能力有很大的差异性，所以鼓励幼儿多练习。

活动五　小胖小

一、活动目标

1. 运用剪纸作品，创造性地表现儿歌的简单情节。
2. 主动探索新的剪纸方法，体验表现和创作的快乐。

二、活动材料

剪刀、各种大小的彩纸、废旧杂志、胶棒、笔。

三、活动过程

1. 选取幼儿熟悉的儿歌作品《小胖小》为创作的主题。
2. 尝试剪儿歌中出现的各种动物、植物。
3. 观察水饺、竹笋、猪、草莓等剪纸作品，然后尝试用剪刀，用自己喜欢的方式剪出它们的形态。
4. 在展示、分析作品后，把剪纸作品压在桌布下压平。
5. 作品压平后，粘贴在剪纸区域，跟老师一起合作展示一幅大型作品。

四、活动建议

1. 剪纸需要有强大的表征能力，观察实物并不能帮助幼儿剪出作品，所以需要教师的示范和作品的范例，范例可以多种形态、多种样式，鼓励幼儿创作时加入自己的想法。
2. 展示作品时，多个幼儿的作品分区放在一起，完成后加入儿歌，能够让幼儿更有兴趣欣赏自己和小朋友的作品。
3. 鼓励幼儿多尝试、多练习，利用自己剪下的边角碎纸修整加工成别的作品，尽量做到充分利用，不浪费。

区域名称：泥塑

【设计意图】

泥塑在民间俗称"彩塑""泥玩"，是中国民间一种古老常见的传统民间艺术。即用黏土塑成各种形象的一种民间手工艺。它以泥土为原料，以手工捏制成形，或素或彩，以人物、动物为主。泥塑也是最常见的幼儿立体造型活动，它运用双手的操作和简单工具将泥塑造成立体的形象。泥塑活动不仅能够锻炼幼儿手指肌肉动作的灵活性，发展幼儿手眼协调的能力，而且对培养幼儿的空间知觉和立体造型能力也有很好的作用。此外，泥塑活动还可以帮助幼儿了解我国特有的民间手工艺术，从而使幼儿对我国的传统文化感兴趣，产生强烈的民族自豪感。因此，我们在中班开展了泥塑活动，从泥工的基本手法开始，逐步让幼儿体验泥塑活动的乐趣。

【区域活动总目标】

1. 感受泥塑作品的美，积极参与泥塑活动，体验其中的乐趣。
2. 了解泥塑的基本工具，掌握泥工的基本方法。
3. 尝试介绍自己的泥塑作品。

【活动设计】

活动一　有趣的泥塑

一、活动目标

1. 愿意收集材料，能与同伴一起讨论区域规则。
2. 对泥塑活动产生兴趣。

二、活动过程

1. 教师同幼儿一起收集泥塑作品，布置在泥塑区。
2. 幼儿收集泥塑用的工具材料，如黏泥、橡皮泥、面泥、泥工板、泥工刀等，教师指导幼儿分类摆放在区域中。
3. 教师和幼儿一起讨论泥塑区的规则，展示在墙面上。

活动二　玩一玩、捏一捏

一、活动目标

1. 了解泥的可塑性，学习团泥、搓泥、压泥、分泥、捏泥的基本技能。
2. 锻炼手的控制能力及双手的配合能力，养成良好的行为习惯。

二、活动材料

黏泥、泥工板、小塑料盘、泥工刀等。

三、活动过程

1. 幼儿自由玩泥，感受泥的柔软和可塑性。
2. 引导幼儿学习团泥、搓泥、捏泥、压泥等技能，了解用不同的方法会产生的结果。

3. 鼓励幼儿从泥的形状联想有关的事物并愿意用语言向同伴介绍。

四、活动建议

1. 活动中提示幼儿注意安全卫生，如不用有泥的手随意乱摸。
2. 活动结束后，请幼儿把活动材料和工具分类摆放整齐。

活动三 节日的月饼

一、活动目标

1. 学习运用模具塑造的技能，提高动手能力。
2. 模拟制作节日的食品，体会其中的乐趣。
3. 在活动中有坚持性和创造性。

二、活动材料

模具、月饼盒、瓶盖、纽扣、小棍、泥工板等。

三、活动过程

1. 师生共同欣赏并分享月饼。
2. 教师演示讲解月饼的做法，先将泥揉一揉放在泥工板上，选择一个适宜的瓶盖做模子。把泥按入瓶盖中，压实、拍平，去掉多余的泥。然后把瓶盖翻过来，用力扣，扣出一个泥饼。最后在泥饼上装饰出好看的图案或者花纹。
3. 幼儿尝试用多种辅助材料制作月饼，教师协助指导。
4. 作品完成后晾干展示。

四、活动建议

1. 完成的作品可以用于游戏，如可以投放到交往区的"小商店"。
2. 在活动中教师要鼓励幼儿大胆创造和表现。

活动四 小鸡和小鸭

一、活动目标

1. 学习团泥、揉泥、捏泥、压泥与刻画结合等泥工技能和泥刀的使用方法，提高手部动作的灵巧性。
2. 塑造出禽类身体的各个组成部分并表现出其特征。
3. 学习组合形象，构成简单情节。

二、活动材料

黏泥、泥工刀、泥工板、擦手布等。

三、活动过程

1. 教师通过让幼儿欣赏图片，激发幼儿塑造的愿望。

2. 教师演示小鸡的塑造方法，引导幼儿构思小鸭、小鸟、小鹅的塑造方法。即先把小鸡分为头部、身体、尾巴三部分，分别捏好后粘在一起。

3. 幼儿分组塑造，教师协助指导。

4. 教师组织幼儿摆放作品。

5. 作品晾干期间，教师引导组织幼儿利用废旧材料做一个大的沙盘模型，划分成土地、树林、湖泊不同区域，作品晾干后分类摆放在不同区域。

四、活动建议

1. 活动环节不要烦琐拖拉，以免幼儿丧失兴趣，分散注意力。

2. 分组活动环节注意提醒幼儿的常规习惯。

活动五　龟兔赛跑

一、活动目标

1. 塑造出小动物身体各个组成部分的特征和辅助形象。

2. 根据故事组合形象，构思简单情节，发展幼儿的创造性思维。

二、活动材料

黏泥、泥工刀、泥工板、擦手布等。

三、活动过程

1. 教师讲述故事，激发幼儿根据故事塑造的兴趣。

2. 教师演示，讲解兔子和乌龟的塑造方法。先做兔子的身躯和四肢，然后捏两个泥条固定在头顶做耳朵，搓两个泥球粘在眼部，压平，用泥刀在泥饼上画出闭眼的样子，再搓一个小泥球粘在两眼之间的下方，做鼻子，用泥刀刻画成三瓣嘴。最后用泥刀压出兔子的足部。

3. 幼儿塑造，教师协助指导。

4. 集体展示，分享作品。

四、活动建议

1. 分层次投放材料，适当投放泥塑半成品。

2. 引导幼儿观察动物身体各个部位的比例。

3. 多鼓励幼儿对泥塑活动进行大胆的尝试和探索。

区域名称：水墨画

【设计意图】

中国的传统文化博大精深，为世人所折服。中国水墨画显示了它特有的艺术魅力，有着其博大精深的艺术元素及精湛的技艺要求，是艺术教育中不可缺少的组成部分。在幼儿园阶段开展水墨画教学，对传承传统文化，让幼儿在笔墨游戏中接触和感受传统艺术的精髓，从小培养幼儿对水墨画艺术的兴趣和爱好有积极的意义。另外，写意水墨画具有变化的线条、丰富多彩的墨和色、变幻无穷的水墨渗化、快速成型等特点，其构图不受时空限制和焦点透视束缚。其造型是对事物的高度概括，在似与不似之间，与幼儿自主创作的绘画作品有着十分相似的特征。水墨画能够启迪和深化幼儿对美的感受能力，帮助幼儿发现美、表现美、创造美，丰富幼儿的审美经验，还可以让幼儿从小了解我国传统水墨画的艺术魅力，激发幼儿的艺术创作细胞，萌发幼儿对中华传统文化的认同感。从而体现自我价值，获得真正的满足感和成就感。因此我们以开展水墨画教学为途径，激发幼儿的绘画兴趣，丰富幼儿的情感体验和审美体验，逐步为继承和发展水墨画这一传统文化艺术奠定良好的基础。

【区域活动总目标】

1. 了解不同运笔在宣纸上的不同效果，了解墨和中国画颜料的性能，学会简单地调色调墨。
2. 在自由、快乐的学习氛围中，找到学习中国画的方法。
3. 能在水墨画活动中大胆地自我创意，能用自己创作的水墨画作品布置环境、美化生活。

【活动设计】

活动一　水墨纹理画

一、活动目标

1. 对水墨画感兴趣，体会"笔墨"。
2. 理解用墨和用水的方法：墨加水、浓墨、淡墨、焦墨。

二、活动材料

墨汁、毛笔、宣纸、调色盘、水桶、清水、罩衣、毡子。

三、活动过程

1. 水拓的方法：用大的盆装清水，先后滴入墨滴、色滴，在色墨尚未在水中溶开时即搅动，墨彩形成特殊的纹理。
2. 将宣纸浸入，然后立即提起，纹理被宣纸吸附后，可以产生预想不到的效果。
3. 引导幼儿在此基础上进行添画。

四、活动建议

1. 滴墨时由少到多，轻轻适时搅动。
2. 拿墨的时候要注意避免洒到自己或者别人身上。
3. 活动结束后，请幼儿把使用过的材料清洗干净再收起来。

活动二 水墨游戏

一、活动目标

1. 学习执笔方法以及用笔的方法：中锋、侧锋、逆锋、点等。
2. 理解用墨和用水的方法：墨加水、浓墨、淡墨、焦墨。

二、活动材料

墨汁、毛笔、宣纸、调色盘、水桶、清水、罩衣、毡子，中国画颜料，用笔方法的提卡，水果、蔬菜的图书。

三、活动过程

1. 学习执笔方法以及用笔的方法：中锋、侧锋、逆锋、点等。
2. 深入理解用墨和用水的方法：墨加水、浓墨、淡墨、焦墨，了解水墨与纸的关系。
3. 针对有些基础的幼儿，抓住生活的契机，根据幼儿喜欢的幼儿园长廊丰收的景象，学习南瓜、葫芦、丝瓜以及一些花卉的画法。这些事物与幼儿生活紧密联系，可利用配色的方法，调出符合实物的颜色。

四、活动建议

1. 幼儿较难掌握的是用笔方法，结合用笔方法的提卡在幼儿提笔时有意识地对照加以练习，在实践中感悟中锋、侧锋、逆锋和点的方法。
2. 对有一定基础的幼儿，激发他们的绘画兴趣，鼓励其大胆创作。
3. 活动结束后，关注笔墨的清洗和整理，养成良好的收放绘画材料的习惯。

活动三 欣赏名家作品

一、活动目标

1. 欣赏大师的画并尝试临摹，在不断的体验中逐渐获得经验技能。
2. 结合自己的生活经验和自己的想象进行创作。

二、活动材料

齐白石、李苦禅、崔子范等大师们的水墨范本。

三、活动过程

1. 欣赏大师的画。

2. 临摹，鼓励幼儿在不断的体验中获得经验技能。
3. 结合自己的生活经验和自己的想象进行创作。
4. 欣赏评价。

四、活动建议

1. 幼儿较难理解大师的作品，教师进行讲解。
2. 指导幼儿临摹，引导幼儿获得经验技能。
3. 鼓励幼儿自由发挥想象创作。

活动四 学习简单的配色方法

一、活动目标

1. 了解不同运笔在宣纸上的不同效果，了解墨和中国画颜料的性能，学会简单地调色调墨。
2. 在自由、快乐的学习氛围中，找到学习中国画的方法。

二、活动材料

宣纸、墨汁、毛笔、中国画颜料、调色盘、毡子、水桶，有关水果、蔬菜、动物的图书，用笔方法的提卡。

三、活动过程

1. 认识毛笔线条。

首先通过水墨游戏活动帮助幼儿发现美，启迪和深化幼儿对美的感受能力。几根曲直相交的线条，是苍劲古朴的梅枝；几块浓淡相间的色团，是可爱的小金鱼；几个不规则的线团，是一群可爱的小鸡，任何形象语言都能表露内心的愉悦，充溢着童真之美，让幼儿理解浓淡墨的变化以及用笔的方法。

2. 幼儿尝试画自己想画的图案，体会毛笔线条。
3. 同伴间欣赏作品。

四、活动建议

1. 尝试水墨游戏时，引导幼儿观察用笔用墨的方法。
2. 尝试创作时，教师注意巡视，给予幼儿必要的指导。
3. 由于幼儿年龄小，在控制用笔用墨多少上教师要鼓励幼儿多多练习。

活动五 制作国画扇面

一、活动目标

1. 逐渐加入一些笔墨技巧的讲述，比如皴擦点染的不同效果。
2. 能在水墨画活动中大胆地自我创意，并尝试用自己创作的水墨画作品布置环境、美化生活。

二、活动材料

宣纸、墨汁、毛笔、中国画颜料、调色盘、毡子、水桶。

三、活动过程

1. 延续上一阶段的学习，温习学过的花卉、蔬果、动物的画法，进行大量练习。

2. 逐渐加入一些笔墨技巧的讲述，比如皴擦点染的不同效果、墨的干湿浓淡，等等。

3. 由于学习难度逐渐加大，要不断地鼓励幼儿，以免幼儿在学习中遇到困难后产生倦怠感。

4. 制作国画扇面，提起幼儿的绘画兴趣。

四、活动建议

1. 分层次投放材料，有简单的绘画，也有精细图案的临摹，给不同需求的幼儿提供相应的材料支持。

2. 增加材料的趣味性、实用性，为幼儿排除水墨画活动枯燥的影响。

3. 多鼓励幼儿对水墨画图案进行探索，大胆尝试，在用水墨画作品布置环境、美化生活的过程中，帮助幼儿建立自信，提高绘画兴趣。

区域名称：扎染

【设计意图】

扎染，是中国民间传统而独特的染色工艺，其通过折、压、揉、缝等方式对织物进行扎结，在染色时使扎结部分不能着色的一种染色方法。扎染作品因扎结技法的不同，呈现的图案、色彩也样式多变，能对幼儿产生强烈的吸引力。为了让幼儿更全面地感受扎染艺术，掌握较简单的扎染技能和知识，我们结合本园传统文化特色，创设了扎染特色区角。通过创设扎染特色区角环境，投放适宜的操作材料，并对幼儿的操作活动进行有效指导，从而更加丰富扎染活动的内容，让扎染这朵民间艺术之花在幼儿园里绽放。

【区域活动总目标】

1. 感受扎染作品的美，愿意参与扎染活动，体验其中的乐趣。
2. 了解扎染工具，初步掌握扎染的基本方法。
3. 尝试用语言生动地描述扎染作品。

【活动设计】

活动一 扎染欣赏

一、活动目标
1. 幼儿愿意参与收集材料的活动,能与同伴一起共同制定区域规则。
2. 激发幼儿对扎染活动的兴趣。

二、活动过程
1. 教师同幼儿一起收集不同风格的扎染作品,布置在扎染区。
2. 幼儿收集扎染用的工具材料,如布、绳子、皮筋、夹子、瓶盖、玩具等,教师指导幼儿分类摆放在区域中。
3. 教师和幼儿一起制定扎染区的规则,展示在墙面上。

活动二 扎皮筋

一、活动目标
1. 学习用皮筋扎物体的基本技能。
2. 锻炼手部精细动作,提高手眼协调能力。

二、活动材料
彩笔、皮筋。

三、活动过程
1. 教师出示用皮筋扎染出来的作品,供幼儿欣赏。
2. 幼儿每人一根皮筋进行练习,可以选择先在彩笔等一些比较硬的物体上练习扎皮筋。
3. 引导幼儿用皮筋扎物体,重点引导幼儿将物体扎紧。

四、活动建议
1. 开始练习时尽量选择硬的物体,更方便练习。
2. 能力比较强的幼儿可以直接对布进行捆扎。
3. 可以将材料投放在区域中,区域游戏时幼儿可以进行练习。

活动三 想一想、试一试

一、活动目标
1. 初步尝试用折叠与捆扎相结合的方式进行扎染。
2. 欣赏用不同方式扎染出来的不同效果。
3. 养成做事认真耐心的良好品质。

二、活动材料

皮筋、棉布、固色剂、颜料。

三、活动过程

1. 引导幼儿设计自己想要扎染出来的图案。
2. 利用先折叠的方法对布进行捆扎。
3. 给捆扎好的棉布染色。
4. 请小朋友相互交流欣赏，说一说自己的扎染方法。

四、活动建议

1. 因为棉布比较软，可以利用包一包的方法，在布上放个硬的物体，再用布包起来，方便幼儿进行捆扎。
2. 染色的时候戴好手套、围裙，避免把颜色弄到手上、身上。
3. 染色时颜料不要倒得太多。

活动四 扎染手帕

一、活动目标

1. 尝试自己设计图稿，选择材料扎染手帕。
2. 能大胆操作，并积极向同伴展示自己的扎染作品、介绍自己的扎染经验。
3. 通过欣赏进一步感受图案与扎染方法之间的关系，对扎染产生兴趣。

二、活动材料

1. 用不同方法制作的扎染作品若干，相对应的方法图谱。
2. 扎染材料：白色手帕、剪刀、各色食用染料、玩具、牛皮筋、塑料抽拉带、细铜丝等。

三、活动过程

1. 欣赏用不同方法扎染的手帕，迁移已有经验，进一步了解与其对应的扎法。

（1）师：今天老师带来了几块扎染手帕，你最喜欢哪块?为什么?

（2）师：你知道这些好看的花纹是用什么方法扎染出来的吗?

2. 回忆经验，明确设计图稿与作品的关系，产生设计、扎染手帕的愿望。

（1）出示设计图稿，引导幼儿观察设计的花纹，猜测扎法。

（2）师：昨天，我们一起设计了一张手帕的图稿，看一看，上面都有哪些花纹?怎样才能在手帕上染出这些花纹呢?

（3）出示扎染好的手帕，引导幼儿比较。

师：这是我们扎染出来的手帕，看看和设计图一样吗? 想一想，这两个圆怎么会一个大、一个小呢?怎样才能让扎染出来的两个圆一样大呢?

3. 设计、扎染。
（1）共同讨论制作要求。
（2）设计图稿并制作。
（3）染色。
4. 欣赏作品。

四、活动建议
1. 引导幼儿在扎染前对手帕进行构思，再实际操作。
2. 关注幼儿的扎染方法，适时指导。

活动五　奇妙的扎染

一、活动目标
1. 了解扎染的基本步骤，感受扎染的奇妙技艺。
2. 尝试用捆扎大小不同的珠子扎染 T 恤，体验扎染的乐趣。
3. 激发幼儿对中国传统民间艺术的喜爱之情，增强民族自豪感。

二、活动材料
收集纯棉白色 T 恤、各种扎染成品（花布、衣服、包、围巾等）、大小不同的珠子、玻璃球、皮筋若干、染料。

三、活动过程
1. 谈话引出课题。

师：你见过好看的花布吗？为什么好看？

2. 欣赏扎染。

（1）欣赏各种扎染作品，引导幼儿讨论花布上有哪些图案？花布上图案的颜色、形状、特点如何？

（2）欣赏用捆珠子的方法扎染成的 T 恤，感受图案的奇特。

3. 教师示范扎染材料的使用与操作过程。

（1）示范扎染过程：浸泡—拧干—捆扎—染色—晾干，知道在不同的位置捆绑珠子。

（2）引导幼儿观察制作材料，共同讨论材料的用途和操作方法，学习扎染。

4. 尝试在白色 T 恤上进行扎染，设置图案。

（1）鼓励幼儿用大小珠子在白色 T 恤上进行扎染，设置图案。

（2）教师观察幼儿操作并给予指导。

5. 在把扎染作品晾干的同时，向幼儿介绍扎染的历史，加深幼儿对扎染的认识。

四、活动建议
1. 分层次投放材料，给不同需求的幼儿提供相应的材料支持。

2. 增加材料的趣味性，多鼓励幼儿对扎染图案进行探索，大胆尝试。

区域名称：编织

【设计意图】

编织是民间传统手工艺中的一种。编织品种繁多，编织材料多样，如绳编、纸编、棕编、草编、竹编等。编织方法、技巧多样，具有鲜明的民间艺术特色。幼儿通过穿插、缠绕、打结等方法把自己所观察到的一些事物形态编制出充满童趣的各种编织工艺品，可以促进幼儿大脑的发育，锻炼幼儿的思维，发展幼儿手部肌肉的灵活性和协调性。在幼儿园开展民间手工艺编织活动，把它作为幼儿园特色主题活动进行推广和深入，在培养幼儿的观察力、想象力、创造力及审美能力的同时，可以帮助幼儿形成耐心、坚持、克服困难等良好品质，更能让幼儿从小得到民间传统文化的熏陶，这也是对情感和审美能力的一种提升。

【区域活动总目标】

1. 感受编织作品的美，愿意参与编织活动，体验其中的乐趣。
2. 对编织活动感兴趣，并学会编织方法。
3. 尝试用语言生动地描述编织作品。

【活动设计】

活动一　有趣的绳编

一、活动目标

1. 幼儿愿意收集材料，能与同伴一起制定区域规则。
2. 激发幼儿对编织活动的兴趣。

二、活动过程

1. 教师同幼儿一起收集不同风格的编织作品，布置在绳编区。
2. 幼儿收集编织用的材料，如纸条、绳子、毛线等，教师指导幼儿分类摆放在区域中。
3. 教师和幼儿一起制定编织区的规则，展示在墙面上。

活动二　编一编

一、活动目标
1. 幼儿学会用纸条穿插编织的方法。
2. 锻炼幼儿手部精细动作，让幼儿养成良好的行为习惯。

二、活动材料
纸条。

三、活动过程
主要以幼儿感觉简单、易于操作的比较粗的纸条穿插编织，让幼儿感受穿插编织的层次和方法。

四、活动建议
穿插编织的时候一定要一个压着一个。

活动三　编织渔网

一、活动目标
1. 初步尝试运用多种材料开展编织活动。
2. 能够养成做事认真耐心的良好品质。
3. 能与同伴合作共同完成作品。

二、活动材料
麻绳、毛线。

三、活动过程
学会用打结的方法编织渔网。

四、活动建议
在打结的时候一定不要把线理错。

活动四　手　链

一、活动目标
学会平结的编织方法和步骤，并在平结的基础上进行装饰。

二、活动材料
珠子、彩色绳子。

三、活动过程
指导幼儿学会编织平结的步骤和方法，学会通过打结和串珠的方法进行装饰，编制出手链。

四、活动建议
在编织的时候一定要固定好平结。

活动五　我的编织 DIY

一、活动目标

1. 运用多种材料进行编织活动，创造性地表现简单的情节。
2. 主动探索新的编织技能，体验表现和创作的快乐。

二、活动材料

各种绳和串珠、乳胶、铁丝、剪刀以及待装饰的物体。

三、活动过程

为幼儿提供各种主题的材料让幼儿进行自创式的编织，让幼儿根据物体的外形特点选择适合的方式进行装饰。

四、活动建议

1. 分层次投放材料，给不同需求的幼儿提供相应的材料支持。
2. 增加材料的趣味性、实用性，为幼儿排除编织活动枯燥的影响。
3. 要保护幼儿的好奇心，多鼓励幼儿对编织进行探索，大胆尝试。

第三章　传统游戏

一日生活皆教育，在日常教育教学中，我们注重传统文化在幼儿一日生活中的渗透，让幼儿时时处处都能感受、触摸到民间艺术，使民间艺术教育更加生活化。

第一节　传统民间桌面游戏

民间游戏是我国民间艺术文化宝库中的瑰宝。借助园本教研，我们研究选取了适宜小、中、大不同班的民间桌面游戏，如翻绳、七巧板、找东西南北，以及其他民间游戏，如棋考状元、过大梁、憋死牛等，在过渡环节，幼儿可以自由结伴、自主选择做自己喜欢的游戏，在轻松的游戏状态下，发展幼儿的思维能力、动手能力、交往能力等。

游戏名称：挑　棍

游戏目标：
1. 锻炼幼儿手部小肌肉的力量，增强幼儿的手眼协调能力和手指灵活性。
2. 锻炼幼儿的注意力、观察力、判断力、运算力和分析能力。

游戏材料：
计时器、木棍、雪糕棍、游戏棒、塑料棍、图卡、闯关卡、记录纸、水彩笔、小贴画、小奖章等。

游戏玩法：

玩法一　挑棍大王

两人或多人同时游戏，其中一人手持一把木棍，悬空洒向地面或桌面，参与游戏者逐一用一根木棍进行游戏，同时启动计时器，计时一分钟（也可不用计时器），在保证不碰到其他木棍的情况下，挑起木棍，最后看谁挑的木棍多，谁就是本次游戏的挑棍冠军。胜利者可以得到一个小贴画，并把小贴画粘贴在"我是挑棍大王"的比赛墙上，周五进行"我是挑棍大王"周冠军评比，月末进行"我是挑棍大王"月冠军评比。

玩法二　救救小兔子

两人或多人同时游戏，每人一张图片，图片上的小兔子掉进了一个陷阱里，幼儿轮流挑棍，用赢得的挑棍为小兔子搭梯子，把小兔子营救出来，看看谁先搭好梯子，谁就是本次游戏的胜利者。（按梯子颜色挑棍、随意挑棍）

剪影如下：

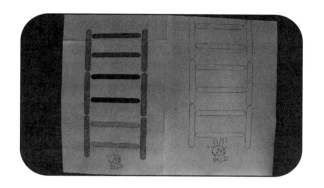

玩法三 斗兽挑棍

用略粗的木棍（如柳枝、雪糕棍）制作一套斗兽挑棍，在挑棍上画上不同的动物图案，两人轮流挑棍，挑棍时提示幼儿观察棍上的图案（为挑完棍比赛做准备）。所有棍全部挑完后，按斗兽棋规则比赛，谁赢的棍多为胜利。

剪影如下：

玩法四 挑棍大闯关

准备不同难度的挑棍：扁棍（冰棍棍儿）、圆木棍、塑料圆棍。两人或多人同时游戏，幼儿按扁棍、圆木棍、塑料圆棍的顺序依次挑战，每关获胜的幼儿在记录纸上印一个奖杯章，最后比谁赢的奖杯章多，谁就是胜利者。

游戏建议：

1. 可以用剪刀石头布、摇骰子、抽签、协商、轮流等方法，让幼儿自己决定谁先进行挑棍游戏。

2. 玩游戏三的幼儿需要有玩斗兽棋的经验。

游戏名称：趣味翻绳

适宜年龄班：
中、大班。

游戏目标：
1. 喜欢玩翻绳游戏，学习各种花样翻绳，在玩的过程中练习翻、旋转、打结等动作。
2. 感受传统游戏的乐趣，提高幼儿动作的协调性与灵活性，培养幼儿的耐性。

游戏材料：
中国结绳、毛线绳、白线绳等不同材质的翻绳，记录纸等。

游戏玩法：

玩法一 双人翻绳游戏

两个幼儿开始游戏，其中一名幼儿先用翻绳做出基本形，另一人开始轮换翻绳，谁最后把绳翻乱为失败，另一方则胜利。

剪影如下：

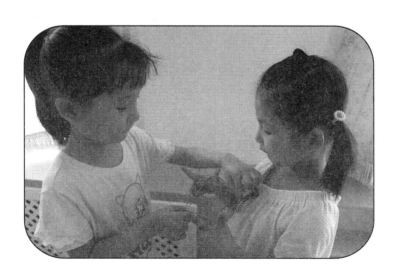

玩法二　花样翻绳

1. 收集花样翻绳的书，按照翻绳步骤，教师示范花样翻绳的方法，幼儿跟老师一起学习，教师不仅要示范翻绳方法，还要引导幼儿看图示，理解图示。
2. 幼儿在家中与家长一起学习更多的花样翻绳方法，并当小老师把学到的方法教给别人。
3. 幼儿参照花样翻绳书，按照图示研究花样翻绳，研究出方法的幼儿可以给别人做示范。
4. 每周在班级里开展花样翻绳挑战赛，比一比谁会的花样最多。

剪影如下：

游戏建议：

翻绳游戏活动主要是依靠手部动作操作完成，每一个造型图案需要手指撑、压、挑、翻、勾、放等一些精微动作配合完成，每根手指要巧妙分工。翻绳游戏材料简单，在任何过渡环节都可以操作，教师可以抓住任何时机让幼儿练习。

游戏名称：拍洋画

适宜年龄班：
中、大班。

游戏目标：
1. 主动、友好地与他人交往，掌握交往技能，能独立解决交往中的问题。
2. 理解规则的意义，能与同伴协商制定游戏规则，并遵守规则、进行游戏。
3. 学习控制自己的情绪和行为，增强遵守规则的能力。

游戏材料：
封神榜、西游记等题材的洋画。

游戏玩法：

玩法一　拍洋画

一般是两名幼儿游戏，游戏者用"剪刀石头布"的方法决定游戏顺序，每人拿出一张自己的洋画，可以有正拍（正面朝上）、反拍（反面朝上）、双翻（一次拍两张）等不同游戏形式。

玩法二　摔洋画

每人拿出一摞洋画，由幼儿甲拿着全部洋画罗列在一起，用力往地上摔，洋画落地后，所有由正面摔成反面的洋画都可以被幼儿甲拿走，然后幼儿甲可以用正拍、双翻的方法继续进行游戏，幼儿甲如果没有把洋画从正面拍到反面，拍击权即转交到幼儿乙手中，继续游戏。

剪影如下：

游戏建议：

1. 指导幼儿拍洋画是有技巧的，无论是拍还是吸，都是要求五指并拢，收紧，手背略微向上拱起，手心呈一个窝状，发力简短快速。扇洋画时手掌稍弓，猛抽向洋片边缘，为了借助风力将所有的洋画都翻到另一面。

2. 摔洋画摔也有讲究，要给幼儿反复尝试的机会，积累经验，太用力不行，散开了反而不好控制，太轻翻不过来，所以要拿捏好摔洋画的力度。

游戏名称：摔方宝

适宜年龄班：

中、大班。

游戏目标：

1. 学习折叠方宝的方法。
2. 利用不同材质的纸探索哪种纸最适合折叠方宝，哪种方宝最好用。
3. 喜欢玩摔方宝游戏，锻炼幼儿手腕力量和臂力。

游戏材料

各种材质的纸、三角方宝、四角方宝。

游戏玩法：

游戏人数为两人，幼儿用"剪子石头布"决胜负，输者先把自己的"方宝"正面向上放在地面上，赢者手拿"方宝"往地上摔，可以摔到对手"方宝"上或旁边，目的是借助风力让对方"方宝"翻个儿了，成功了，这个"方宝"就归自己了，对方再放一个"方宝"后游戏继续。如不能拍翻，则对方开始拍自己落在地上的"方宝"。

游戏建议：

1. 可以和幼儿一起用不同材质的纸折叠方宝，在摔方宝的过程中，探究哪种材质的纸张折出的方宝最厉害。

2. 给幼儿提供互相交流的机会，总结摔方宝的技巧，怎样才能将对方的方宝摔翻如怎样用力、方宝摔的角度等。

3. 可以尝试玩儿不同形状、大小的方宝，找出它们的区别。

游戏名称：抓　包

适宜年龄班：

小、中、大班。

游戏目标：

1. 锻炼手部小肌肉力量及手部灵活性、准确性、手眼协调能力。

2. 积极参加竞赛类游戏，会使用礼貌用语，主动与同伴交往，初步学会轮流，谦让。

游戏材料：

3 cm 大小的三角沙包 10 个。

游戏玩法：

两人同时游戏，用"剪刀石头布"的方法决定谁先抓包。胜利一方将三个小沙包同时丢在桌上，拿起一个向上抛，快速从桌上抓起一个沙包，再接住刚才抛起来的沙包，接住后再把第一个沙包继续抛起，抓起第三个包，快速接住空中的包。没接住空中的包或者没抓起桌子上的包就失败，换另一个人继续游戏。

游戏建议：

1. 待幼儿熟悉玩儿法后，可增大游戏难度，如增加沙包的数量，把沙包换成正方形、长方形、圆形等进行抓包游戏。

2. 让幼儿之间交流抓包的经验，抛包的时候要抛得高一点，同时抓包的时候速度要快，注意不要戳到手指。

游戏名称：欻　拐

适宜年龄班：

大班。

游戏目标：

1. 锻炼小手的灵活性、准确性、控制力、手眼协调能力。

2. 喜欢参加竞赛类游戏，能在游戏中调节控制自己的情绪和行为。

游戏材料：

小沙包 1 个、羊拐 4 个、记录纸。

游戏玩法：

玩法一　抓　拐

此游戏可一人玩儿，也可以多人玩儿，将四个拐同时丢在桌子上，观察四个耳儿、眼儿、坑儿、肚儿哪个面朝上（抓的时候只能抓肚儿朝上的拐），将沙包抛向空中，快速抓起肚儿朝上的拐，接住下落的沙包，有几个肚儿朝上的拐抓几次，没抓成功就停止游戏，下一个人开始。每次游戏要自己记录抓了几个拐，游戏结束抓的多的为胜。

剪影如下：

玩法二　翻　拐

此游戏两人一起玩儿，两名幼儿面对面坐，每名幼儿手中四个羊拐，将拐同时丢在桌上，观察自己丢的羊拐哪个面向上，四个肚朝上的为胜。幼儿扔完拐要用剪刀石头布的方法把不是肚儿朝上的翻面，翻的顺序是耳、眼、坑、肚，如耳朝上要翻三次，眼朝上翻两次，坑朝上翻一次，谁先完成四个肚朝上就是胜利。

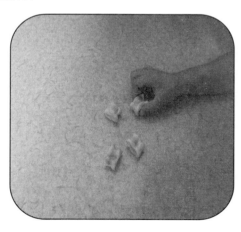 

游戏建议：

游戏前期要带幼儿认识羊拐，分清耳、眼、坑、肚，如果幼儿分不清还可以用涂色的方法帮助幼儿辨别，玩法二也可以掷骰子的方法决定谁来翻拐。

游戏名称：纸牌游戏

适宜年龄班：
中、大班。

游戏目标：
1. 认识纸牌上的数字。
2. 遵守游戏中的规则，养成规则意识。

游戏材料：
扑克牌。

游戏玩法：

玩法一　拉大车

两人或者两人以上进行游戏。游戏进行时，每个人分一叠牌，不许看牌，按顺序每人出一次牌，后出的牌压住前一张出的牌，谁出的牌和前面任何一张一样，可以将这两张牌和夹在它们之间的牌收走，收走的牌，放在自己手中牌的下面再继续出牌，这样游戏下去最后手中没有牌的幼儿算输，如果游戏结束，两人手中都还有牌，牌少的算输。

玩法二　抽　对

两人或者两人以上进行游戏，大家围坐好。将洗好的纸牌放在桌子上，洗牌的人从牌里抽出一张纸牌作为暗牌。按顺时针方向从洗牌人开始依次摸牌，按这个顺序直至把所有的牌摸完，摸完后每个人都看看自己的牌里有没有数字一样的两张，把数字一样的两张牌扣在自己前面，从第一个摸牌的人开始按顺时针方向从自己下一家牌中任意抽取一张，抽过来的牌，如果能和自己手中的牌凑成数字一样的一对，就一起放在桌子上，按这个过程继续游戏，手里第一个没有牌的幼儿为第一名，后面以此类推，最后手里还剩牌的幼儿算输。

游戏建议：
游戏前一定让幼儿熟悉游戏规则，在玩儿的过程中要遵守规则。

游戏名称：好玩的民间棋

适宜年龄班：
中、大班。

游戏目标:
1. 对民间棋感兴趣,喜欢玩儿民间棋。
2. 能主动遵守玩儿棋的规则,遇到问题能与同伴协商解决,有规则意识、有耐性。

游戏材料:
鸡毛蒜皮、二打一、跳坑等民间棋的棋盘,不同材质的棋子,记录纸。

游戏玩法:

玩法一　鸡毛蒜皮

两个幼儿进行游戏,每人选择四个一样的棋子(两个人的棋子不能一样)按照图一摆好。用石头剪刀布或者掷色子的方法决定谁先开始,先开始的幼儿选择一个棋子,边说鸡毛蒜皮边走棋,棋子的位置是第一步,如果第四步正好在对方有棋子的位置上,就可以把它吃掉,从棋盘上取走。对方也按此方法走棋,两人交替进行,直至一方把另一方棋子全部吃完,自己还在棋盘下剩有棋子的就是胜利。

剪影如下:

玩法二　二打一

两个幼儿进行游戏,每人选择四个一样的棋子(两个人的棋子不能一样),每个棋子只能横着或者竖着移动一个交叉点,幼儿可以用石头剪刀布或者掷色子的方式决定谁先走棋,当甲方两个棋子和乙方一个棋子连在一条线上,其中甲方有两个相连的棋子,乙方有一个棋子在甲方的任意一端,即可打掉乙方棋子。游戏继续,双方都要设法把对方棋子打掉,全部被打掉的就是输了。

剪影如下：

玩法三　跳坑儿

两个幼儿进行游戏，每人选择两个一样的棋子（两个人的棋子不能一样），每人的棋子分别占据棋盘上的两个角，幼儿可以用石头剪刀布或者掷色子的方式决定谁先走棋，先走的不能第一步就将对方堵住，二人轮流走，最后谁先把对方堵住就是胜利。

剪影如下：

游戏建议：
可以在墙饰上展示出每种棋的玩法，提示幼儿。

游戏名称：折纸游戏

适宜年龄班：
小、中、大班。
游戏目标：
1. 不同手指能协调配合，能灵活地控制玩具。
2. 遇到问题能与同伴协商解决，有规则意识。
游戏材料：
不同质地、大小、形状的纸、笔。
游戏玩法：

玩法一　东南西北张大嘴

1. 用正方形的纸，四角向内折叠，翻转过来，再四角向内折叠。在有四个小正方形上面分别写上东南西北，翻过来在另一面的每个三角形上画上惩罚或者奖励的图案，照此方法可以多做几个，上面画不同奖励或者惩罚的图案。

2. 两个幼儿进行游戏，一个人操作东南西北大张嘴，双手拇指和食指插入小正方形里，边说："东南西北张大嘴"边做开合的动作。说到最后一个字停止后，问另一个人："你要哪个方向？"另一个人选择一个方向后，看看这个方向里面的三角画的是什么图案，另一个要照着去做动作。做完后两个人互换游戏角色，再继续进行。

玩法二　小猴爬山

1. 给幼儿提供折纸步骤图，幼儿照图中步骤折出双正方，将不开口那个角用剪刀剪下来当"小猴子"，剩下的部分就是"山"。

2. 可两名或者两名以上幼儿一起游戏，将"小猴子"顺"山"下两个角插进去，搓动两个角，小猴子就从山顶出来了，谁先出来谁就是胜利者。

玩法三　甩纸炮

1. 给幼儿提供折纸炮的步骤图，幼儿按照步骤图折纸炮。选择长方形 A4 纸，沿着长边对折后打开，一长边对准中间折印折，再顺着中间折印向上折；将折纸两个短边对折（边露在外面），捏住边的两个角向外拉，直到内角在里面，这样就折好了。

2. 纸炮开口向下，用力向下甩，让纸炮发出响声，比一比谁的声音大。

剪影如下：

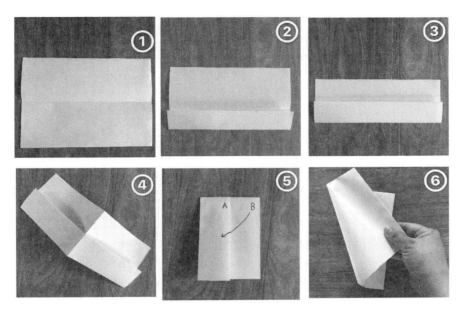

游戏建议：

每种折纸玩具教师都要给幼儿提供折纸步骤图，还可以请幼儿共同搜集更多的折纸玩具。

第二节 传统民间体育游戏

除了过渡环节开展多种室内民间桌面游戏外，结合幼儿年龄特点，我们还研究了适宜各年龄段的户外民间体育游戏，如舞龙舞狮、跳房子、跳皮筋、跳竹竿、打鸭子等。游戏中不仅让幼儿感受到了传统体育游戏带来的乐趣，还发展了幼儿的体能。

一、器材类游戏

铁环游戏

适宜年龄班：

小、中、大班。

游戏目标：
1. 练习双脚跳和单脚跳跃的技能技巧。
2. 锻炼腿部肌肉力量，提高身体运动的协调性和平衡性。
3. 增强抓握强度和臂力力度。
4. 提高手臂对物体的平衡控制能力和反应速度及手眼协调能力。
5. 增强身体柔韧性及手眼协调能力。
6. 游戏中不怕困难敢于挑战，同伴间能够团结协作，体验成功的快乐。

游戏材料：

直径38~45厘米、直径45~50厘米的铁环；30厘米长杆铁钩；各种可利用的辅助材料。

游戏玩法：

玩法一　小兔收萝卜

将铁环平铺于地面，幼儿利用铁环做跳跃练习。教师创设游戏情境，如教师扮演兔妈妈，幼儿扮兔宝宝，妈妈带宝宝们外出采萝卜，途中兔宝宝们需要双脚跳过"独木桥"（将铁环依次平放在地，摆成直线或曲线）、单双脚交替跳过"荷叶"、不被鳄鱼吃掉（将铁圈单双相间平摆在地）、跳过"小草地"（将铁圈摆成一定图形或图案）后到达萝卜地，收获胡萝卜。（小班）

剪影如下：

玩法二 小司机去加油

创设游戏情境，个别幼儿或教师扮加油员，幼儿扮小司机开着车到加油站给汽车加油。幼儿双手握住铁环当汽车方向盘，在车道内开车。小司机按照线路行驶，行驶途中要注意遵守交通规则，到达加油站后给汽车加油。车道可设直线车道、环形车道、折线车道等多种形式；车道内可利用过河石、拱形门、小跳栏、红绿灯等多种户外材料设置障碍，如上坡、下坡、躲障碍、钻山洞等丰富游戏情境增加游戏难度。（小班）

玩法三 小乌龟回家

创设游戏情境，幼儿扮小乌龟，天快黑了，玩耍了一天的龟宝宝们要回家找妈妈了。幼儿学小乌龟走路，将铁环套于上半身后蹲下，再将铁环从头顶上翻出，放置在前方。蹲走进入铁圈中，再次将铁环从头顶上翻出，放置在前方。循环往复，直至回到家中。（小班）

剪影如下：

玩法四　小鸡出壳

幼儿扮小鸡手拉手围成圆圈站好，共同使用 1 个铁圈当蛋壳，第一名小鸡将铁圈套在胳膊上，下一名小鸡从手臂、头、身体等部位依次钻过铁圈，传递给下一名幼儿，依次类推。传递铁环时幼儿拉着的手不能松开，铁环掉落在地上，则蛋壳破碎，小鸡无法成功出壳。（中、大班）

玩法五　趣味滚圈

1. 看谁滚得远：2~5 名幼儿在起点处依次排开，每人手持一个铁圈，听到

口令后一同用手将铁圈推出，看谁的铁圈滚得远。（小班）

2. 火车钻山洞：2~5名幼儿在起点处相隔一定距离依次站好，人手一个铁圈当车，终点处每名幼儿对面各有一座山洞，比比看谁能够让自己的火车从山洞中成功钻出（自己的火车不能钻入别人的山洞）；也可增加山洞个数，比比看谁的火车钻过的山洞多。（小、中班）

玩法六　我是铁环小能手

幼儿左手轻扶铁环，右手持铁环长杆，用"U"形铁钩钩住铁圈做准备状态；左手松开铁环并顺势推出；右手紧握长杆推动铁圈并保持平衡持续向前滚动前进。看谁推动铁环的距离长。为帮助幼儿快速学会滚铁环可教幼儿"三妙招"：一套：用拇指和食指将铁环套住，让铁环立在地上，也可用绳子套住铁环；二靠：用"U"钩靠在铁环上慢慢向前推；三推：可以在平地上慢慢推行，也可在斜坡由上往下推滚铁环。（大班）

游戏建议：

1. 滚铁环游戏需要较大且平整的运动场地，铁环内可装上几个小铃铛，在滚动时发出清脆的叮叮当当的声音，增强游戏的趣味性。
2. 跳跃游戏中铁环间的距离可逐渐拉大，提高幼儿双脚跳的难度。
3. "小鸡出壳"游戏中，可根据幼儿需求及游戏水平适当增加铁圈个数，增加游戏趣味性及减少幼儿等待时间。
4. 滚铁环需要幼儿有一定的毅力坚持练习，初学时可先练习单手、双手推动铁环滚动的技能技巧，接着可用左手将铁环轻轻推出，练习用右手的"U"形长杆去推动铁环前行。
5. 在活动中要提醒幼儿注意安全，铁环长杆不要打碰到同伴。

跳皮筋

适宜年龄班：
中、大班。

游戏目标：

1. 练习双脚跳和单脚跳跃的技能技巧。
2. 锻炼下肢力量，提高身体动作的协调性与灵敏性。
3. 能按音乐节奏跳，提高控制身体跳跃的平衡感和节奏感。
4. 通过自主活动，相互学习，培养合作精神，体验合作游戏的快乐。

游戏材料：
3~5米长的橡皮筋或松紧带若干条，两头打个结；各种可利用的辅助材料。

游戏玩法：

玩法一　蹦蹦跳

两条皮筋平行放在地面上，两名幼儿蹲在两边，双手拿住皮筋的两头，同时喊"合合—开开"，其他幼儿排队边说儿歌边进入，根据皮筋的节奏依次进行跳跃和跨步，并注意不被皮筋碰到。（中班）

附儿歌：

蹦蹦跳

小青蛙，蹦蹦跳，池塘边上捉害虫，白白肚皮吃个饱。
大袋鼠，蹦蹦跳，袋袋里的小袋鼠，悄悄探头又探脑。
小麻雀，蹦蹦跳，枝头跳跳唱个歌，地上跳跳做做操。
小白兔，蹦蹦跳，跳到山前采蘑菇，跳到山后吃青草。

玩法二　小兔打鼓

将 7 跟皮筋的一头分别系在呼啦圈上，7 名幼儿蹲下后分别拽住皮筋的另一头，皮筋间隔距离相等。

跳法：7 名幼儿站在皮筋的间隔处，双脚站在皮筋左侧，右脚迈入皮筋里面，同时左脚跟上，然后右脚向左脚斜后方皮筋外侧点，接着右脚再收回，同时左脚跳出，右脚跟着跳出皮筋。

跳皮筋的高度逐渐加高，以增加难度，幼儿可边念儿歌边跳皮筋，注意节奏。（大班）

剪影如下：

附儿歌：

小兔打鼓

咚咚咚咚咚，小兔学打鼓。
小鼓气呼呼，瞪眼问小兔：
打我几声鼓？
小兔忙回答：一、二、三、四、五。

游戏建议：

1. 可以用剪刀石头布、摇骰子、抽签、协商、轮流等方法，让幼儿自己决定哪组先开始。

2. 跳皮筋的高度逐渐加高，以增加难度，幼儿可边念儿歌边跳皮筋，注意节奏。

3. 无论跳什么花样，皮筋高度都基本要从踝关节跳到头顶，我们称为：脚脖—腿肚—膝盖—大腿—腰—肩—细脖—头顶，跳的一组可以一起跳；全体顺利跳完一遍，就可以升高度了。哪个人失误，同组的一人可以重跳一遍救他。如果全体失误，就换撑筋的一组跳。

踢毽子

适宜年龄班：
小、中、大班。

游戏目标：

1. 掌握脚内侧、膝关节踢毽子的方法，并有连续踢毽子的能力，提高参与运动的积极性。

2. 在踢毽子的过程中锻炼手、眼、脚的协调能力。

3. 锻炼幼儿的提气、收腹能力及协调能力。

4. 体验与同伴游戏的快乐，乐意与同伴一起游戏。

游戏材料：
鸡毛毽子若干，投掷用的大筐、绳子，各种可利用的辅助材料。

游戏玩法：

玩法一　看谁投得准

幼儿围成一个大圈，中心点放一个漂亮的大筐，幼儿手持毽子投向圈心的框内，比一比谁投得最准。（小班）

玩法二　踢三角

将一根 30 厘米长的绳子，一头系在毽子的底座上，另一头系在一根 3 米长的绳子上，每隔 1 米系一个，一共系 3 个毽子，将 3 米长的绳子围成一个圈。三名幼儿拿着长绳围成三角形，幼儿甲踢给幼儿乙，幼儿乙踢给幼儿丙，幼儿丙踢给幼儿甲，如此反复踢。（小班）

剪影如下：

玩法三　小膝盖本领大

幼儿围圈站好，自然放松站立，用手抛起毽子，然后提起大腿用膝关节将毽子磕起。刚开始可以用手接毽子，然后用手将毽子抛起，用膝关节将毽子磕起向旁边的幼儿，下一名继续，以此类推。熟练后可以尝试直接用膝关节接毽子，然后传递给下一个幼儿。（大班）

游戏建议：

1. 在踢毽子的过程中，有起始线处不得越线。
2. 用膝关节踢毽子时，注意小腿自然下垂，大腿不要外张或里扣。

跳绳游戏

适宜年龄班：

小、中、大班。

游戏目标：
1. 在肩关节、肘关节和手腕关节协调运动中促进动作灵活性发展。
2. 练习跳跃和跑步跳跃的能力和技巧，提高控制身体平衡感和节奏感。
3. 两人合作练习步调一致甩绳子的技巧技能。
4. 在跳绳的口令指导下，建立空间方位感。
5. 树立排队等候的规则意识。
6. 促进数数能力的发展。

游戏材料：
单人跳绳、长跳绳、儿童蹦蹦球、各种可利用的辅助材料。

游戏玩法：

玩法一　抬轿子

3人一组，2人当轿夫，两手各拿跳绳的两端于身体两侧，作轿子，1人站在其中"坐轿子"，两手抓好跳绳。三人协同一致地向前走，一边走一边说儿歌，以便协调动作。儿歌终止换角色重新进行。（小班）

附儿歌：

老鼠女儿美叮咚，想找女婿比猫强，
太阳最强嫁太阳，太阳不行嫁给云，
云不行，嫁给风，风不行，嫁给墙，
墙不行？想一想，还是嫁给老鼠郎。

玩法二　蹦球跳绳赛

5名幼儿手持跳绳，在传统跳绳的基础上双脚夹住跳跳球进行跳绳，在规定的时间内跳得多的获胜。（大班）

玩法三　绕障碍物跳绳

在场地上每间隔1.5米处放一个高1米的障碍物，共放10个。教师计时，幼儿从起点沿S线绕过障碍，一边跳绳一边跑向终点，用时最短的获胜。（中、大班）

玩法四　旋转绳

在场地上画一个半径4米的圆，四个持绳的幼儿两两相对站在圆上，两个长绳在圆上成"十"字形，长绳的高度不要超过大腿，跳绳的幼儿分散站在圆里。练习开始后，四个持绳幼儿按圆线、同一方向、同一速度慢跑，使两根长绳成"十"字形在圆里转动，在圆里的幼儿用跳的方式不让长绳碰到，如果碰到则出局。（中、大班）

玩法五　花样跳绳

2名幼儿对面站立，手持1条长绳，同时向1个方向摇动，其他幼儿手持短跳绳，排队依次连续从摇绳人身边跑到中心点，配合大绳的节奏跳小绳，然后收小绳迅速跑出，排回到队尾，下一个幼儿继续，以此类推。（大班）

游戏建议：

1. 跳绳中双脚着地时应前脚掌首先着地，不能用脚后跟着地。前脚掌着地能够保护幼儿的踝关节，并可提高幼儿的跳跃速度和高度。
2. 抬轿子时，拉绳子的两名幼儿要将绳子拉直。
3. 跳大绳时需要较大的空间场地。

舞龙舞狮

适宜年龄班：

小、中、大班。

游戏目标：

1. 学习模仿舞龙、舞狮中的几种基本动作。
2. 发展上肢力量和协调平衡能力。
3. 体验合作舞龙、舞狮的乐趣，培养团结合作、互相帮助的团队精神。

游戏材料：

自制舞龙、舞狮，舞龙、舞狮用的道具、龙珠、绣球等。

游戏玩法：

玩法一　小狮子晒太阳

创设游戏情境，幼儿扮小狮子，教师扮狮子妈妈。天气很好，"狮子妈妈"带着"小狮子们"去外面玩儿，爬过草地（垫子），听信号变换方向和变速爬行。

鼓声"咚咚咚"，小狮子就往前爬，鼓声"嗒嗒嗒"小狮子就倒退着爬，鼓声"咚嗒咚嗒咚嗒"，小狮子就转着圈爬。（1）听信号向前爬、向后倒退爬和转圈爬。（2）听信号向前、转圈变换速度爬。然后在草地上，面朝上平躺，举起双手、双脚快速舞动。（小班）

玩法二　趣味舞狮

高度和宽度适宜的长条板凳若干，摆成一排，幼儿身穿舞狮服装站在板凳上，拿绣球的幼儿站在地上，幼儿配合音乐节奏玩舞狮游戏。（大班）

玩法三　趣味舞龙

8人1组排一长队，排头的幼儿，手举"龙头"，其余幼儿依次抓住"龙身"，听音乐，"龙头"带着"龙身"和"龙尾"左右移动，盘旋。

（1）游龙戏水：幼儿模仿龙在大海里左右游动。
（2）飞龙奏乐：幼儿高举龙身，可以上下、左右摆动，盘旋。
（3）潜龙探海：幼儿蹲下，放低龙身前行或左右移动，盘旋。（中、大班）

玩法四　双龙戏珠

幼儿平均分成两组，每组舞一条龙，手持龙珠的幼儿变换各种姿势去引诱"龙"，但不要被"龙"抓住。两条"龙"互相争抢去夺龙珠，先抢到的为胜。

剪影如下：

游戏建议：

1. 比赛的时候，要互相帮助，团结合作，注意安全。谁最先抢到龙珠，谁就是胜利者。
2. 注意"龙身"不要脱节。
3. 在长板凳上舞狮时，幼儿要注意安全。

踩高跷

适宜年龄班：

小、中、大班。

游戏目标：
1. 通过手与脚的配合提高身体平衡能力和协作能力。
2. 大胆运用高跷进行各种体育锻炼，发展创造力。
3. 学习常规，会一个一个地排队走。
4. 感受与他人共同游戏的快乐，培养合作意识。
5. 培养敢于挑战困难和克服困难的良好品质。

游戏材料：

木质高跷、塑料拉绳高跷、自制高跷 1（铁盒罐头上打眼儿，系上松紧皮筋）、自制高跷 2（用旺仔牛奶罐和布条制作）等。

游戏玩法：

玩法一　喂小动物

将幼儿分为红、黄两队，每队中的幼儿人手一个塑料拉绳高跷，两队幼儿的排头分别从起点的"岸边"拿起"一个食物"，踩着高跷跨过"小水沟"，走过"小桥"，将"食物"喂到终点的"小动物"口中，然后，踩着高跷走回队伍，以此类推，哪组先将"食物"喂完，哪组获胜。（小班）

玩法二　勇者大闯关

幼儿分成四组，两组相对站立。第一名幼儿踩着高跷从起点出发，绕过障碍物（椅子），跨过"小水沟"（一定高度的皮筋），走过"沼泽地"（在有间隔的物体上踩着高跷走）将高跷给对面的幼儿。依次类推，最先完成任务者获胜。（中、大班）

玩法三　高跷秧歌

幼儿脚踩高跷（铁盒罐头上打眼儿，系上松紧皮筋），手持二人转手绢，按照音乐的节奏，从起点走到终点，边按十字步扭动，边做上肢动作。幼儿可以自己根据对音乐的感受，自己设计动作。（中、大班）

玩法四　小小送货员

教师创设情境，给"玩具店"送货。将班级幼儿分成蓝队和红队两组进行比赛。请送货员们听清楚比赛规则：每一名送货员（一件玩具在身上）踩着高跷以最快、最稳的速度往前走，到终点线后拿起高跷往回跑，轻轻地碰一下下一名送货员的肩膀，然后排到队伍的最后面。下一名送货员出发，一直到每组的最后一名送货员回到原点，速度最快、送的玩具最多的一组就算胜利。

游戏建议：

1. 踩高跷时，幼儿要两只脚踩在高跷上，两手分别抓住固定在高跷上的绳子，用脚底中心踩在高跷上，双手要拉直绳子，眼睛向前看。

2. 在玩送货的过程中，送货员的玩具是不能掉到地上的，如果掉到地上算失败，返回起点，重新开始。

板鞋游戏

适宜年龄班：

中、大班。

游戏目标：

1. 练习手臂和腿部协调行走的灵活性。
2. 发展攀爬能力，为下一步直立行走游戏做准备。
3. 通过原地走、慢走和快走锻炼下肢运动的灵活性和协调性。
4. 培养集体合作意识，体验合作完成游戏任务的乐趣。
5. 在有节奏的运动中提高身体平衡能力。

游戏材料：

木质板鞋、自制板鞋（宽度约 5 cm、厚度约 10 cm，双人长约 25 cm，三人长度约 80 cm）、固定鞋套、各种辅助材料。

游戏玩法：

玩法一 乌龟快跑

幼儿将手和脚套入板鞋鞋套中，学乌龟爬行走路。幼儿可根据自身能力加快速度行进。

玩法二 多足一二一

2 人或 3 人穿好鞋套，保持身体平衡，协调一致地前进运动。设置起始点，2 名幼儿将脚套进鞋套，后一名幼儿双手扶在前面幼儿的腰部或肩部做好准备，穿好鞋子后，幼儿一起喊"一二一、左右左"口令原地踏步准备出发，步调一致后向前走，直到终点。

玩法三 运人

设置 2~4 组，每 2 人一组为运人方。运人方对面有人数相等的幼儿。听到开始口令后，运人方穿板鞋行进到"乘客"处，将乘客运回。（每次只能运送 1 名幼儿）哪组先将乘客运完哪组取得胜利。

剪影如下：

游戏四　闯关游戏

设置闯关情境，第一关利用有一定宽度的过河石横跨走；第二关利用大绳或跳皮筋直线走；第三关利用软棍摆成 S 形曲线走；第四关利用万能工匠设置一定高度及坡度上下台阶走。幼儿每人一组或两两一组，从第一关开始依次闯关。

玩法五　小小接力赛

设置 2 组，每组 6 人，每组 3 对。设置起始点，利用现有户外材料设置障碍物增加行走难度，终点处放置篮筐。每组 3 对在相同距离内平行站好，听到出发口令后，第 1 对手持小球出发并按照线路将球交给第 2 对，第 2 对接过球后交给第 3 对，率先将球投进篮筐者为胜。

游戏建议：

1. 木板的长度、宽度以及鞋套的大小需要按照幼儿的身体比例设计，鞋套要依据幼儿脚型用高强度橡皮筋制作，木板上的鞋套数 2～4 人为宜。

2. 练习时，教师应和幼儿明确，如同时抬左脚或同时抬右脚，喊"一二一、左右左"等口令让幼儿步调一致，接着由幼儿尝试自己喊口令进行游戏。

3. 熟练游戏后，引导幼儿自然向前走，再慢慢过渡到横跨走、快速走、直线走、曲线走和上下台阶等多种游戏方式。

4. 闯关游戏中的关卡设置可根据幼儿能力水平及兴趣进行拆分调整，灵活运用；关卡障碍物可根据现有材料一物多用。

5. 游戏初期需在平坦地面进行。

赶陀螺

适宜年龄班：
小、中、大班。

游戏目标：
在玩陀螺的过程中，探索发现与陀螺旋转有关的相关因素。

游戏材料：
陀螺、鞭子。

游戏玩法：

玩法一　陀螺复活赛

在地上画一个圆圈，圆圈的中央再画一个小圆圈，幼儿轮流将自己的陀螺往圆圈外打，使陀螺能旋转出来。如陀螺已固定在一点上旋转，这时，可用绳子将它圈出来，只要到达圈外还在旋转，都不算它"死"。如果陀螺停止在圈内，或一抽下去就不动了，都算"死"了，要放在当中小圆圈内，任别人处罚。若处罚别人的陀螺也停在圈内，照样要放在小圆圈内，任人处罚。如果很幸运，没有被击到，或是被击到而没有被分解，可以拿出一个陀螺，用水平抽法，将自己那个小圆圈内待死的陀螺击出圈外。（中、大班）

玩法二　陀螺竞赛

全班幼儿分成四组，每组的第一个幼儿在听到哨声后，赶着陀螺走，绕过标志物，赶回陀螺，把陀螺交给第二个幼儿，依此类推。哪组最先赶完，哪组获胜。（大班）

游戏建议：
陀螺一定要转起来。

沙包游戏

适宜年龄班：
小、中、大班。

游戏目标：
1. 练习手臂抓、握和拉的技能技巧。
2. 在躲闪过程中提高下肢运动的速度和灵敏度。
3. 掌握肩上挥臂投物的基本动作，投掷有一定的目测力和准确度。
4. 练习双腿夹物跳的动作及准确投掷的能力。
5. 发展动作的协调性、灵敏性、准确性及耐力。

游戏材料：
大小沙包若干、动物头饰10个、乌龟头饰10个、椅子2把、长橡皮筋（或细绳）、轮胎、板凳等。

游戏玩法：

玩法一　赶跑灰太狼

创设情境，在场地上布置成狼堡，教师带领幼儿站在起点用沙包攻打狼堡。游戏过程中分三次投掷沙包。第四次当灰太狼（配班教师扮）回来时，教师带领幼儿一起赶跑灰太狼。（小班）

玩法二　龟兔赛跑

幼儿分成两组，一组扮小白兔双腿夹沙包，进行跳跃前进，另一组扮小乌龟背着壳（沙包）进行手膝着地爬，两组一起前进，途中如果沙包掉落下来，可放好继续前进，看哪组幼儿最先到达终点为胜。

玩法三　螃蟹走

幼儿分成两组，每组两人一对儿，背靠背夹住大沙包，手臂挽住手臂，横着身体像螃蟹一样侧着走，将沙包运到指定的筐内，然后从一侧跑回。下一对儿幼儿继续。哪组先运完哪组获胜。（中、大班）

玩法四　炸碉堡

幼儿分成两队，分别站在起跑线，教师发出信号："出发！"每队第一个幼儿立即跑出，跳过高30厘米的墙（橡皮筋），钻过"山洞"（轮胎），爬过"封锁线"（架高在40厘米的网子，下面铺垫子），拿起"手榴弹"（小沙包）向敌人"碉堡"（球网）投去，再从两侧跑回，拍第二名幼儿的手，然后站到队尾。如此依次进行，在规定时间内打中"碉堡"次数最多的队为胜。（中、大班）

游戏建议：
1. 肩上投掷沙包时，要注意动作的规范性。

2. 选择空旷平整的场地进行游戏，游戏过程中适当引导幼儿休息。
3. 游戏过程中，要注意幼儿安全。

竹竿游戏

适宜年龄班：
小、中、大班。
游戏目标：
1. 尝试练习快速拍手扶竿的动作，训练快速反应的能力。
2. 掌握敲打竹竿的节奏，学习跨跳动作。
3. 愿意与同伴配合共同游戏，体验游戏的乐趣。
游戏材料：
长竹竿若干、垫子。
游戏玩法：

玩法一　抬轿子

3人一组，2人当轿夫，两手各拿竹竿的两端于身体两侧，做轿子，1人站在其中坐轿子，两手抓好竹竿。三人协同一致地向前走，一边走一边说儿歌，以便协调动作。儿歌终止换角色重新进行。（小班）

附儿歌：

好朋友，手拉手，
大步大步向前走。
玩游戏，最开心，
我们都是好朋友。

玩法二　叫号扶竿

在场地上画几个直径6～8米的圆圈。参加游戏的人分成人数相等的几组，每组10人拉一圈，面向圆心，站在圆线外，指定一人开始按顺序报数，每个幼儿都要记清自己的号。游戏开始时，每组选一人拿一根长竹竿站在圆的中间，由他任意叫一个号后，立即将扶着竹竿的手松开跑走。被叫到号的幼儿要迅速冲到圆内，将竿扶住，不让它倒地。如果竹竿倒地，就要同叫号人互换，再进行游戏。（中、大班）

剪影如下：

玩法三　抬竹竿

在场地上按"⊓"形（或其他形状）铺上垫子，幼儿分为两组，站在垫子的两端，两名男孩子各拿竹竿的一头，一名女孩仰面躺在垫子上，双手抓住竹竿、双脚也盘在竹竿上，两名男孩子抬起竹竿，顺着垫子将女孩子运到垫子的另一端。换下一组。（大班）

玩法四　竹竿舞

两名幼儿负责打竿，打竿的同时喊"合合—开开"，其他幼儿排队进入并喊"进进—出出"（也可以说儿歌），根据竹竿的节奏依次进行跳跃和跨步，并不被竹竿夹到。在游戏中可增加有节奏的上肢动作，增加竹竿舞的观赏性。（中、大班）

附儿歌：

小蜜蜂，嗡嗡嗡，
飞到西来飞到东。
采花来，酿蜜糖，
宝宝吃糖喜洋洋。

游戏建议：

1. 叫号扶竿游戏开始时圆圈可以小些，以后逐步加大，不断提高要求；叫号不要集中于少数人，要照顾每个人都能叫到。

2. 将竹竿两头用棉布包扎起来，以免误伤幼儿。

3. 游戏中要注意幼儿安全。

跳房子

适宜年龄班：

中、大班。

游戏目标：

1. 练习单脚跳和双脚跳的技能技巧，提高在跳跃中对身体平衡的控制力。
2. 合理控制自己的力度，将沙包投、踢（夹跳）向指定位置。
3. 锻炼腿部力量双脚的跳跃能力。

游戏材料：

沙包、粉笔、塑料小跳栏等。

游戏玩法：

玩法一　小兔踢沙包

在地上画 6 个连接的小房子（方格），1 为起点，6 为终点。幼儿扮小兔，站在横线外，将沙包投掷在 1 号房子内，然后单脚跳入房子，边跳边用脚将沙包踢入 2 号房子，依次跳踢，直到将沙包踢至 6 号房子。幼儿并拢双脚夹紧沙包由 6 号房子跳至 1 号房子完成任务。

剪影如下：

玩法二 石头剪刀布

在场地上画好格子，游戏前约定石头代表数字 10，剪刀代表数字 2，布代表数字 5。四位幼儿游戏，两人一组，其中两位幼儿站在起点准备，另外两位幼儿站在起点用石头剪刀布的方法决定胜负，如幼儿 1 出布代表数字 5，幼儿 2 出剪刀，代表数字 2，5-2=3，和幼儿 1 一组的幼儿向前跳 3 个格子。先跳回的那组为胜。

剪影如下：

玩法三　十房格

在场地上画好十房格，幼儿单脚（另一脚弯起）跳进数字 1 的格子，然后依格子数一直单脚跳到最后的天堂。跳的过程中脚不可以落地，一落地就是违反规则，不能再跳，只能等下一轮。但是途中如果经过并排横列的格子以及天堂时，可以双脚着地休息，由天堂再依序往回跳。

玩法四　盖房占地

在场地上画上格子，以"一格两格一格"的规律画。幼儿站在起点，背对格子丢沙包，沙包落到的格子就是他的专属房子，可以写上他的名字（或用一件物体代替），然后按自己喜欢的方式跳格子，可以跳自己的专属房子，跳到终点返回。在接下来的游戏中，别人就不能踩到这个格子，必须跳过去；当所有格子都被盖上房子，拥有房子最多的人获胜。

剪影如下：

游戏建议：
1. 单脚跳的途中，另一只脚落地了，就算输，罚下场，等候第二轮。
2. 在画格子时，可以用塑料小跳栏摆格子，以增加游戏的难度。
3. 跳栏的高度可以根据幼儿水平设置。
4. 在活动中要提醒幼儿注意安全。

拔　河

适宜年龄班：
中、大班。

游戏目标：
1. 训练肩部的拉力和身体的平衡能力。
2. 锻炼手臂力量，培养合作能力及集体协作的精神。

游戏材料：
长布条、长麻绳、报纸、铁环等。

游戏玩法：

玩法一　谁的力气大

两名幼儿背对背站立，将绳子分别套在幼儿的肩部，当口令开始后，幼儿分别向反方向拉绳子，被拉过中线者为输。（中、大班）

剪影如下：

玩法二　报纸拔河

在报纸上挖两个人头大小的洞，2名幼儿对坐各自把报纸套上进行拔河（站着拔亦可），报纸破裂离开脖子的一方为输。（中、大班）

剪影如下：

玩法三　三角拔河比赛

在一个铁圈的三个方向系三条长绳，场地上画红色圆圈直径为 2 米，三个方向各画蓝色方框区域宽为 1.8 米。比赛开始前，拔河用绳的圆圈置于该红色圆圈中心处。

12 名幼儿分为 3 组，每组幼儿各站在一个蓝色方框区域内。比赛进行中，每组幼儿可在本组方框区域内左右前后移动，但不能有任何一名参赛人员的脚移出该区域的侧边线。否则，判为该队失败。当拔河用绳的圆圈出了红色圆圈区域时，比赛结束。拔河用绳的圆圈落在本队获胜区的队伍为该局获胜队伍。（大班）

游戏建议：
1. 拔河的绳子需要选择柔软且较宽的，如长布条。
2. 游戏中要注意保护幼儿安全。

划龙舟

适宜年龄班：
小、中、大班。

游戏目标：
1. 学习划龙舟，并能够跟着鼓点有节奏地玩划龙舟游戏。
2. 进行手臂摇摆练习，促进手腕、手臂灵活性的发展。
3. 学习识别空间方位，提高空间思维能力。

4. 喜欢参加体育活动，促进腿部运动能力的发展。
5. 愿意与同伴合作，理解集体的意义。

游戏材料：

地垫、自制龙舟、划桨和鼓。

游戏玩法：

玩法一　摇摇晃晃划龙舟

幼儿依次坐在长布条上两手抓握布条边缘模仿划船的动作。听教师口令"前、后、左、右"，进行划船游戏。（小班）

玩法二　超级赛龙舟

两组幼儿参与游戏，每组 3～5 名幼儿套上一个自制龙舟、手拿划桨，练习按同一频率统一划桨。然后一名幼儿有节奏地敲鼓，其他幼儿边说儿歌边划桨，两组游戏者分别在途中接乘客，最后看哪组接的乘客多，哪组就是胜利者。（中、大班）

玩法三　龙舟竞技赛

幼儿分成两组，分别坐在小地垫上排成两队，听到鼓声响起，开始游戏：最后一名幼儿把地垫从屁股下面拿起来逐一向前传递，直到传递到第一个人手中，整队幼儿都向前挪动身体到前一个地垫上，最后一名幼儿再次拿起最后一块地垫逐一向前传递到第一名幼儿手中。以此类推，进行游戏，直到终点。（中、大班）

剪影如下：

游戏建议:

1. 练习"左、右、前、后"动作时可让幼儿按与口令相反的方向进行练习,培养幼儿快速反应的能力。
2. 分两组比赛"划龙舟"时,游戏人数不宜过多,3~8 人为宜。

附

赛龙舟

嘿呦嘿呦,向前划,
我们的龙舟快又大,
加油加油,向前冲,
我们的龙舟争先锋。

抖空竹

适宜年龄班:
中、大班。

游戏目标:

1. 训练肩部的拉力和身体的平衡能力。
2. 锻炼手臂力量,培养合作能力及集体协作的精神。

游戏材料:
长布条、长麻绳、报纸、铁环等。

游戏玩法：

玩法一　空竹接力赛

幼儿分两队，每队 6 名幼儿，从起点开始，每隔 5 米站一名幼儿。听到口令，排头的幼儿边抖空竹边向前走，到达第二名幼儿处时将空竹交给他，第二名幼儿继续，依次类推。哪组先到终点哪组获胜。

玩法二　抖空竹

在地上画两条平行线，间隔 1 米。6 名幼儿参加游戏，每人一个空竹，站在一条线上，另一条线上在对着幼儿的位置摆一个筐。幼儿抖空竹，在规定的时间内，投进最多的获胜。

游戏建议：
1. 空竹一定要抖起来，如果抖不起来视为犯规。
2. 游戏中要注意幼儿安全。

赶小猪

适宜年龄班：
小、中、大班。

游戏目标：
1. 练习持物控球快走（跑），发展动作协调性，提高身体控制能力。
2. 发展幼儿对球的操控能力及手眼协调能力。

游戏材料：
驱赶棒、球拍、塑料皮球、篮球、纸球、大小不一的球门、障碍物。

游戏玩法：

玩法一　小猪转圈圈

在封闭圆形跑道内放置小球门一个，篮球代表小猪，幼儿将篮球放于跑道线上，背对球门手持球拍，沿着封闭圆形跑道线驱赶篮球，直至将篮球送至于球门内，游戏结束。

玩法二　小猪回家

设置两条同等距离的跑道，每条跑道内利用过河石、长木板、云梯等设置线路。起点处放置数量相同的塑料皮球及纸球，代表小猪终点处放置不同大小球门作为小猪的家。6 名幼儿平均分成 2 组，幼儿人手一个驱赶棒，音乐开始后,各组幼儿自起点出发,每次驱赶一只小猪,沿着线路行进(中途不能串道),把大猪送入大家,小猪送入小家。哪组率先将猪宝宝全部送回家,哪组胜利。

剪影如下:

游戏建议:

1. 不同年龄段幼儿游戏时提供不同大小及重量的球及驱赶工具,如小班幼儿游戏时可提供球拍、塑料皮球,降低游戏难度。中大班幼儿游戏时提供驱赶棍及纸球。

2. 幼儿需在明确游戏规则的前提下进行游戏,且在游戏中需按照规则游戏。

降落伞

适宜年龄班:

小、中、大班。

游戏目标:

1. 练习双手头上、腹前抛投及原地肩上抛投,发展幼儿的上肢力量及身体协调性。

2. 掌握肩上挥臂投物的基本动作,提高投掷的目测能力及投准能力。

游戏材料:

自制降落伞、各种小动物图案、跳房子图案。

游戏玩法：

玩法一 解救小动物

将各种动物图片错落摆放在平坦地面，幼儿人手一个降落伞，站在动物图片外，双手持降落伞于腹前，快速挥臂，将降落伞向前上方投出。若降落伞降落到小动物图片上，则成功解救出该动物，幼儿便可将救出的动物图片取走。直至将所有的动物救出，游戏结束。

玩法二 房子大作战

在场地上以"一格两格一格"的规律画房子。距房子第一层一定距离处设置起点线，2名幼儿各自选择一种颜色的降落伞代表自己，站在起点处依次轮流将降落伞投掷到房子的格子里。降落伞落到的格子则成为自己的专属房子。当房子里的格子全部被占满时，幼儿各自清点自己所占得房子的个数，数量多者获得胜利。

剪影如下：

游戏建议：

1. 游戏前幼儿需明确游戏规则，身体与动物间要相隔出一定距离。

2. 房子大作战可变换房子的多种形式，如格中格，只有降落伞落入大格子中的小格子时，才能获得房子所有权；改变格子的大小以增加游戏难度等。也可将格子上用数字加以标记，幼儿根据自己的降落伞占位情况计算出自己所获的总分值，分值高的幼儿获胜。

过云梯

适宜年龄班：
小、中、大班。
游戏目标：
1. 通过小兔运萝卜的游戏发展幼儿的平衡性及手眼协调能力。
2. 能够双手抓住云梯，保持身体平衡向前移动，发展幼儿的上肢力量及身体耐力。
游戏材料：
木梯子、架子、云梯悬垂架、跳栏、小背篓、篮球若干、萝卜若干。
游戏玩法：

玩法一　小兔运萝卜

设置起点及终点，终点处若干萝卜散落在地作为萝卜地，幼儿扮兔宝宝，自起点处到萝卜地里运萝卜。途中需要跳过小石头（过河石）、走过小桥（木梯子）方能到达萝卜地。每次取一根萝卜，按照线路将萝卜运回，直至将地里的萝卜全部运回，游戏结束。

玩法二　小猴运球接力赛

8名幼儿平均分成2组，每组幼儿人手一个小背篓，排列成一队在云梯悬垂架前依次站好，悬垂架下放置篮球若干（每组篮球数量相同）。游戏开始后，各组的第一名幼儿迅速从筐里拿取一个篮球放入背篓中，跳起，双手手指紧握云梯，利用手臂及手腕力量，单手交替向前移动，同时身体紧随手移动，直至移动至云梯尽头，将小背篓的球放入空置球筐中，返回至队尾，等待继续游戏。当第一名幼儿移动至云梯尽头时，第二名幼儿参照第一名幼儿继续游戏。如此循环，哪组率先将篮球全部运到终点，哪组获胜。

游戏建议：
1. 小兔运萝卜游戏可以根据幼儿游戏水平调整云梯摆放形式，如直接摆放、一侧垫高倾斜式摆放、双侧垫高距地面一定高度摆放等。
2. 小猴运球接力赛主要锻炼的是幼儿上肢力量及手腕力量，教师应带领幼儿做好游戏前的准备活动，避免造成肌肉拉伤。幼儿在云梯上移动时应双手紧握住单杠，单手交替向前移动，同时身体紧随手的移动。

揪尾巴

适宜年龄班：
小、中、大班。

游戏目标：
1. 在游戏中发展幼儿的速度，快速反应能力及灵敏素质。
2. 锻炼幼儿跑的能力和动作的协调性，发展耐力素质。

游戏材料：
毛毛虫尾巴若干、长尾巴若干、柔软大地垫若干、粘粘衣、音乐。

游戏玩法：

玩法一　猎人与大灰狼

1 名幼儿扮猎人，1 名幼儿将一条长尾巴系于腰间，设置一条 10 米长直线路，终点处设置大灰狼的家，起点处大灰狼在前，猎人在后。游戏开始后，大灰狼沿直线向前跑，猎人在后边追。在大灰狼跑到家里之前，猎人努力追赶上大灰狼，并成功将大灰狼的尾巴揪下来。

玩法二　小壁虎断尾巴

将柔软大地垫在宽阔平坦场地摆放成长方形，设置起点及终点，途中放置一定高度的柔软小地垫。2 名幼儿为一组在起点处准备，1 名幼儿扮小壁虎将 5 条尾巴系于腰间，另外 1 名幼儿穿好粘粘衣捉尾巴。游戏开始后，小壁虎沿线路手脚着地向前爬，并爬过遇到的障碍物。捉尾巴的幼儿同样以手脚着地向前爬并爬过障碍物的方式追赶小壁虎并将成功揪掉的尾巴粘于自己身上，在小壁虎到达终点前争取将尾巴全部揪下。

玩法三　毛毛虫大作战

在平坦宽阔场地中利用器材规定出指定游戏范围，6～10 人为一轮，将幼儿平均分成 2 组，一组幼儿身穿粘粘衣捉毛毛虫，一组幼儿扮毛毛虫将毛毛虫尾巴系于腰间。听到游戏音乐后，毛毛虫在规定场地内自由四散跑，身穿粘粘衣幼儿追赶毛毛虫并将毛毛虫身上的连接点揪下，粘在自己的衣服上。音乐结束时游戏结束，毛毛虫组和捉虫组各自清点自己剩下的或揪到的连接点，哪组连接点数量多，哪组胜利。

剪影如下：

游戏建议：

1. 大灰狼的尾巴可以适当增加个数，如增加到 3 条，且 3 条尾巴要错落系于腰后，便于抓取。游戏前要帮助幼儿明确游戏规则，提醒幼儿在跑和抓的过程中注意安全。

2. 小壁虎断尾巴游戏可根据垫子的宽度增加游戏人数。同时本游戏的重点在于锻炼幼儿的爬行能力，故教师在开展游戏时应结合不同年龄段幼儿在爬行动作中相应的发展目标，如：小班幼儿主要以手膝着地爬为主，中大班幼儿可以手脚着地爬、倒着爬、转圈爬等。

3. 毛毛虫大作战游戏需要幼儿事先明确游戏规则，并按照规则进行游戏。根据游戏场地的大小合理安排游戏人数，考虑安全因素。

套 圈

适宜年龄班：
小、中、大班。

游戏目标：

1. 发展幼儿的手眼协调目测能力及上肢力量，感受套圈游戏的乐趣。

2. 锻炼幼儿身体平衡协调性，锻炼膝关节及周围韧带，发展下肢肌肉力量与肌肉耐力。

游戏材料：

长颈鹿套圈、小套圈若干、塑料圈若干、粗细高矮不同的目标物若干。

游戏玩法：

玩法一　长颈鹿戴项链

小塑料套圈若干，设置一条起始线，距起始线一定距离处放置长颈鹿玩具。幼儿手持套圈站在起始线处瞄准，运用手臂及手腕力量将套圈从长颈鹿头部套入至脖子，为长颈鹿戴项链。直至手中套圈用完，游戏自然结束。

剪影如下：

玩法二　看谁动得快

将幼儿平均分成 2 组，每组幼儿手拉手沿直线站好，每组一个塑料圈。2 组幼儿按照同一方向设置队尾及队首，队尾幼儿将塑料圈套入身上做准备状，听到开始口令后，利用身体的力量及柔韧性将塑料圈从自己身上传递给前一名同伴（幼儿拉着的手不能分开且不能用手帮忙），哪组率先将塑料圈传递至队首，哪组获得胜利。

玩法三　我是得分王

2~3 名幼儿为一轮，红、绿、黄三色套圈各 10 个。每名幼儿各选一种颜色的套圈，设置起始线，距起始线一定距离处摆放高矮不同、粗细不同、距起始线距离不同的目标物若干，每种目标物根据套取的难易程度标有不同分值，幼儿站在起始线处瞄准，根据自己的能力自由选择套取不同分值的目标物。10个套圈全部用完后，分值加起来最多的人获得得分王称号。

游戏建议：

1. 长颈鹿戴项链游戏可根据幼儿游戏水平及兴趣不断提高游戏难度，可将游戏规则变为按照一定的颜色规律如：红黄－红黄－红黄戴项链；也可设置成小组比赛形式游戏。

2. 我是得分王游戏更适合大班幼儿游戏，且分值设置要符合《指南》及《纲要》中大班科学（数学）领域相关目标，应便于幼儿操作，不宜过难。

3. 我是得分王游戏也可将目标物按照动物、植物、果蔬等不同维度进行标记，手持不同颜色套圈的幼儿选取一个维度进行套圈，将手里10个套圈全部套完后，获得分值最多的幼儿获得得分王称号。

轮胎游戏

适宜年龄班：
小、中、大班。

游戏目标：
1. 在游戏中锻炼幼儿上肢手臂力量及发展手眼协调能力。
2. 锻炼幼儿身体的协调灵敏性及快速反应躲闪能力。

游戏材料：
轮胎若干、打鼠棒、轮胎车、皮球若干、拱形门、过河石、瓶子若干。

游戏玩法：

玩法一　碰碰碰

将6～10个瓶子依次并排有序摆放，幼儿在与瓶子间隔一定距离处将轮胎立起后瞄准瓶子，利用上肢手臂力量将轮胎推出击倒瓶子，直至将瓶子全部击中。

玩法二　打地鼠

将轮胎每3个叠落在一起变成地鼠洞，每个地鼠一个地鼠洞。地鼠洞间隔一定距离错落摆放。听到音乐后游戏开始，地鼠们钻入洞内躲避猎人的击打，1～2名幼儿扮猎人手持地鼠棒击打地鼠。被打中的地鼠结束游戏并成为猎人的猎物，直至猎人成功捕获所有的鼠后游戏结束。

剪影如下：

玩法三　轮胎运球

设置三条赛道，赛道间用拱形门分隔，每条赛道上设置相应障碍。赛道起点处放置皮球 5 个，终点处放置空筐一个。每 2 名幼儿为一组，一名幼儿拉车，另外一名幼儿坐在车内，3 组幼儿在起点处做准备状。听到口令，车内幼儿取出一个篮球抱于怀中后拉车幼儿沿着线路绕开障碍物至终点，车内幼儿迅速将篮球投入空筐，按原线路返回。哪组率先将球全部运至终点，哪组获得胜利。

游戏建议：

1. 轮胎高度根据幼儿身高选取，叠落摆放时要坚固，在保护幼儿安全的前提下进行游戏。

2. 轮胎运球游戏教师要帮助幼儿事先明确游戏规则并提示幼儿按规则进行游戏，引导车内幼儿注意安全。

跳　袋

适宜年龄班：

中、大班。

游戏目标：
1. 发展幼儿身体的灵敏性及协调性，提高幼儿的下肢力量及有氧耐力。
2. 培养幼儿不怕困难的良好品质，感受合作游戏的快乐。

游戏材料：
跳袋、胡萝卜若干、拱形门、过河石障碍物、筐子、沙漏计时器。

游戏玩法：

玩法一 小兔运萝卜

幼儿2人一组，3组为一局。起点处每组一筐胡萝卜，途中设置障碍物，终点对应放置一个空筐。每组2名幼儿自起点处穿好跳袋做预备状，发出出发口令后同时启动沙漏计时器。每组第1名幼儿手持跳袋从筐里取出1根胡萝卜装入跳袋兜子里，沿线路跳着依次穿越障碍物至终点处，将胡萝卜放入空筐后返回到起点，准备下一轮游戏。第1名幼儿开始返回后，第2名幼儿开始出发。如此循环往复，直至沙漏计时停止，游戏结束。哪组在沙漏计时内运得的胡萝卜数量多，哪组获得胜利。

剪影如下：

玩法二 接龙跳跳跳

幼儿3人为一组，2~3组为一局，每组一个跳袋。设置起点及终点，将线路平均分成3段，每段设置不同难易程度障碍物。每组3名幼儿依次就位于段点处，起点处第1名幼儿穿好跳袋听到口令后，跳着依次过障碍物至第2名幼儿处，迅速将跳袋脱给第2名幼儿，第2名幼儿穿好跳袋后沿线路过障碍至第3名幼儿处，第3名幼儿穿好跳袋后过障碍直至终点。哪组率先到达终点哪组获胜。

游戏建议：

1. 障碍物选取可根据现有材料灵活选取，也可根据幼儿游戏水平及状态调整障碍物的距离及高度等。

2. 可增加跳袋兜子个数，利用兜子装物，丰富游戏情节的同时增加游戏难度及趣味性。

投 壶

适宜年龄班：

中、大班。

游戏目标：

1. 控制手臂力度，学习投掷的方法和技巧。

2. 提高幼儿手臂投掷动作的灵活性和协调性。
3. 发展幼儿目测距离的判断能力。

游戏材料：
废旧筷子箭、塑料棍箭、带有标记的大铁桶、大灰狼靶子、沙漏计时器。

游戏玩法：

玩法一　消灭大灰狼

将大灰狼靶子摆放于指定位置，距大灰狼靶子一定距离位置处设置一条起点线。幼儿手持筷子箭或塑料箭站在起点处，瞄准大灰狼身上圆形或方形标记洞口，将手中的箭投入洞中。

玩法二　投壶大王

幼儿 3～5 人一组，每人 10 支箭，在起点线处准备。距起点线一定距离处放置铁桶，听到开始口令后，幼儿瞄准将手中的箭投向铁桶上不同的分值区。10 只箭投掷结束后，统计铁桶上的分值总和，分值最大者获得投壶大王称号。也可进行多组游戏，每组评选出的投壶大王作为小组代表，和其他小组再次进行比赛，评选出最后的终极投壶大王。

玩法三　颜色对对碰

幼儿每人一袋数量若干的投壶箭，沙漏计时器启动后，幼儿在起点线处根据投壶箭的颜色，将箭投向与之颜色一致的铁桶颜色区。计时结束后，投壶停止，颜色对应数量多者获得胜利。

游戏建议：
1. 大灰狼靶子可以根据幼儿游戏水平及需要随时调整与起点线的距离，增加游戏难度及游戏的趣味性挑战性。
2. 投壶大王游戏可以提供更多材质、大小及粗细不同的投壶箭，为幼儿提供探索材料与磁力之间关系的机会。

二、徒手类游戏

丢手绢

适宜年龄班：
小、中、大班。

游戏目标：
1. 提高幼儿大肌肉的运动机能。

2. 锻炼幼儿的应变能力，身体的灵活性。
3. 鼓励幼儿积极参与活动从而增强表现能力。
4. 体验相互追逐的快乐。

游戏材料：
两种或三种颜色的小手绢。

游戏玩法：

玩法一　多圈丢手绢

在传统玩法基础上，请大家念儿歌，两个小朋友拿不同颜色的手绢，一起丢手绢，在以往游戏的基础上，为增加游戏的趣味性，可以双人双圈，三人三圈……

玩法二　小老鼠

教师用手绢折成小老鼠，请3～4位幼儿手拿小老鼠，其他幼儿手拉手站好拉圈，说儿歌："老鼠老鼠坏东西，偷吃粮食偷吃米，我们搭个老鼠笼咔嚓一下抓住它"。当听到"咔嚓"的声音时，拉圈的小朋友拉手蹲下定住不动。哪个小朋友在圈里没有跑出圈外，就被抓住了。被抓住的幼儿可以在大家面前表演一个小节目，游戏结束。

附儿歌：

老鼠老鼠坏东西，
偷吃粮食偷吃米，
我们搭个老鼠笼咔嚓一下抓住它。

游戏建议：

1. 多圈丢手绢游戏中，帮助幼儿明确游戏规则，如手绢不能总是丢给同一个人。鼓励幼儿把手绢丢给不同的伙伴。

2. 小老鼠游戏中，幼儿要伴随儿歌内容在圈内外穿梭动起来，不能长时间静止等候。

123 木头人

适宜年龄班：
中、大班。

游戏目标：

1. 培养幼儿的快速反应能力及肌肉控制能力。
2. 引导幼儿遵守游戏规则感受运动游戏的乐趣。

游戏材料：
空旷的场地。
游戏玩法：

玩法一 动、动，我们都是木头人

一位教师作为发令人，当游戏开始后，教师说儿歌："动，动，我们都是木头人，不准讲话不准笑，不准动。"教师说儿歌的同时，幼儿的手、脚都要一起动起来，儿歌结束，大家保持儿歌结束时的动作，并像木头一样，不能有任何动作。

游戏过程中，如果谁先动了，大伙就要给他一个小小的惩罚。先动的那个小伙伴，一般都会自觉接受惩罚。

玩法二 笑一笑

在传统玩法基础上，请大家念儿歌，儿歌话音一落，说儿歌的人走近木头人，朝着木头人不断地张牙舞爪，凑近木头人，在他身上闻来闻去。急转弯行至木头人视线看不到的地方，发出奇怪的声音并给他"挠痒痒"，边说："笑！笑一个！"忍耐程度弱的幼儿，被淘汰出局。

游戏建议：
1. 游戏活动主要是考验幼儿反应能力和肌肉控制能力，游戏前幼儿一定要熟悉游戏规则，在玩的过程中要遵守规则。
2. 游戏二：鼓励幼儿大胆利用自己的身体创造出不同的动作和表情。

老鹰捉小鸡

适宜年龄班：
小、中、大班。
游戏目标：
1. 培养幼儿的灵敏度与协调能力。
2. 提高幼儿合作意识。
游戏材料：
空旷场地。
游戏玩法：

玩法一 抓住妈妈

老鹰：幼儿、小鸡、教师。

和传统玩法不同，教师开始并不会告诉幼儿老鹰捉小鸡游戏规则，而是告诉幼儿"快抓住妈妈"。妈妈看到孩子跑过来，赶快躲到"鸡妈妈"的后面拉住鸡妈妈的衣服，幼儿追过来时假装躲闪不及被抓到。然后妈妈要故意表现出很夸张的肢体动作和表情，"哎呀……我被抓住了！哇哇……"，与幼儿互动一会逗幼儿哈哈大乐后，再趁机赶快跑走，再次躲到鸡妈妈后面。鸡妈妈提醒孩子"哎呀，妈妈跑掉了，快抓呀！"幼儿就会主动跑过来抓她。

玩法二

小鸡：孩子；鸡妈妈：教师1；老鹰：教师2。

首先，引导小鸡抓着鸡妈妈的衣服不能松手，鸡妈妈走到哪，就跟到哪。鸡妈妈可以左右前后走几步，只要小鸡不松手，就立刻赞美鼓励。确定小鸡抓鸡妈妈的衣服不会随便松手后，我们就可以正式开始玩了。当老鹰大声发出口令："我会抓你3次哟（也可以是2次、4次、5次，刚开始要让小鸡快速成功，所以次数不要太多），要躲开呀，哈哈，我来了！"说完，老鹰笨拙地跑到小鸡的一侧，伸出双手去抓小鸡，并大声喊"1——次——！""鸡妈妈"也要配合地稍转一下身体的方向，方便小鸡躲开"老鹰"的大爪子。然后老鹰再转向另一个方向去抓小鸡，并大声喊"2——次——！"鸡妈妈再转到别一个方向，小鸡一般会随之跑到另一个方向躲开。老鹰最后再转身去抓并大喊："3——次——！"在鸡妈妈的"庇护"下，小鸡成功躲开老鹰三次，老鹰可以故意很沮丧地跺脚："哎呀！没有抓到呀！你赢了！"鸡妈妈这时可以和小鸡开心地"庆祝"一下，然后再开始下一轮游戏。

游戏建议：

1. 对于胆小敏感的小鸡，给予心理上引导不要造成太多心理恐惧。

2. 可以用剪刀石头布、摇骰子、抽签、协商、轮流等方法，让幼儿自己决定角色扮演游戏。

石头剪刀布

适宜年龄班：
中、大班。

游戏目标：
1. 学习用脚玩石头、剪刀、布的方法。
2. 发展反应能力，体验与同伴游戏的乐趣。
3. 发展走、跑、跳等基本动作及动作的灵敏性、协调性。

游戏材料：
空旷的场地、小红旗、画笔。

游戏玩法：

玩法一　跳格子

事前在空旷地面上画方格子两排，两位小朋友在起点准备，用石头剪刀布的方法决定胜负，胜方向前跳一个格子，两位小朋友反复游戏，谁先到终点取下红旗为一局胜利。

玩法二　加加、减减

游戏前约定石头代表数字 10，剪刀代表数字 2，布代表数字 5。四位幼儿游戏，两人一组。其中两位幼儿站在起点准备，另外两位幼儿站在起点用石头剪刀布的方法决定胜负，如幼儿 1 出布代表数字 5，幼儿 2 出剪刀代表数字 2，5−2=3，和幼儿 1 一组的幼儿向前迈 3 步。在一定距离内，哪组先到终点，哪组为胜利。

游戏建议：

加加、减减游戏可以根据幼儿能力和喜好，自己制定数字大小、玩法。

编花篮

适宜年龄班：

大班。

游戏目标：

1. 学习两人用脚编花篮，练习单脚跳，发展平衡、协调能力。
2. 探索与同伴用身体各部分编花篮的方法，交流、迁移自己的经验。
3. 努力完成游戏全过程，克服困难，坚持到最后，体验合作成功带来的愉悦。

游戏材料：

跳绳。

游戏玩法：

玩法一　花样跳

两位幼儿共用一根跳绳，分别手持跳绳一端，两人并排站立，靠里侧面腿相互搭腿，外侧腿根据节奏摇绳、跳绳。

玩法二　单腿跳

两位小朋友为一组，两人并排站立，靠里侧面腿相互搭腿，外侧腿单腿向前跳跃。在规定距离内，先到终点者为胜利。
游戏建议：
幼儿可以根据伙伴的人数调整参加人数。

炒豆豆

适宜年龄班：
小、中、大班。
游戏目标：
1. 练习站立侧翻身，发展动作的协调性。
2. 能够自由组合尝试多种玩法，体验合作游戏的快乐。
游戏材料：
三颜色的胸卡（红、黄、蓝）若干。
游戏玩法：

玩法一　颜色豆豆

在传统玩法基础下，游戏前请幼儿自由选择自己喜欢颜色的胸卡，教师放音乐幼儿听音乐随意做动作；当音乐停止后，寻找和自己同颜色胸卡的幼儿结伴玩炒豆子游戏。幼儿根据自己胸卡的颜色说儿歌，如红色胸卡，幼儿就会说"炒、炒，炒好红豆翻跟斗。"游戏可以反复。

玩法二　炒数豆

在传统玩法基础下，游戏前请幼儿制定游戏组合数字，如组合数字 5。幼儿自由选择自己喜欢颜色的胸卡，教师放音乐幼儿听音乐随意做动作；当音乐停止后，几位幼儿自由组合组成数字 5 并念儿歌"炒、炒、炒好彩豆翻跟头。"音乐停止时没有组合成相应数字的幼儿被淘汰。游戏可以反复。
游戏建议：
在炒数豆的游戏中可以根据幼儿能力制定数字大小、玩法。

一网不捞鱼

适宜年龄班：
小、中、大班。

游戏目标：
1. 锻炼幼儿的肢体运动能力及躲闪反应能力。
2. 理解并遵守游戏规则，体验与大家共同游戏的快乐。

游戏材料：
空旷的场地。

游戏玩法：

玩法一　大鱼、小鱼

在传统的游戏玩法基础上将儿歌改编：一网不捞鱼，二网不捞鱼，三网才捞鱼。儿歌说完后，搭渔网的人（教师）问：大鱼还是小鱼？若回答：大鱼，就送好市场去了；若回答：小鱼，则放回河里。（小班）

玩法二　捞一条什么鱼

幼儿在游戏前约定，要捞什么样的鱼；如：按衣服颜色分类，捞红色衣服的鱼。在传统的游戏玩法基础上将儿歌改编：一网不捞鱼，二网不捞鱼，三网捞一条（××）鱼。游戏可以根据幼儿兴趣及游戏水平调整游戏内容反复游戏。（中班）

玩法三　几条鱼

改编儿歌：一网不捞鱼，二网不捞鱼，三网捞××鱼。幼儿在游戏前约定，要捞几条鱼。幼儿根据约定好的数量进行捞鱼游戏。

游戏建议：
玩法二：教师可以鼓励并引导幼儿尝试按更多角度分类进行游戏。

抬轿子

适宜年龄班：
中、大班。

游戏目标：
1. 通过游戏，锻炼幼儿手臂力量。
2. 探索各种抬花轿的方法，培养幼儿的探索能力。
3. 培养幼儿的合作和竞赛意识。

游戏材料：
空旷的场地、大小不一的盒子。
游戏玩法：

玩法一　小小运输队

在传统玩法的基础上，分组进行竞赛。两位抬轿子的人和一位坐轿子人在起点准备，坐轿子人手持盒子，当听到发令号后，两队开始运货，在规定的时间按指定线路行进，往返运送，运的多的队伍为胜利！（中班）

玩法二　公交车

在传统玩法的基础上，分二组进行竞赛。每组人数相同，每组两位抬轿子的人和一位坐轿子人在起点准备，当听到发令号后，两队开始运人，在规定的时间内按指定的路线下，把人运到终点处，抬轿子的人迅速返回，再运下个人。运人多的队伍为胜利！（大班）

游戏建议：
1. 玩法一幼儿可以根据自己意愿选择要运输的物品。
2. 活动中注意安全问题。

老狼老狼几点了

适宜年龄班：
小、中、大班。
游戏目标：
1. 发展幼儿四散追跑的能力，锻炼幼儿下肢力量。
2. 锻炼幼儿敏捷的反应能力和动作速度。
游戏材料：
小动物头饰、数字贴。
游戏玩法：

玩法一　奔跑的小动物

教师饰大灰狼，幼儿选择喜欢的动物头饰扮小动物。小动物边跟随大灰狼行进边询问大灰狼："几点了？"当大灰狼回答："十二点了，抓××小动物"时，××小动物迅速四散跑开躲避大灰狼的追击。被抓到的××动物离开游戏场地，其他小动物继续新一轮游戏。（小班）

玩法二　数字对对碰

在传统玩法的基础上，每位幼儿自数字 1~12 的数字贴中任选 1 个数字贴贴于身后。当大灰狼突然回答说：5 点了后，老狼就去抓贴有对应数字 5 的幼儿；被抓住的幼儿，离开游戏场地。其他没有被抓到的幼儿重新开始下一轮游戏。（中、大班）

游戏建议：
1. 数字对对碰游戏中可增加游戏难度，如单数、双数和邻数等。
2. 在活动中要提醒幼儿注意安全，四散跑时注意同伴之间不要碰撞。

切西瓜

适宜年龄班：
小、中、大班。

游戏目标：
1. 锻炼幼儿的敏捷性、速度和节奏感。
2. 体验游戏新玩法，感受老游戏新玩法的乐趣。
3. 产生初步的竞赛意识和速度意识。

游戏材料：
空旷的场地。

游戏玩法：

玩法一　我来切一切

游戏前幼儿自己制定竞赛方式，如：跑、单腿跳、双脚跳、跨步走等。在传统玩法的基础上，说儿歌：西瓜西瓜哪里来，农民伯伯种出来。切、切、切西瓜，一个西瓜切两半。当说到"一个西瓜切两半"时，幼儿根据自己制定的竞技方式去（跳、跑、跨步走等）进行游戏。

玩法二　看谁先能到

游戏前在空旷的地面画十方格，幼儿排成一竖队，在传统游戏的基础上幼儿说儿歌，当说到"一个西瓜切两半"时，切西瓜的人和被切的幼儿在旁边进行跳房子竞赛，赢者进行下一轮切西瓜游戏。

游戏建议：
1. 幼儿可以根据自己能做的动作，自由制定规则。
2. 游戏中注意竞技赛中的安全。

吃毛桃

适宜年龄班：
中、大班。

游戏目标：
1. 锻炼幼儿的反应能力和灵敏性。
2. 练习幼儿追逐跑的能力。
3. 在游戏中体验游戏的乐趣。

游戏材料：
空旷的场地。

游戏玩法：

玩法一　去你家

幼儿拉成一个大圆圈蹲下，选一位幼儿（甲）在圈外围绕圈内幼儿边行进边说儿歌："吃呀，吃呀，吃毛桃呀，吃到了心里真难受呀，蹲一蹲呀，坐一坐呀，不管哪位先坐下。"儿歌说完后，圈外幼儿任找圈内一位幼儿乙假装坐下，乙便问："干什么的？"甲回答："吃毛桃的。"乙答："请你到××家吃去。"甲听到××的名字迅速追逐该幼儿，××幼儿听到自己的名字后迅速绕圈跑。如追上了就表演节目。游戏继续下一轮。

游戏建议：
幼儿在追跑时应注意追逐方向的问题。

贴人（贴膏药）

适宜年龄班：
中、大班。

游戏目标：
1. 练习在一定范围内追逐跑、弧线跑、直线跑。
2. 锻炼幼儿的快速反应能力。
3. 培养幼儿的集体合作意识。

游戏材料：
空旷的场地、水果、蔬菜、生活用品等图片贴。

游戏玩法：

玩法一　捉　人

幼儿分二组分别围成 2 个圆圈，2 个圆圈间隔一定距离变成双圈。一名幼儿当贴人者，另一名幼儿当追击者。游戏开始后，贴人者沿着外圈跑，躲避追击。贴人者在逃跑的过程中若贴到里圈幼儿身前，则与之对应的外圈幼儿接替前者，继续沿外圈逃跑，躲避追击。贴人者途中若被追击者追到，则双方交换角色，继续游戏。

玩法二　贴　人

幼儿自由分组，并选择自己喜欢的图片贴。在传统游戏基础上，幼儿在选择贴人时要选择和自己同类的幼儿贴在一起，贴错的则为失败。

游戏建议：
1. 玩法一：贴人者须围绕外圈逃跑，在贴人时要贴到里圈幼儿身前。
2. 玩法二：除按属性分类游戏外，也可按从属关系、匹配关系等多种维度进行游戏。
3. 提示幼儿在游戏中注意安全，明确游戏玩法及规则。

红灯、绿灯、小黄灯

适宜年龄班：
中、大班。

游戏目标：
1. 培养幼儿的身体控制力。
2. 能按指令做动作，训练幼儿的反应能力。

游戏材料：
空旷的地面。

游戏玩法：

玩法一　报　灯

请一位幼儿背朝全体幼儿做报灯者，站在场地的终点处，其他幼儿自起点处出发，随意行走或做多种动作。当报灯者大声说完"红灯、绿灯、小黄灯"转过头时，众幼儿必须立刻如木头人一般静止站立，直至报灯者再转过头。若在此间有人控制不住而动了，则被请出。游戏反复进行，坚持到最后的一名幼儿获胜，胜者当报灯者继续新一轮游戏。

玩法二　集体报灯

幼儿按红灯、绿灯、小黄灯分成红队、绿队、黄队三队，每队人数相同。三队幼儿分别站在起点处与之对应的跑道上，1名幼儿当报灯者于终点处。报灯者大声说"红灯"时，红队幼儿朝前随意行走或做各种动作，绿黄两队幼儿不能动。此时报灯者转头，全体幼儿必须如木头人一般静止站立；说"绿灯"时，绿队幼儿朝前随意行走或做各种动作，红黄两队幼儿不能动，此时报灯者转头，全体幼儿必须如木头人一般静止站立；说"黄灯"时，红绿两队幼儿不能动，此时报灯者转头，全体幼儿必须如木头人一般静止站立；游戏过程中，违反游戏规则，没有静止的幼儿结束游戏。哪队最后剩下的人数多或先触摸到报灯者，哪队胜利。

游戏建议：

1. 向前行进的过程中，幼儿不能猛跑，要注意躲避旁边幼儿，防止拥挤摔倒。

2. 幼儿在游戏前须明确游戏规则，并按规则进行游戏。

划龙舟

适宜年龄班：

小、中、大班。

游戏目标：

1. 学习划龙舟，并能够跟着鼓点有节奏地玩划龙舟游戏。
2. 进行手臂摇摆练习，促进手腕、手臂灵活性的发展。
3. 学习识别空间方位，提高空间思维能力。
4. 喜欢参加体育活动，促进腿部运动能力的发展。
5. 愿意与同伴合作，理解集体的意义。

游戏材料：

地垫、自制龙舟、划桨和鼓。

游戏玩法：

玩法一　摇摇晃晃划龙舟

幼儿依次坐在长布条上两手抓握布条边缘两侧模仿划船的动作。听教师口令"前、后、左、右"，进行划船游戏。（小班）

玩法二　龙舟竞技赛

幼儿分成两组，分别坐在小地垫上排成两队，听到鼓声响起，开始游戏：每队的最后一名幼儿将地垫从屁股下面拿起来逐一向前传递，直到传递到第一个人手中，整队幼儿都向前挪动身体到前一个地垫上，每队的最后一名幼儿再次拿起最后一块地垫逐一向前传递到第一名幼儿手中。以此类推，直到终点。（中、大班）

玩法三　超级赛龙舟

两组幼儿参与游戏，每组 3～5 人。每组幼儿套上一个自制龙舟、手拿划桨，自起点处练习按同一频率统一划桨。一名幼儿有节奏地敲鼓，其他幼儿边说儿歌边划桨，并在途中接乘客。音乐结束后，哪组按到的乘客多，哪组获胜。（中、大班）

游戏建议：

1. 练习"左、右、前、后"动作时可让幼儿按与口令相反的方向进行练习，培养幼儿的快速反应能力。

2. 分组比赛划龙舟时，应根据龙舟大小及长度合理安排游戏人数。

附儿歌：

赛龙舟

嘿呦嘿呦，向前划，
我们的龙舟快又大，
加油加油，向前冲，
我们的龙舟争先锋。

划小船（跷跷板）

适宜年龄班：
中、大班。

游戏目标：
1. 能与同伴合作，两人协调地用伸缩脚的方法向同一个方向行进。
2. 锻炼手臂及腿部力量，提高身体平衡能力。

游戏材料：
空旷的地面。

游戏玩法：
两个人一组，有若干组。两名幼儿各自把屁股坐在对方并拢的脚板上，手拉手，两人一起用力。甲把乙用力拉起，乙屁股抬起，此时甲马上把双脚迈出一步，再让乙坐在脚板上，乙再把甲拉起双脚收拢，甲再把屁股坐在乙的脚板上。这样不断交替向前行进，既像小船，又像跷跷板。

游戏建议：
幼儿可以边说儿歌边游戏，也可以边说词语边游戏。

三个字儿

适宜年龄班：
小、中、大班。

游戏目标：
1. 能控制自己的身体，做四散跑的游戏。
2. 在熟悉词语的基础上学说反义词。

游戏材料：
空旷的场地。

游戏玩法：

玩法一 帮助小兔子

一名幼儿当大灰狼，其他幼儿当小兔子四散奔跑，不能被大灰狼抓到。快要被大灰狼抓到时，扮小兔子的小朋友可以随意说出一个词语或者成语，然后站定，这样大灰狼就无法抓住自己了。趁着大灰狼去捉其他小兔子的时候，没有被定住的小兔子们可以迅速跑到站定的小朋友身边，接他说的词语或成语，并触摸他的身体，帮其解定。此小兔子代替原来的大灰狼继续下一轮游戏。（中、大班）

玩法二 说说相反词

由一个小朋友当大灰狼，其他的小朋友当小兔子四散奔跑，不能被大灰狼抓到。快要被抓到时，扮小兔子的小朋友可以随意说出一个词语，然后站定，这样大灰狼就无法抓住自己了。趁着大灰狼去捉其他小朋友的时候，没有被定住的小朋友可以迅速跑到站定的小朋友身边，说出这个小朋友说的词语的反义词，然后触摸他的身体帮他解定。如果有小朋友被大灰狼捉住就由他当大灰狼继续下一轮游戏。（中、大班）

游戏建议：
1. 四散跑的过程中注意安全，不要和小朋友撞到一起。
2. 小班幼儿可以在没有词语接龙的基础上可以随意说三个字。

第四章 传统文化研究论文

幼儿园大班开展皮影戏主题活动初探

安小盼

皮影戏，又称影子戏或等影戏，是一种以兽皮或纸板做成的人物剪影，在蜡烛或燃烧的酒精等光源的照射下用隔亮的布进行演戏，是中国汉族民间广为流传的傀儡戏之一。"皮影戏"作为中国的传统民间艺术形式，传承了中华几千年的文化内涵，以其丰富的故事性、现场的互动性，同时兼具动手能力的培养、舞台表演能力的培养等诸多优势于一体，更容易为孩子们所接受和喜欢。而且皮影艺术作为中国的非物质文化遗产，应得到合理的保护、利用、传承和发展。

一、开展皮影戏主题活动的由来

一天，班级大妞儿带来了唐僧师徒四人的皮影人，孩子们看到之后，叽叽喳喳开始了讨论，王康旭说：他们身上的花纹真漂亮！姜美美说：他们身上的花纹是剪出来了，镂空的。张仪轩说：他们和我们看的动画片里的人不一样。栗晓彤说：这些都是皮影人，我妈妈还带我去看了皮影戏《三打白骨精》呢！张语洋问："安老师，什么是皮影戏啊？"根据本班幼儿兴趣点，喜爱探究，勇于挑战的年龄特点，及班级幼儿在交往、分工、合作等方面的实际问题，结合我园民族民间艺术传承与发展特色，开展了一系列快乐皮影戏主题活动。

二、开展皮影戏主题活动的过程

（一）利用家长资源、进行亲子互动，了解皮影戏的发展与演变

充分调动家长参与积极性，与幼儿一起搜集资料，让幼儿了解到现在的影视艺术，如电影是由皮影戏和纸影戏演变发展来的，都是光和影的艺术。同时亲子共同制作各种各样皮影人、皮影戏小书投放在班级图书区、美工区，供幼儿欣赏、学习。

（二）欣赏"买来的"皮影人，激发幼儿兴趣，了解皮影人的特点

皮影人欣赏的最初目的在于激发幼儿的兴趣，让幼儿了解皮影人的特点，如：镂空彩色花纹、侧脸人、衣袖比较宽大，等等，为简单皮影人制作打下基础。大多数幼儿能独立制作一个完整的皮影人，我们在操作中发展了一系列问题，之后我们对皮影人进行了欣赏。欣赏包括两个方面内容：第一，从比较"买来的皮影人"和"自制皮影人"的不同出发，引导幼儿发现本质上的不同，如质地、操作灵活性等，幼儿在自主发现、主动学习，选择不同材料、纸质、改进连接关节部位等，让皮影人能更加漂亮、灵活，结实耐用。第二，欣赏分析皮影人角色的性格特征，为进一步制作、表演打下基础。

（三）结合幼儿兴趣，集体讨论，共同合作创编剧本

1. 确定皮影戏表演剧本内容。

传统皮影戏的剧本内容远离现在幼儿生活实际，唱腔也较为复杂，唱词多用方言。如何让传统皮影戏创新性的应用于幼儿园课程当中，选哪些素材的皮影戏剧本，是我首要思考的问题。于是，我和幼儿一起讨论、交流幼儿最想用皮影戏形式演什么。孩子们说得最多的是《三只小猪》《猪八戒吃西瓜》《三打白骨精》《哪吒闹海》等故事或动画片。抓住孩子的兴趣点，将皮影戏与故事、动画片等相结合，进行剧本创新与创编。

2. 熟悉故事情节、小组讨论剧情，集体创编剧本。

选定了主题，紧接着要进行剧本创编了，剧本创编最重要的是让幼儿熟悉故事情节。熟悉故事情节包括熟悉故事主要情节、熟悉故事中主要人物特点、对话，这对幼儿语言能力要求较高。

《指南》中指出，幼儿的语言能力实在交流和运用的过程中发展起来的。应为幼儿创设自由、宽松的语言环境，鼓励和支持幼儿与成人、同伴交流，让幼儿想说、敢说、喜欢说并能得到积极回应。5~6岁语言领域发展目标中要求幼儿喜欢与他人一起谈论图书内容和故事的有关内容；能说出所阅读的幼儿文学作品的主要内容；对看过的图书、听过的故事能说出自己的看法。

为了发展幼儿语言表达能力，完成皮影戏剧本创编工作。我们首先借助教师、幼儿讲故事、看动画片、皮影表演视频、看故事书、绘画自己熟悉和喜爱的故事情节等形式引导幼儿熟悉剧情内容。再通过小组讨论、集体讨论的形式分析整个故事剧情分为几场，尝试讲述各部分内容。之后进行分组，各小组分别选择自己最喜欢的一个情节展开讨论。讨论内容围绕主要人物、地点、对话内容、可以加入什么类型的音乐展开，老师帮忙做记录，初步生成剧本，整个活动充分激发和调动了幼儿学习主动性，实现了大班幼儿合作化共同学习的目标。

（四）明确分工，做足准备，进行精彩的表演

想要进行皮影戏表演，除了剧本，还要有和剧本配套的皮影人、舞台幕布、背景、音乐等相关材料。通过集体教育活动和区域活动时间，我们通过讨论、自荐、推荐、竞选等各种形式，结合幼儿自身所长，对班级幼儿进行分工，明确任务，共同努力，为精彩的演出做准备，更体现了大班幼儿合作化共同学习的特点及发展水平。

制作皮影人过程中，利用家长资源，搜集各种纸及制作材料，运用硬纸盒、普通纸、塑封膜、硫酸纸、海绵纸等尝试进行皮影人的制作；利用订书针、绳子、螺丝等进行关节处连接；利用筷子、吸管、小棍等制作操作杆；利用各种棉、绸、涤纶等白布进行尝试。共同找到最为合适的制作皮影人及舞台的材料

并进行制作,为皮影戏表演做好物质准备。

六一联欢活动中,班级幼儿表演的"俏妞妞"皮影戏舞蹈及"哪吒闹海"皮影戏得到老师、家长的一致好评,在亲子艺术游艺活动中,本班幼儿作为"小老师"为中、小班家长和幼儿制作皮影人活动提供指导与帮助,深受家长和幼儿的欢迎。孩子们又萌生了为全员教师和幼儿表演皮影戏的想法,于是我们成立了一个皮影表演艺术团。孩子们分工合作,你们设计宣传海报,我们设计入场券,他们作为服务人员为观众服务……虽然不是很成熟,但是我们完成了对大二班、小二班的展演活动。

三、开展皮影戏主题活动感悟与收获

通过开展"快乐皮影戏"主题活动,孩子们能够潜移默化地接受中国传统文化的熏陶,感受和了解"皮影戏"这种传统民间艺术形式,并在探究制作与表现中对"皮影戏"这种民间艺术进行传承与创新。

在主题活动的开展过程中,能充分利用各方资源,调动幼儿参与积极性,与同伴、老师、家人共同交流、制作,体验制作、表演的乐趣,并获得成功的体验。主题活动开展过程中,更融入了手工、绘画、故事讲述、表演等形式,发展了幼儿的语言表达能力、动手能力、想象力、创造力等各项能力,增强了幼儿合作意识。

通过"快乐皮影戏"主题活动的开展,不仅提高了老师自身的传统文化素养,同时深深体会到想要开展好一个主题活动,首先要从孩子的兴趣点出发,结合幼儿年龄特点及学习特点,抓住孩子的兴趣点,引导幼儿不断深入探索,给予适当支持、肯定及表现机会,潜移默化让幼儿感受传统文化教育,并收获成功、自信与快乐。

参考文献

[1] 吴良忠. 中国皮影 [M]. 上海:上海远东出版社,2009.

[2] 中华人民共和国教育部. 3~6岁儿童学习与发展指南 [M]. 北京:首都师范大学出版社,2012.

[3] 韩晶磊,史娟茹. 皮影艺术之中国文化观 [J]. "飞天",2012(2).

感受传统之美 童心绚烂开放

范梦巡

摘要：传统文化是孩子成长的一泓清泉，滋养其生命。中国是一个有着五千年文明的悠久历史的国家，曾在世界之林发明过全世界瞩目并叹为观止的一罗盘、造纸、火药、印刷技术，为人类的历史贡献过太多太重要的发展动力；在教育部颁布的《3～6岁儿童学习与发展指南》中也曾指出："社会、家庭、幼儿园应为孩子的发展集中力量、发挥自己的主观能力性，贡献出一份自己的力量！

关键词：传统文化；国学经典；国粹艺术；中华美德

幼儿强，则少年强；少年强，则国强；少年有志，则国家有望！孩子是家庭的希望，祖国的未来，为了让孩子们成为"仁、义、礼、智、信"的中国好少年，作为孩子人生启蒙的幼儿老师，我们应该从传统文化——国学经典诵读、国粹艺术、传统美德、等方面为孩子的全面发展打下坚实的基础。

国家主席习近平曾多次在重要会议中提出："加强文化自信、传承传统文化！随着社会的进步、社会的发展社会上出现了一些不良的社会现象，例如：道德感缺失、信仰缺失、价值观和精神内涵缺失的现象时有发生，作为一个幼儿教育工作者，尤其是新时期的幼儿教育工作者，作为孩子人生的启蒙老师、对孩子的终身发展起着重要作用的第一任老师，我们更应该从小为孩子的终身发展打下坚实的基础。传承中华民族优秀的历史文化，浸润孩子生命的成长，我们责无旁贷！为此，我从以下几个方面对孩子的成长进行努力：

一、学习传统文化，熟读国学经典

相信所有的家长、老师、社会各行各业的人都曾听说过一档非常火的电视节目《诗词大会》，大家有的关注参加活动的选手；有的关注主持节目的主持人董卿；也有的人关注所出现的各种诗词；对于3～6岁的幼儿来说，他们有可能无法看懂电视节目的深刻内涵，但却可以从节目中听出朗朗上口的诗词文化中感受中国古典诗词之美以及汉字之美，为了让幼儿更加清楚的了解传统文化的精髓，我们在幼儿园内组织了所有老师和孩子们每天早上学习传统文化书籍——《三字经》《弟子规》。为什么要每天对《三字经》《弟子规》等经典书籍进行学习呢？因为传统的经典文化是来自中国的这片土地，传统经典文化自古以来深深地影响着我们所有的黄土大地、滋养着十几亿中国人，让我们所有的十几亿中国人在行为、态度、待人接物等方面符合大家的审美和礼仪教育；国学经典是所有五千年历史中有名的哲学家、思想家、教育家的思想研究的集萃和精华，重视和了解国学经典读物对幼儿的成长有着无法忽视的重要作用，尤其是启蒙阶段的幼儿，对他们的素质、素养有着不可忽视的重要性。

二、继承中华国粹，熟习国粹艺术

国家教育部发文："要大力发展艺术，让艺术陪伴孩子们的健康成长！"因为艺术是唯一个不分国家、不分区域、不分时间可以打动所有人的一门学科，一谈起艺术大家首先想到的是唱歌、跳舞和画画，是的这些都是艺术的一部分。以前在自己的教学生涯中也比较喜欢为幼儿带来艺术教学活动，但以往的艺术教学都是以现代舞蹈、儿歌、绘画为内容，自从我接触了国家、传统文化以后，我有了更多的素材。传统国学艺术中有许多值得骄傲和学习的艺术内容。例如中国的茶艺、中国的刺绣、中国的京剧、中国古典舞蹈、古诗词舞蹈表演等内容。

提起中国刺绣，这是个全世界都很期待的中国文化之一。在幼儿园开展刺绣绣活动可以锻炼他们腕部、手部的肌肉，提高手指之间的灵活能力，以及手眼的协调能力；同时还有助于儿童的大脑发育，丰富他们的想象能力，从而培养他们的创新精神；另外，刺绣活动还可以帮助幼儿集中注意力，培养他们的专注力，从而养成良好的学习生活习惯；最重要的是，刺绣活动还可以增强幼儿的文化自信，提高民族自豪感。

三、传承中华美德，熟记尊老爱幼

作为一名中国人，孝字永远伴我行，是我们每一个中国人恪守的道德底线，乌鸦有反哺之情，羊有跪母之义，我们每一个中国人都应该尊老、爱幼、孝顺父母、尊重长辈、爱护小辈。但是现在我们的孩子大多是独生子女，父母、爷爷奶奶们的掌上明珠，他们很多时候将父母的爱、长辈的爱视为理所当所，不需回报。为了让孩子们感受父母对自己的爱并且教育孩子回报父母、爷爷奶奶的爱，我设计了一节"爱的唤醒活动，让幼儿收集父母对自己爱的点滴与表现，孩子们的表现特别积极因为这是个太简单不过的任务，等到孩子们收集完成后，我们集中进行展示，接下来让幼儿回忆自己对父母的回报——我为父母做的事，结果如我所料大家都几乎没有做过什么事情回报父母，俗话说的话："没有对比就没有伤害"通过这次活动我让孩子们回家后进行些力所能及的事情，让父母、爷爷奶奶感受自己的成长和爱，活动结束后家长纷纷表示现在孩子好像长大了，知道报答父母和爷爷奶奶啦。听了家长的反馈我的心里美滋滋的。我只知道幼儿教育不应该只是考虑孩子们今天，更重要的是为孩子们的明天而努力和付出。

自从学习了中华民族的传统美德，现在我们班的幼儿特别尊重长辈、师长，同时也学会了爱护小弟弟、小妹妹们；待人接物有礼貌、识大体、善于与人交往啦，看到孩子们向着好的方面、善的方面发展，我们老师和家长别提有多高兴啦!

　　古语有云:"幼儿强,则少年强;少年强,则国强!"在我接下来的教育教学工作中,我仍将继续推行国学教育和传统文化,让孩子们拥抱经典,让孩子们在中华文明及先贤智慧的熏陶和引领下传承美德、健全人格、陶冶情操、铸造精神、提升智力!同时也希望所有的孩子们在传统文化的滋养下,健康快乐地成长;希望我们的祖国在这些未来栋梁的努力建设下,日新月异、国泰民安!

参考文献

　　[1] 朱智贤. 儿童心理学 [M]. 北京:人民出版社,1993.

　　[2] 黄河清. 家庭教育金点子 [M]. 上海:上海人民出版社,2003.

　　[3] 程五一,杨明欢. 基于中国传统文化的幼儿教育资源开发与应用研究 [J]. 中国文化教育,2012(8):97-101.

　　[4] 杨杰. 将中华优秀传统文化融入学前教育的必要性与可行性分析 [J]. 人文天下,2015(20):32-35.

　　[5] 教育部. 幼儿园教育指导纲要(试行)[M]. 北京:北京师范大学出版,2012.

丰富传统节日展现 弘扬中国经典文化
——试论传统节日文化在幼儿园园本课程中渗透的有效途径

李 东

提要：本文根据传统节日在幼儿园园本课程中的发展提出了几点改革方案，首先是合理开发与传统节日文化相关的园本课程，像是坚持以节日文化为基础、以全面发展为培养目标、重视地域的差异性等原则，其次是选择合适的教学形式，具体包括增设实践操作课程、提高教学的趣味性、聚焦高潮事件、促进家长的参与等方面，希望能给相关人士提供一些参考。

关键词：节日文化；幼儿园；园本课程

传统节日是值得我国继承和发扬的民族习俗，它是由我国祖先创造的自然的节日，其中体现了人们对自然的敬畏之情，以及想要同自然和谐共处的愿望。我国的传统节日中包含着深刻的文化价值，体现着我国独具特色的人文内涵，因此要让孩子从小开始接触我国的传统节日文化，培养孩子对中国传统文化的情感认知，增强国家的民族凝聚力。

一、合理开发与传统节日文化相关的园本课程

（一）坚持以节日文化为基础

为了让幼儿教育更加符合幼儿的成长状况，促进孩子的全面成长，幼儿园可以通过组织一些主题活动、区域活动等方式建立节日文化的课程框架。比如将劳动节、妇女节、元宵节等作为活动开展的主题；将教师节、端午节等节日文化渗透到孩子们的区域活动和日常生活之中；在植树节、元旦等节日开展一些亲子活动，加强孩子同父母之间的感情联系。在教师设计活动主题的过程中要坚持以节日文化为基础，结合孩子们的社会认知、实际生活经验、艺术表现等各方面影响因素，让孩子在快乐的环境氛围中学习我国传统节日文化，为孩子未来的发展打下坚实的基础。教师在教学过程中要注意考虑到孩子看问题的角度，理解幼儿的内心世界，关爱儿童的角度出发，将快乐体验作为幼儿教学的核心标准。

（二）以全面发展为培养目标

只从节日文化的角度入手来安排幼儿园课程教育，可能会使相关教学内容增加，超出孩子的承受能力，因此教师一定要坚持以孩子的全面发展为培养目标，落实新课改的教学要求，合理安排相关课程，促进幼儿教育的全面发展。

比如扩展区域活动，让孩子在自由的环境中进行各种活动，发展培养幼儿的个性和爱好，让孩子自行实践、探索。除此之外，教师要时刻关注幼儿的活动过程，掌握课程实施的全部阶段，对孩子的学习过程进行及时的评价，在评价的同时抓住机会进行二次教育，让教师的评价活动和课堂教学结合在一起，最后要保证教师评价过程中的公平性，重视孩子个性的发展差异。

（三）重视地域的差异性

我国的传统节日在不同地区拥有不同的庆祝形式，因此相关教师在幼儿传统节日文化课程的开发过程中要注意地域的差异性，先将本地区的传统节日文化特色纳入课程教学设计中，然后在将不同地区不同的节日文化习俗展示出来，让孩子了解到我国节日文化的多样性。由于当地环境对孩子的成长具有重要的影响，孩子们都亲眼看过、亲身接触过当地的文化习俗，因此会留下深刻的印象。教师在此基础上进行相关课程设计比较容易接近孩子的生活经验，引起孩子的学习兴趣。比如教师可以将春节中的压岁钱、除夕的年夜饭、端午的粽子、清明的扫墓等情节引入到幼儿园教学中去，或是组织相关的主题活动，提高孩子的参与性。

二、选择适合幼儿园传授节日文化的教学形式

（一）增设实践操作课程

为了促进节日文化在幼儿教育中的继承和发展，首先要让幼儿亲身体验到节日文化的氛围，然后才能进一步提高幼儿的主动性。孩子对这个世界的认知是具体的、感性的，常常需要通过一些行动来帮助自身进行思考，因此我们可以看出孩子都是通过直接体验来进行相关内容的学习的。因此在传统节日文化课程中，教师要选择合适的教学形式，为孩子提供更多的实践课程，让孩子能亲身感受到我国传统节日文化的博大精深，并在教学过程中引导孩子自己动手实践。比如在清明节的时候，教师就可以组织幼儿园的大班进行青团子的制作活动；组织幼儿园中班进行面燕子的制作活动；组织幼儿园小班进行剥鸡蛋活动。除此之外，教师还可以展开扫墓、放风筝、踏青等实践活动，让孩子参与到柳帽编织、风筝装饰等活动中去，让孩子在真实体验中学习我国的节日文化。

（二）提高教学的趣味性

教师要重视趣味教学在幼儿教学中的重要性，将我国传统节日文化教育同日常的生活游戏相结合。幼儿主要是在日常生活和玩耍的过程中学习相关知识的，因此教师要重视游戏的作用，提高教学中的趣味性，丰富教学环境，对一天的教学活动进行合理的安排。在节日文化课中尽量减少文化知识的讲解，增加孩子的动手体验。比如在端午节时，教师可以让孩子统一穿着老虎衣裳，戴着香囊，然后让孩子围坐一圈，给孩子讲述端午节的来源、传说，同时还可以组织孩子们进行扣扣子比赛，看谁能最快穿上老虎衣裳，在活动结束后还可以让孩子一起品尝粽子。除此之外教师还可以组织幼儿进行叠龙舟比赛，教授孩子用纸叠出漂亮的龙舟，然后对孩子的龙舟进行评比。为了提高幼儿教学中的趣味性，首先要营造出一种节日氛围。比如可以在幼儿园的走廊中粘贴相关的宣传单，并粘贴幼儿园的活动相片，用图文并茂的形式展示出我国传统节日的来源和习俗。同时可以在不同的节日更换不同的展示内容，改变幼儿园内的场景布置，比如在春节时，可以在幼儿园内贴上福字和春联，在休息时间播放一些具有年味气息的音乐等，营造出浓厚的节日氛围。

（三）聚焦高潮事件

幼儿园教师在传统节日文化课程中，可以增加一些亲子活动、庆祝表演等实践活动，创新活动形式，增加高潮事件的演绎可以让幼儿园的孩子更加直观具体地体验到节日的文化氛围。比如幼儿园可以在元宵节时组织猜灯谜大会，让父母和孩子一起参与到猜灯谜活动中来；在中秋节时，还可以举办中秋联欢会，进行一带一活动，让大班孩子带小班孩子一起活动玩耍。除此之外还可以组织孩子开展送温暖活动，让孩子亲自动手制作元宵，然后在将所做的元宵送到社区中孤独老人的家中；在端午节时，让孩子走出幼儿园将节日的艾草赠送给路人，传递节日温暖。聚焦高潮事件主要是通过各种主题活动的展开来带动起节日气氛的高潮，让幼儿在各种高潮事件中学习、体验我国传统节日文化的独特魅力。

（四）促进家长参与其中

家庭是孩子接受教育的重要场所，因此我们在传统节日文化课程中要争取家长的支持，提高家长的责任意识。同时家长中还有很多人具有丰富的才艺，家长的加入不仅可以丰富相关教学活动，还可以带给孩子更多的快乐。比如幼儿园可以在端午节举行包粽子活动，让家长教授孩子粽子的制作方法，然后在品尝共同制作的粽子，增加亲子之间的亲密性；在中秋节时举行做月饼活动，让家长和孩子手工制作月饼，让孩子在制作过程中增加同家长之间的交流，提高家长对孩子的了解程度，增进彼此距离。优秀的家长资源的进入，不仅为幼儿园传统节日活动的创办提供了有力的助手，减轻教师的压力，还能为活动增加独特的风采。将我国传统节日文化引进幼儿教育能促进中华民族传统文化的继承和发展，弘扬民族精神，提高幼儿素质，促进幼儿的全面发展。

结语：综上所述，将传统节日文化引进幼儿园的课程教育中，有利于促进园本课程的创新，在幼儿园传承民族节日文化的过程中，既促进了民族文化的继承和发展，又提高了幼儿文化知识水平，有助于促进孩子的全面发展。因此要求相关教师加强幼儿园园本课程的开发创新，打造独具特色的幼儿园课程体系，让孩子享受到更加丰富的教育。

参考文献

[1] 吴金英. 适合的才是最好的——谈幼儿园传统节日课程资源的开发利用 [J]. 考试周刊，2016（91）：189.

[2] 望欢. 中国传统节日文化在幼儿园课程中的开发与利用 [J]. 课程教育研究，2016（09）：255-256.

[3] 黄薏戎. 以传统节日文化为核心的幼儿园园本课程开发 [J]. 课程教材教学研究（幼教研究），2015（Z1）：67-69.

将民间剪纸引入幼儿园

许海英

《纲要》中指出，艺术活动是幼儿自我表达的重要方式，是精神创造活动，其中剪纸艺术是一种实用性强、表现力丰富、流行最为广泛的民间艺术，它历史悠久，具有鲜明的艺术特色。剪纸是我国的民间艺术瑰宝，它源于民间的美术活动，具有特殊的审美情趣和魅力，以及很强的动手操作性和创新表现力。我国著名儿童教育家陈鹤琴先生说过："小孩子应有剪纸的机会。"他认为剪纸有两方面的好处："一是可以养成独自消遣的好习惯；二是可以练习手筋。"也就是说，剪纸可以使孩子安静下来，专心致志地干一件事；还可以使他们练出一双灵巧的手，而手巧往往意味着心灵。但现在，这项民间艺术似乎与孩子们越来越远。为了让孩子们感受并喜爱剪纸活动，更好地传承珍贵的非物质文化遗产，我们应该从小培养幼儿对剪纸的兴趣，帮助幼儿掌握一定的剪纸方法与技能，因此，在剪纸活动中要充分发挥教师的主导作用，并以幼儿主体性的出发点来指导幼儿剪纸，运用各种指导方式使幼儿有效发挥自己的积极主动性。强调幼儿生活和社会生活的紧密结合，帮助幼儿从自己已有的生活经验中选出自己感兴趣的内容，注重幼儿的感受与体验，引导幼儿热爱民间剪纸，着重强调幼儿的动手操作和亲身体验。根据幼儿的身心发展规律，由浅入深，由易到难，有目的、有系统、循序渐进地不断提出新的要求，使幼儿逐渐提高剪纸的技能和审美情趣。教学设计力求符合幼儿的心理特点，创设欢乐的情境，形成愉悦的氛围，让幼儿乐于积极参加。在活动中求知，求乐，享受成功带来的喜悦，既增长幼儿的技能，又丰富幼儿的学习生活。

尝试用各种方法把民间剪纸引入幼儿园的课堂之中，我的具体做法如下：

一、激发幼儿的剪纸兴趣

"兴趣是最好的老师。"要想使幼儿的剪纸技巧获得发展，重要的是激发其兴趣。如果幼儿对剪纸有了浓厚的兴趣，他们就会主动运用感官去看、去听、去动脑想、动手做，积极探索，这样就能促进其剪纸潜能得到很好的发展。在剪纸教学中，我们并不是采取强制性的教育方法来训练幼儿。而是根据幼儿的生理、心理特点，采取不同的有趣方式来培养幼儿的剪纸兴趣。让幼儿高高兴兴地参与到剪纸活动中，从而激发幼儿创造的欲望。例如：在组织幼儿进行剪纸《小乌龟》前，我组织幼儿观察班级自然角里的小乌龟，让孩子们平时自己去喂小乌龟，看一看，摸一摸，充分激发起孩子们的兴趣。当孩子们进行剪纸时，脑子里就有了东西，而且是带着对小乌龟的感情去进行创作，当一幅幅作品被展示出来时,孩子们的成就感可想而知。

二、培养幼儿的观察能力

剪纸是一种民间艺术,它的题材都来源于生活,来源于大自然。因此,当幼儿在创作剪纸时,他首先就需要有一定的生活经验,这就需要幼儿在平时生活中学做一个有心人,要学会观察,善于观察。在一次创作剪纸活动中,我组织幼儿剪《手拉手》,在组织剪纸之前,我先带领幼儿玩手拉手玩游戏,并请幼儿观察小伙伴手拉手时的样子,这样在剪纸时幼儿对拉手就有了深切的感知,知道哪里应该剪断,哪里应该连在一起。

三、耐心等待,适时帮助

幼儿的剪纸活动是一个手脑并用的过程。因为幼儿有能力差异,同样的作品,能力较强的幼儿可能需要的时间较短,很快就能完成,但一部分能力较弱的幼儿可能需要较长的时间。在幼儿动手之前,应给幼儿一点时间思考。没有思考、次序、目的的动手操作是无法达到预定目标的。同时不能因为能力较强的幼儿完成了就批评训斥动作慢的幼儿,使得这些孩子丧失制作的信心,同时这也是老师的失败。在操作中应仔细观察每一个孩子的操作情况,通过他们的动作、同伴间的对话等一系列外在表现的观察来推测他们可能遇到的困难,采取不同的指导,而不是一看见自己不满意的情况就加以干预。

四、分类指导,共同提高

在活动中,有可能会出现大部分幼儿不会的情况。比如幼儿个体差异不同,因次孩子剪纸技能不同,在进行一节新课的时候孩子们往往会出现信心不足、无从下手、等待帮助等情况的发生。这就需要教师有耐心地进行集体指导,并且反思自己的是不是准备得不充分、是不是定高了目标高估了幼儿。这时教师应提醒全体幼儿注意,大家共同协商,共同解决。面对个别的问题,教师应根据幼儿各自不同的情况,给予不同的指导:对于能力较强的幼儿,让他们积极思考,大胆动手,主动探索。用"老师相信,你一定能成功的!"加以鼓励,对能力一般的幼儿,可以轻轻走过去,摸摸他的头,悄悄地说:"别着急,你肯定能行的。"对于能力差的幼儿,老师可与他协商:"我来和你一起做,好吗?"总之,教师在指导中应视幼儿能力的不同采取不同的方法。在评价幼儿作品时,首先应该肯定每位幼儿作品中的优点,然后指出其在表现手法上的不足,引导幼儿分析并客观评价自己的作品。最后还应鼓励幼儿勇于用作品表达自己的对物体的审美感受,尊重幼儿的审美个性。

五、由浅入深,由易到难,循序渐进

在剪纸教学中,根据幼儿的身心发展水平,由浅入深,由易到难,有目的、有系统,循序渐进地不断提出新的要求,使幼儿逐渐提高剪纸技能和审美观。幼儿开始学习剪纸,我们先让幼儿随意目测剪,包括随意目测剪直线、随意目测剪折线和随意目测剪曲线，其目的是培养幼儿剪纸的兴趣及能熟练使用剪刀。当幼儿学会熟练使用剪刀后，便教幼儿学习沿轮廓线剪。包括沿线剪直线图形。如长方形、三角形、梯形及一些不规则图形。沿线剪圆形、椭圆形等弧线。弧线幼儿掌握较难，常常出现把圆形剪成多边形的情况，这就要教幼儿剪时左手要配合右手的动作旋转纸片，才能剪出光滑的图形。在幼儿掌握了直线与弧线后，便可沿线剪一些物体形状。先剪一些大面积的，线条较简单的，如房子、大树等，然后逐渐加深难度，剪些线条复杂的，有细节的图形，如各种小动物、小朋友、花草树木等。在目测剪的基础上再进行对称剪。让孩子通过对称剪，感知半个会变一个，一个会变两个。然后在已有剪纸经验的前提下，学习镂空剪。在物体轮廓线上、轮廓内折剪镂空剪出图案及装饰线条。如动物的眼睛和花边，树上的果子，动物身上的花纹等。通过多次实践操作，幼儿的剪纸水平在原有水平上大大提高，继而由对称剪发展为多次折叠剪，即将纸折叠多次后，剪出相连的纹样。在多次折叠剪活动中，应当注意到折叠的层次不能太多，纸张不能太厚，否则幼儿的手腕力量不够，剪不开；其次，最重要的是要注意图案的连接点，不能剪散。

六、合作引趣，剪中求乐

合作能力在当今社会是一个人最重要的素质之一，善于与人合作是幼儿未来发展、适应社会非常重要的技能和素质。在幼儿的剪纸创作过程中，我们充分提供条件培养孩子与同伴、家长的合作能力，体验剪纸的快乐和神奇。

如主题活动"动物王国"，活动前老师带领幼儿参观动物园，引导幼儿观察动物的形状、结构、生活环境，再通过有趣的故事加深幼儿对动物形象的认识。区域活动时，鼓励参加剪纸区的幼儿按照故事内容《有趣的动物王国》进行讨论、分工，通过讨论找出故事中的动物形象，如恐龙、老虎、乌龟、小鸭等，用什么方法来剪这些小动物，动物做什么造型，完全由孩子自己做主，老师只是引导幼儿回忆学过的剪纸技能（对边折剪、左右对称剪、对边二折剪、剪直线、曲线、折线、沿线剪、镂空剪等），鼓励幼儿用已掌握的技能去创造。剪纸实践的结果，孩子们作品千奇百样：冬眠的乌龟、游泳的小鸭、奔跑的小马等等，再商量故事的背景是什么样的？需要哪些装饰物？等全部商量妥当后分工合作，动手实践，动物组和故事背景组，进行装饰用的小草、大树建议幼儿可以从旧图书中剪贴，也可用学过的连续图案进行剪贴，美丽的花朵可用镂空技能剪，动物可以用沿线加镂空技能剪等等，最后大家一起有商有量地进行图片粘贴。经过幼儿的分工合作，一副栩栩如生的动物王国就呈现在大家面前。这种同伴式的合作方式幼儿不仅可以根据自己的能力和兴趣进行选择、制作，使完成作品各具特色，同时在掌握一定的剪纸技能时学会了谦让、谅解等交往合作技能。

通过探索实践，孩子们喜欢上了中华民族特色的剪纸艺术，无形中也感受到中国的民间艺术丰富多彩，更加热爱自己的中华民族，同时手部动作的灵活性与精确性有较大的提高，启迪了智慧。我们将根据幼儿的需要继续研究，一如既往，科学有序地开展剪纸活动，让智慧在孩子的指尖跳动，让孩子们剪出童趣，剪出精彩，剪出一个新的学习天地！

参考文献

［1］教育部基础教育司.幼儿园教育指导纲要（试行）［M］.北京：高等教育出版社，2001.

［2］高石.儿童创造思维训练法［M］.北京：改革出版社，1999.

［3］朱晨光.儿童折叠剪纸［M］.长沙：湖南文艺出版社，1999.

［4］孔起英.学前儿童美术教育［M］.南京：南京师范大学出版，1998.

京剧中绽放　自主性成长

——幼儿园京剧名段欣赏活动中环境创设的思考

王　岩

京剧由徽剧发展而来，自清朝产生并在民国时期得到繁荣发展。在当代中国，京剧已经不仅是一门戏曲种类，而是对传统文化的体现和继承，成为中国在世界的名片，被列入"人类非物质文化遗产代表作名录"。对于京剧的发扬，可以从幼儿园教育做起，渗透至儿童的成长过程中。在幼儿园教育中添加京剧名段的欣赏，可以有效传承传统文化，让儿童在京剧的熏陶中自主成长。

一、京剧对于儿童成长影响分析

在《国家"十一五"时期文化发展规划纲要》中明确指出了"重视中华优秀传统文化教育和传统经典、技艺的传承"，强调要"加强传统文化教学与研究基地建设，推动相关学科发展"[1]。在国家对传统文化传承的重视下，目前已经在很多教育机构和领域已经逐渐认识到其重要性。京剧作为一门戏曲艺术，通过戏曲的形式传递传统文化，目前被保留下来的京剧剧目，大部分都是优秀的思想，对儿童的成长课教育也是有一定促进作用的。对于儿童的成长影响主要体现在以下两个方面，一是在儿童自身的文化素养积累上，学龄前正是儿童形成文化积累的重要时期，在传统经典京剧的影响下，潜移默化中对传统文化进行了知识累积。京剧剧目中，具有十分丰富的文化知识，体现在剧情转折、唱词用语以及服道化等各个方面。戏曲在表演模式上的虚拟性，也与中国诗歌中的"比兴"如出一辙，是一种美学与文学的独特展示形式。二是在对儿童思想感情的培养上，京剧剧目中经常出现有体现爱国、孝顺和忠义的思想或是对于剥削阶级欺压劳动人民的批判思想，这些思想都是传统文化中的优良品德，值得在现代也进行发扬光大。比如《空城计》中诸葛亮巧用计谋退兵司马懿，体现了智慧的作用。

二、幼儿园京剧学习环境创设的要点分析

（一）选取整合适合儿童的京剧选段

京剧虽然是"非物质文化遗产"中的优秀传统文化，但是它的内容十分广泛，其中适合儿童的只有一部分。其他剧目中难免会出现一些不适应儿童年龄阶段以及成长需求的。在京剧中部分剧情有一些血腥暴力的倾向，比如《窦娥冤》中，窦娥被张驴儿和贪官污蔑治罪后，被砍头的情境，对于幼儿园儿童是不适宜的。选取适当的角色，应当具有忠义、智慧、善良等优点，并且剧目内容不可太过暴力血腥，以免对儿童造成心理伤害和阴影。适合幼儿园儿童的京剧剧目中，较为积极和正面的形象有很多，例如《空城计》中睿智聪明的诸葛亮，用一座空城抵挡了魏国大军进攻的局面；例如《红娘》中的小丫鬟，正直善良又十分机灵；例如《一剑能挡百万兵》里穆桂英的形象，巾帼上阵，是忠肝义胆不畏战场的女英雄。这样的形象还有许多，都十分适合幼儿的心理需求和年龄特点。其次在选择的剧目内容上，还有选择与儿童生活较为贴近的以及容易理解的，比如经典的《西游记》，孙悟空大闹天宫、偷蟠桃打天兵，有着高超的武艺和不畏惧强权的态度，72般变化随心所欲变化形态，既可以吸引儿童的兴趣又是经典四大名著之一，有着丰富的文化内涵。再比如在《裱花》中，梅英用说和唱的形式，将生活中的各种事物用花的形态比拟，都是与儿童喜好像贴近的内容。只有合适的选段，才能促进幼儿园儿童京剧学习。

（二）设置内容丰富的专题京剧板块

在京剧文化环境的创造中，需要在幼儿园的门内部装饰上进行布置。对儿童的京剧文化教育离不开的是在布置上的用心，这样在环境上进行改造，就可以随时随地的渗透给孩子京剧文化的思想。在幼儿的走廊、教室墙壁以及楼道内部，都可以进行京剧文化的装饰和展示，是儿童受到京剧的熏陶[2]。在幼儿园的正厅中，可以悬挂京剧相关的脸谱图画或者经典剧目的剧照，在走廊和楼道中，也可以在墙壁上悬挂京剧大师的照片、个人简介、出演剧照等，帮助孩子了解这门艺术。在教室内部，可以摆放一些京剧表演所用到的道具、戏服和发冠等，还可以经常在课间活动中，播放经典戏曲选段。京剧所用到的道具以及乐器对于儿童来说都有较大的吸引力，在儿童看来这不仅是京剧所需要的道具和乐器，同时也是很好玩的"玩具"，十分吸引人。在整体幼儿园环境的布置中，既要体现出京剧的文化氛围，更要注重安全，部分可能威胁到儿童人身安全的物品一定要严加看管，切不可让儿童随意接触。

（三）利用材料，共同动手制作京剧道具和玩具

在戏曲道具的制作上，可以让儿童亲手参与，比如上文提到的一些装饰物和玩具，也可以利用手工课堂，让儿童自己制作。这样不仅提高了儿童对于京剧的认知，还能提升动手能力和培养思维模式。比如脸谱的制作，京剧中脸谱作为一种经典道具，具有十分深厚的文化内涵以及趣味性。在京剧脸谱的制作过程中，教师也可以像儿童渗透京剧脸谱文化[3]。不同的脸谱代表着不同的角色性格和特点，比如红色，象征忠勇、正义、威武、庄严，大多用于富有血性的人物如关羽，而紫色表现骁勇善战，黑色表现公正无私，比如包公，白色表现阴险、狡猾，比如赵高，黄色一般表现性格猛烈。如《南阳天》中的廉颇，褐色和粉红色表现比较正直的老人。诸如此类的京剧小常识还有很多，幼儿在教师指导下不仅可以进行脸谱的制作，还可以制作其他的道具比如戏服和头冠

等。在头冠的制作上，可以采用一切旧玩具、旧材料等等，不仅起到的废品回收再利用，节约了资源，还降低了成本。在幼儿园时期的儿童对于手工是有较高兴趣的，在手工中学习京剧知识，寓教于乐，是一项不错的教育方法。

（四）划定具有特色的京剧游戏班级区域和活动

对于每个班的兴趣划分为不同的京剧游戏班级区域，找到各自的特色进行创造和发展。比如在小一班，其特色内容就是脸谱秀，学生根据不同的角色特点进行脸谱设计以及展示，在班级内部开展画脸谱大赛，每个儿童自己创作，并且最终进行投票比拼。在投票的过程中也可以邀请外班小朋友一起来，并且在投票结束后进行脸谱展示，展示出自己的作品。在中班可以进行"我要唱"活动，选取一些较为简单的京剧唱段来进行才艺比拼，首先将唱段的视频给孩子观看，并且将唱词整理出来发给孩子，在经过一段时间的自我学习之后，开展"我要唱"——唱京剧小比赛，并邀请其他班级小朋友一起观看，既可以活跃氛围又可以吸引其他班级小朋友对于京剧的热爱。在大班适合进行创意道具展示，在孩子们的巧手下，一件件废弃的材料被赋予新的活力，摇身一变变成了京剧演出需要的道具，比如花枪、靠旗，在制作过程中也可以分小组进行，发挥团队协作的能力，增强团队意识，发挥大家齐心协力的作用共同完成任务。具有特色的活动不仅可以丰富京剧对于孩子们的文化渗透，更可以提高他们的兴趣。

结论：

京剧作为一门博大精深的传统戏曲艺术，试图让儿童在根本上了解其全部内涵是不现实的，但是可以通过长期潜移默化的影响和教育，使儿童了解京剧的美妙，并将优秀的传统文化融入成长过程中。对于京剧艺术在幼儿园教育的渗透，并不是为了全体儿童都可以去投身于京剧当中，只是为了让优秀的传统文化得到建设与继承，幼儿园内部环境的建设与京剧对儿童的渗透也是息息相关的。

参考文献

[1] 葛东娟. 幼儿园传统文化课程资源开发与利用的个案研究 [D]. 长春：东北师范大学，2017.

[2] 王力中. 这里的孩子喜欢"南腔北调"[N]. 光明日报，2016-10-26（009）.

[3] 安冬梅. 关于"京剧进入幼儿园活动"的启示与思考 [N]. 朔州日报，2014-11-13（002）.

浅谈幼儿园泥工活动中工匠精神的培养

岳新杰

工匠精神是我国人民一直以来非常赞誉的，值得全体社会人民学习的一种精神，包括专注认真、细致耐心、辛勤无私等美好的品德。如今，国家越来越重视对国人的教育，要求很多教育要从幼儿园抓起，那么在幼儿园时期培养孩子的工匠精神就变得非常重要了，很多幼儿园通过泥工活动培养孩子的工匠精神，取得了良好的效果。

一、在幼儿园泥工活动中培养工匠精神的优势

在幼儿园，泥工活动非常利于培养孩子的工匠精神，教师可以通过开展泥工活动的方式教育孩子，其所表现出来的优势主要有以下几个方面。

1. 据考察，幼儿园要想开展泥工活动，就要提供相应的场所，并且准备非常充足的设施和材料，很多幼儿园已经建立了碎泥区、戏泥区、踩泥区等操作区域和活动区域，也建立泥工活动作品的展示区，展示出泥工优秀作品、专家作品、家庭作品等等。而这些场所和作品对孩子们会产生有利的影响，为教师培养孩子的工匠精神提供物质基础。

2. 泥工活动的实践内容非常多，泥工活动的各个环节可以为工匠精神的培养提供机会，教师可以把握机会，在各个环节中指导孩子动手实践，具体培养孩子的工匠精神。

3. 孩子们可以在动手操作中锻炼自己的实践技能，也能在具体的环节中得到精神层面启示与感悟，教师再加以渗透与引导，培养工匠精神就会变得容易得多了。

二、在幼儿园泥工活动中培养工匠精神的策略

在幼儿园中开展泥工活动非常利于培养孩子的工匠精神，所以教师更要掌握培养工匠精神的策略，将策略具体落实在实践教育之中，将工匠精神发扬光大。下面来举一些具体的案例，来分析教师培养工匠精神的策略。

（一）实地感受

培养孩子的工匠精神，首先要做到的就是让小朋友进行实地感受。以当地某幼儿园为例，该幼儿园举办了一次踏青活动，活动的地点定在当地的农村。幼儿园正是把握住孩子们对于农家劳作、农家生活的好奇心，带领幼儿园孩子们在实地活动中感受农民崇高的工匠精神。在来到农村以后，教师先带领孩子们参观农户农作的一系列过程，孩子们会看到种庄稼、晒庄稼的农民伯伯，会体会到农民伯伯辛勤劳作的不易和艰辛。随后，他们还去到锻造厂，观看制铁

的各个环节。孩子们看到铁锅、铁链等设备，又看到锻造师们辛苦工作，汗流浃背的样子，心中会有所动容。当各种产品成功出炉以后，孩子们又会为这奇妙的工序惊叹不已。最后，教师带着孩子们来到泥工实践园，参观泥匠打造泥人、泥具、陶罐的过程，孩子们看到美丽的泥制品，会引发想要动手操作的欲望。在该幼儿园的这次实地活动中，孩子们看到了各种匠人，通过近距离的观察，会被他们的敬业、辛劳与专注的精神所打动，这就为培养工匠精神做好了铺垫。

（二）观看作品

观看作品也是培养孩子工匠精神的有效策略之一，让孩子们看到新奇的作品，就会激发出他们的动手实践的欲望，从而教师就可以在实践中培养他们专注坚持等精神。还是上面的例子，该幼儿园的孩子们看到了农民伯伯收割的农作物，看到了铁匠打造出的铁制产品，看到了泥匠做出的精美的泥具，在这些过程中，孩子们不会仅仅满足于观看，他们也想动手试试，即便不做这样有难度的实践，他们也会对幼儿园接下来举办的操作活动产生浓厚的兴趣。除了这家幼儿园，还有很多幼儿园也给孩子们观看相关作品。例如，某幼儿园举办了一次"寻宝展"的活动，该活动是让孩子们带来自己喜欢的宝物，并在大家面前讲出宝物的制作过程。这样的活动设置的就非常有意义，孩子们不仅看到了各式各样精美的物品，而且也会增长见识，了解这些物品制作背后的精细环节。

（三）动手实践

动手实践环节是教师培养孩子工匠精神最主要的环节了，在这一环节之中，每一个孩子都是小工匠，可以直接领略工匠精神的具体内涵。例如，某幼儿园在开展了泥工活动的实践课程，该幼儿园设置了丰富的活动区域，孩子们可以在不同的区域内进行碎泥、踩泥、和泥等活动。同时，孩子还和家人一同收集筛子、木槌等工具参与活动。因为幼儿园在农村实地探访后得知农村的石臼可以作为碎泥的工具，所以该幼儿园将碎泥这样有些难度的环节也交给幼儿园的孩子去做。首先教师将石臼头改装为杠杆，孩子可以通过手压或脚踩撬动木桩，把较硬的泥块打碎。通过这样的实践操作，很多孩子为了完成任务不辞辛苦，不怕脏也不怕累。在一片拼搏坚持的氛围中，所有的教师和孩子都被带动起来，进行泥工活动碎、筛、泡、踩等各个环节。最后，通过大家的齐心努力之后，泥制品已经初步成型，孩子们看到自己动手操作后得到的结果，都异常的欣喜。在该幼儿园的这次泥工活动中，小朋友在实践操作中能吃苦耐劳、专注认真，在无形之中就锻炼了自己的毅力，培养了工匠精神。

（四）荣誉评价

除了具体实践操作以外，教师给予幼儿园孩子们一定的荣誉评价也利于巩固和深化工匠精神的培养成果。例如，有的幼儿园在开展泥工活动中，教师将能力较强的孩子任命为师傅，将实践能力较弱的孩子任命为徒弟，在活动中让师傅带徒弟，一同完成作品。而教师也非常注重后续的评价环节，对这种小朋友间互帮互助的行为进行了大力的赞赏。这样师带徒的形式不仅提高较弱的孩子的动手能力，也培养了小朋友们的责任心。另外，教师在活动后也总结了整个泥工活动的过程，具体讲解了工匠们的日常工作，并将这种专心工作的工匠精神精神上升到新一高度，深化孩子们对于这种精神的认同与感动，从而进一步培养和巩固孩子们的工匠精神。

三、在泥工活动中具体收获的工匠精神

在以上泥工活动的准备和开展等过程中，孩子们能具体收获到一定的工匠精神。例如，在碎泥、筛泥、泡泥等环节中，小朋友很难独立完成所有的环节，这就需要大家明确分工，互相配合。在刚开始的时候，经常有一些小朋友因为配合的不顺利而发生矛盾，停止操作，而在后续的磨合和沟通中，大家理解体谅了对方，和平地解决了矛盾，全员又重新投入工作中，这不仅锻炼孩子们相处的技能，也培养了他们吃苦耐劳的合作精神。还例如，在幼儿园小朋友泼泥和玩泥的时候，他们会把泥土塑造成人物造型、动物造型等各种各样的形态，如果塑造得不够像，孩子们还会继续操作，力求完美。这样的过程也培养了孩子们专心、细心与精益求精的工匠精神。在幼儿园小朋友完成作品之后，通过教师的表扬与鼓励，孩子们的成就感和对工匠们的赞叹精神也会油然而生。

结束语：综上所述，培养工匠精神以利于孩子的教育与成长，在泥工活动中培养幼儿园孩子的工匠精神有很大的优势，幼儿园应该积极的建造泥工活动的相关场地，教师也应该多开展类似于像泥工活动这样的实践活动，让小朋友们在亲身的实践与切身的体会中感受到工匠们的不易，并受到感染，学习与继承他们的工匠精神。

参考文献

[1] 徐晓琳. 浅谈如何在泥工活动中培养幼儿的观察力和想象力 [N]. 山西青年报，2018－02－10（001）.

[2] 董晓芳，刘秋红，张学英.学前教育专业美术技能的工匠精神培养探究 [J]. 艺术科技，2017，30（08）：87.

[3] 杨毅. 以工匠精神对待园所保教工作 [A]. //国家教师科研专项基金科研成果（十四）[C]. 国家教师科研基金管理办公室，2017.

探析传统游戏的传承与创新

纪雨梅

游戏是幼儿的主要活动，幼儿通过游戏学习和成长。同时，游戏也是儿童内心活动的自我表现，是儿童最纯洁、最神圣的心灵活动产物。我国著名幼儿教育家陈鹤琴先生说过："游戏从教育方面说是儿童的优良教师，他从游戏中认识环境，了解物性，他从游戏中强健身体，活泼动作，他从游戏中锻炼思想，学习做人。游戏实是儿童的良师。"

随着时代的飞速发展，科技含量高的玩具层出不穷，孩子们的游戏也从广场上成群结队的你追我打，逐渐变成了与电子玩具的游戏。作家陈村说："看着今天的孩子，总会生出一点怜悯，他们不光缺少玩的时间，就是玩起来也很可怜。他们很少和人玩，只能和机器玩，和从来没有说过话的玩具动物玩。他们很少气喘吁吁，大笑大叫。"

在高科技时代，生活变得越来越优越，可以说生活在今天的孩子们是幸运的。然而，他们又是不幸的，因为他们无法品尝到父母小时候的乐趣。那是几代人传承下来的，是每个"70后""80后"都无法忘怀的童年。那些曾经每天不知道要玩多少次的游戏，那些无论多大年纪，回想起来仍会津津乐道的游戏。这就是我们传统的民间游戏具有的魅力，这是人们智慧的结晶，在那个科技相对落后，生活质量还不高的社会，但是它却给曾为孩子的我们带来满满的快乐。

看着独生子女每天对着电视和玩具发呆，百无聊赖时，我就在想，为什么不能将传统游戏传承给我们的孩子们呢。虽然时代不同，但是无论哪个时代，孩子们希望的快乐是相同的。南京师范大学教科院王海英博士说过，传统游戏具有最基本的公平关怀的理念在里面，非常强调每个孩子都能积极参与，每个孩子都能找到快乐。因此，笔者在这里将对传统游戏的优势与教育价值及创新进行阐述。

一、传统游戏传承的教育价值及优势

（一）准备材料不复杂

通常，我们在进行一次活动游戏时，会苦思冥想地准备许多材料，想好场地及人数是否适宜，然后才能进行游戏活动。传统游戏则不同，不需要过多的准备，几个小伙伴商量一下就可以玩耍了。有的是徒手进行的，有的只需十分简单的材料。如一粒石子、一根绳子，这些随处可得的东西便可使游戏开展起来。例如我们熟悉的"拔河"，只需要一根绳子就可以了；例如"跳房子"，这都是传统游戏中十分经典的，只要用树枝或瓦片在地上画上几格，就能进行单

脚跳和双脚跳，乐趣无穷；再如"挤油渣"，不需要任何的材料，在寒冷的冬天，几个幼儿靠墙而立，用肩部的力量向中间挤，被挤出的人向旁边去，再向中间挤，如此反复进行。可见传统游戏需要准备的材料并不多，但是在玩耍的过程中却培养了孩子们的品质与能力。

（二）幼儿年龄不受限

为了体现幼儿年龄的层次性，现代的很多游戏都是有年龄限制的。然而传统游戏没有这样的限制，无论孩子的年龄大小，都可以玩。例如传统游戏——玩沙包，这是一个适宜任何年龄段的孩子玩耍的游戏。年龄稍小的孩子可以将沙包扔着玩，可以投远、扔高；而稍大一点的孩子可以进行踢沙包比赛，还可以分组进行打沙包、接沙包；例如"踢毽子"，这是十分有趣的传统游戏，年龄小的幼儿在毽子上系一根绳子，用手拎着踢；年龄大的幼儿则可直接踢，还能踢出许多花样来。通过游戏，培养孩子们竞争与合作意识，体验游戏带来的快乐。

（三）形式多样趣味高

孩子喜不喜欢玩一种游戏，是要看这个游戏是不是很有趣。孩子的年龄特点及天性告诉我们，通常孩子恋恋不舍的游戏，都是很有情境、趣味性极高的游戏。在传统游戏中，这个特点体现得更为明显。例如"老鹰捉小鸡"，这是一个再熟悉不过的游戏了，可是直到今天，依旧有很多孩子很喜欢玩。因为看似简单的一个游戏，不需要任何道具，却给孩子们带来了无限的乐趣。然而，游戏不仅仅只是单纯的玩耍，通过这个游戏，孩子们了解了作为母亲的"鸡妈妈"是如何保护自己的孩子，"小鸡们"要紧紧地跟随鸡妈妈才能保住自己，了解了老鹰是要捉住小鸡，是游戏中要坚决抵抗的对象。也许孩子们的年龄根本无法理解是非观，但是通过游戏，至少他们能够清楚地了解谁好谁坏，做出自己的判断。例如"老狼几点了"的传统游戏，虽然已经无法找到最初的游戏创始人，但是游戏的魅力却一直延续到了今天。如今，托小班的孩子玩起这个游戏依旧兴趣盎然。他们喜欢悄悄地跟在老狼的后面，回答老狼的问题，喜欢老狼出来时，大家一起躲闪的快乐，那种开怀的笑是真实的。

二、传统游戏的创新与应用

随着社会的不断进步，现代的孩子们需要更多的游戏。在幼儿园的一日生活中，游戏是贯穿于整个日常活动的。如何正确地运用传统游戏的优势来充实孩子们的一日生活、使之符合现代儿童的游戏兴趣，满足孩子们的需求是一个深思的问题。经过思考与实践，我们在区域活动、过渡环节及户外活动三个方面进行了大胆的尝试与创新，并取得了一定的效果。

（一）传统游戏在区域活动中的创新

在区域活动中，幼儿可以自由选择区域，自主发起、自由选择活动，能无拘无束地按照自己的意愿选择游戏内容，合作伙伴。因此一些传统游戏也被纳入了活动区中。诸如刺绣、捏泥人、编辫子等传统游戏的开展，丰富了区域活动，更增添了幼儿活动的兴趣。但是由于幼儿的年龄特点及动手能力，如果把这些民间游戏照搬照用的话，不会起到明显的效果，反而幼儿会因为难以操作而渐渐失去兴趣。因此，我们简化了一些制作过程，并将材料进行分层次投放，这样幼儿的选择更多了。例如刺绣，这个具有民间特色的传统工艺，得到了很多幼儿的青睐。投放时共分为四层：首先投放带孔的硬纸，练习缝的基本动作和方法；其次，投放有简单图案的塑料网和穿好毛线的大号针，可以练习缝制图案，增加了缝的目的性；再次，投放绷好的布，并画好图案，进行缝制；最后，幼儿根据自己的意愿在绷好的布上进行创作。幼儿无论水平如何，总能够选择一种适合自己的材料，因此，玩的兴趣很高。不难看出越是有价值的游戏越应该传承和创新。

（二）传统游戏在过渡环节中的应用

过渡环节无疑是幼儿从一个活动过渡到下一个活动的中间环节，由于过渡环节不是幼儿同一时刻同时在场，而是一个一个幼儿逐渐聚集，因此，针对过渡环节设计的游戏要形式多样，且不因幼儿的晚到而中断游戏，能够实现随到随玩的目标。纵观传统游戏中，就有很多值得借鉴的例子。例如"拉大锯"，两个人就可以玩的游戏，原来游戏要求要两人对坐，双脚自然盘曲，双手对握，随儿歌节奏做拉锯似的前俯后仰动作。但是，通过实际考虑，我决定将盘坐改为两人面对面坐在椅子上，并将椅子上套好一根松紧带，防止幼儿玩的过程中出现滑落。例如"堆馒头"，这是一个手部游戏，游戏不限制人数，可以随时加入。游戏者边念儿歌，边轮流伸出右手大拇指（其余四指呈抓握状），第一人伸出后，第二人握住第一人的拇指，第三人握住第二人的拇指……直到最高处。但是，在该环节内由于人数聚集过多，不利于安全的保证，因此，进行了分组玩耍，幼儿的参与性大大提高了。传统游戏的丰富多彩，让幼儿带着愉快的心情进入到下一个环节。

（三）传统游戏在户外体育活动中的创新

户外体育活动是幼儿一日生活的一个重要环节，而传统游戏中，适宜户外体育活动的游戏尤其的丰富。合理利用传统游戏不仅能激发幼儿活动的积极性，而且能够使户外体育活动更具特色、形式更加多样。但是，有些传统游戏在幼儿园中运用时，就需要根据幼儿的实际情况进行相应的调整。例如"丢手绢"，这个游戏在玩的过程中，如果将所有幼儿聚集在一起，那么多数幼儿的等待时间过长，不利于游戏的开展，和幼儿主动性的调动，因此，控制幼儿人数，进行分组式游戏是十分必要的，不仅减少了等待时间，还增加了活动的强度和密度。又如"石头、剪刀、布"，游戏最先开始时是由两个人进行的，划定起点和终点，猜拳双方相对而立，边原地跳边说"锤子、剪刀、布"，赢得一方向前迈一步，如果谁最先到达终点就是胜利者。然而通过与幼儿讨论，他们觉得四人一起，两人一组，一人做猜拳人，一人做走步人，这样分工更加明确，同时，又能够让彼此体会到竞争与合作的意义。其实，还有许多的传统游戏经过一些创新之后，变得更具有实用性和趣味性。同样是"跳皮筋"，可以单脚跳、双脚跳，可以多人合作循环跳等许多不同的方法，还可以自编儿歌进行有节奏的跳。经过改编，这些传统游戏不仅满足了幼儿的个体需要，同时也发挥了他们的主观能动性与创造性，有效地促进了幼儿的社会性发展。

幼儿园是传统游戏的教育价值得以最大体现的场所，同时，它也给幼儿园的课程改革及教学模式以新的启迪，真正实现了幼儿园"快乐教育"的理念。传统游戏创新性地应用于幼儿园的教学活动中，也是对我们传统文化的继承与发扬。

参考文献

[1] 教育部. 幼儿园教育指导纲要（试行）实施细则［M］. 北京：高等教育出版社，2011.

[2] 李生兰. 学前教育学［M］. 上海：华东师范大学出版社，2015.

[3] 何艳萍. 幼儿园区域活动的实践与探索［M］. 北京：北京师范大学出版社，2016.

利用民间游戏发展幼儿的合作能力

岳新杰

　　游戏是伴随人类社会的一种社会现象，对幼儿来说，它是幼儿的基本活动，也是我们幼儿园教学的主要教学手段。可是随着社会经济的迅猛发展，人们生活条件不断提高，电子技术、媒体技术已介入幼儿游戏，许多孩子沉迷于游戏虚拟的世界里。在这种电子游戏的世界里，幼儿虽获得了广泛的信息，但也受到了不少负面影响，比如合作性差。在大力推进素质教育的今天，合作能力的发展愈来愈受到人们的重视，因为它是现代人的重要素质之一，是社会中一种新型人际关系的体现。而民间游戏是民间传下来的一种游戏形式。它广为流传，深受幼儿喜欢，简单易学，趣味性强，且种类繁多。不受场地、人数、孩子接受能力差异的限制，三五成群就可以进行。它不仅促进幼儿基本动作的发展，口语能力的发展，更重要的是促进幼儿合作性的发展。我们在组织幼儿开展民间游戏的过程中，试着探索利用民间游戏的角色、规则、动作，初步对幼儿进行合作能力的培养。其中包括学习分配角色，遵守规则，协商解决争端等内容，以增强幼儿的合作意识，发展合作能力，体验人与人相互交往、合作的重要和快乐。本学期针对我班幼儿的情况，尝试从民间游戏入手，从最简单的"石头、剪刀、布"开始逐步增加丰富内容，培养孩子的合作能力，使孩子在轻松活泼的环境中得到发展。

一、在民间游戏中学习角色分配

　　由于幼儿个性有差异，有的孩子会表现出任性、霸道等行为。例如：在玩民间游戏时，有的孩子轮不到这个角色就会不高兴，也有的孩子不肯与别人交换角色。而帮助幼儿协商分配角色，是合作游戏的前提。我们在组织幼儿玩民间游戏时，就请幼儿轮流担任角色，培养幼儿轮流扮演角色的意识；其次，引导幼儿学习分配角色，互相商量："这一次你来做小狗，我来做小鸡好吗？"绝大多数孩子都能接受这样的分配，但也有个别任性的孩子明显不受大家的欢迎。例如：张某某，他总喜欢挑自认为本领大的那些角色，而不愿扮演一些弱小的角色。他不但总喜欢挑自己喜欢的角色，而且稍不称他的心就对同伴拳脚相送。因此小朋友都不愿意与他一起玩，他开始四处碰壁，尝到了小朋友不理会他的滋味。也许张某某尝到了小朋友都不理会他的滋味，当他求助于我时，我明确对他说，想和小朋友一起玩就应该和小朋友一起商量，否则谁都无法帮你。由于游戏的诱惑，使他只能控制自己的情绪和行为，学着和小朋友协商，逐渐体会到自己是集体中的一员，学会个人服从大多数的准则，克服自我中心意识，开始能和小朋友愉快的游戏。因此，研究表明：积极的伙伴之间的社会强化可能出现在自由游戏中，而不是出现在成人组织设计的活动中。那么，如何在恰当的时机，引导幼儿更加和睦友好的游戏呢？当幼儿发生纠纷时，我大都鼓励幼儿，自己尝试解决问题，并在旁注意留意幼儿的动向。在幼儿确实需要帮忙时及时介入。如有时许多幼儿都想当鸡妈妈，没人愿意当大灰狼，我会教孩子们"黑白配""石头、剪刀、布""掷骰子""抓阄"等方法；讲《孔融让梨》的故事……从此，孩子们三五成群一起游戏时逐渐学会相互协调，学会与别人友好相处，促使幼儿助人、合作等心理品质得到发展。孩子们慢慢地学会自己解决人际关系中的矛盾，学会控制自己的情绪和行为，有时还会对那些"处于沮丧或不幸状态"的伙伴给予同情和帮助。如"过家家"游戏，在游戏中，儿童分担不同的角色，有的当爸爸，有的当妈妈，有的"做饭"，有的"洗菜"……这些可充分培养幼儿的责任感和组织能力，促进幼儿积极交往能力的发展，同时在这种愉快的活动中，孩子自己动脑，协调能力得到了提高。

二、在民间游戏中遵守游戏规则

规则在合作中具有关键的意义，它是大家共同合作的依据。只有共同遵守规则，才能齐心协力地完成一种活动。所以，合作要受到规则的约束。在平时的游戏中，发现有的孩子不理解规则，有的知道游戏规则却喜欢耍小聪明，不遵守规则。于是，其他幼儿会接二连三地向老师告状，游戏也因此无奈地停下来。我们利用民间游戏的趣味性，将游戏中的一些规则，讲解得生动形象，使孩子易于理解。例如：民间游戏"爆米花"的规则应该是：扮演米粒的幼儿当听到最后一个字"抓"时，才能往圈外跑。我说："玉米熟了，大家都要抓起来吃了，这时你才可以往外逃"。绝大多数孩子理解了这一规则，并能遵守规则，但也有个别幼儿，他不是不理解，而是故意不遵守规则，还没听到"抓"就逃出去了。对于这样的孩子，我及时帮他理解活动的共同目标——玩得愉快，使他体会到由于自己不遵守规则，大家玩得都不高兴。在老师的帮助下，孩子们逐步养成了遵守规则的好习惯。游戏的规则帮助幼儿摆脱以自我为中心，向社会合作发展。每个游戏的规则是每位幼儿必须遵守的。游戏对幼儿的诱惑，会使他们控制自己的行为而遵守规则，也让幼儿从新的角度看问题。这样，幼儿在与同伴游戏中掌握了规则，从而形成了人际协调的合作关系。例如：游戏"捉鱼"，它的规则是：每位幼儿边念儿歌，边一个一个从"渔网"下钻过。但是，顽皮的幼儿难以遵守，老师便请幼儿讲讲游戏的规则。游戏的规则，有的是明显的规则，有的是隐藏的规则，幼儿必须按照规则控制自己的行为，学会用规则协调关系。游戏的兴趣使幼儿愉快地服从游戏规则，约束自己。

三、解决争端

合作过程中会发生不同意见，产生各种矛盾。这就需要进行充分协商，统一意见，协调彼此的行动，达到合作的目的。有一次，孩子们在玩民间游戏"木头人"时，领导者和参与游戏的幼儿为"什么动作算'动'"而争吵起来。这个说他"动了"，那个说自己"没动"。这时，我让孩子们围到身边，让他们互相讨论商量，制定一个"动"的标准。我引导他们统一了意见，最后他们又愉快地玩起了游戏。在户外活动的时候，我组织孩子们玩"斗斗鸡"，游戏是这样的，我把幼儿分成人数相等的两对，面对面站好，中间相差大约 8 米的距离，游戏开始，每位幼儿用一只左（右）手，拉起一只右（左）脚的裤腿提起来，然后单脚跳到对方，找一位朋友相互碰撞，谁提起的那只脚先着地就被淘汰了，最后看哪一队留下的人多为胜。刚开始许多小朋友提起一只脚后就不能保持平衡，东倒西歪，通过一段时间的练习，孩子们都能较长时间地站立，与对手进行长时间地碰撞，当谁胜利后，他们就马上举起两个手指表示胜利了。平时同伴碰撞了一下，孩子们会耿耿于怀，还要不停地向老师告状，而现在通过这个游戏，孩子们再也不会因为无意地碰撞而吵架了。冬天的时候，我还带孩子们玩"挤油渣"的游戏，游戏也是把孩子们分成人数相等的两队，排成一路纵队，靠在墙壁上，拼命往中间挤压，被挤出来的幼儿再到后面去，这个游戏就像感统器材①中用羊角球进行挤压的一种训练。但通过与同伴的相互挤压更能激发幼儿的兴趣，而且还培养了孩子们的团结精神。

  通过民间游戏的开展，初步促进了孩子身心全面和谐的发展，以民间游戏作为教育内容，寓儿歌于民间游戏之中，促进幼儿合作意识的形成。民间游戏作为幼儿教育的重要载体，它能够有效地增强幼儿间的竞争、合作、互助意识，有利于幼儿形成勇敢、坚强的品质和活泼开朗的性格。通过在民间游戏中对幼儿进行合作能力的培养，使幼儿逐步增强了合作意识，幼儿的合作能力在原有的基础上得到了发展。他们体验到了人与人相互交往、合作的重要和快乐。又因为民间游戏与幼儿社会性的发展有密切关系，所以利用民间游戏可以使幼儿在游戏中相互交往，让他们逐渐懂得了什么是正确的、什么是错误的。幼儿在游戏中与同伴交往，才能真正体会到自己是集体中的一员，学会站在他人的立场上看问题，意识到自己和他人的关系，逐渐学会服从人们之间关系的准则，而克服以自我为中心的弊病，形成社会需要的社会性行为。帮孩子耐心、虚心地接受同伴的意见、统一意见，是促进合作能力发展的又一内容。由此可见，通过民间游戏发展幼儿的合作能力是行之有效的。愿我们的民间游戏之花越开越美，愿我们的孩子身心健康成长。

---

  ① 感统器材：是一种针对儿童训练的器械材料。